Marcel Proust et Gustav Mahler
créateurs parallèles

Collection

Ouverture philosophique

Série esthétique

Eve-Norah Pauset

Marcel Proust et Gustav Mahler créateurs parallèles

L'expression du moi et du temps dans la littérature et la musique au début du XXe siècle

L'Harmattan
5-7, rue de l'École-Polytechnique ; 75005 Paris
FRANCE

L'Harmattan Hongrie
Könyvesbolt
Kossuth L. u. 14-16
1053 Budapest

Espace L'Harmattan Kinshasa
Fac. Sciences. Soc, Pol. et Adm.
BP243, KIN XI
Université de Kinshasa – RDC

L'Harmattan Italia
Via Degli Artisti, 15
10124 Torino
ITALIE

L'Harmattan Burkina Faso
1200 logements villa 96
12B2260 Ouagadougou 12
BURKINA FASO

www.librairieharmattan.com
diffusion.harmattan@wanadoo.fr
harmattan1@wanadoo.fr

ISBN : 978 2-296-02293-5
EAN : 9782296022935

Liminaire

> "La vérité ne commencera qu'au moment où l'écrivain prendra deux objets différents, posera leurs rapports, et les enchaînera par le lien indestructible d'une alliance de mots. Le rapport peut être peu intéressant, les objets médiocres, le style mauvais, mais tant qu'il n'y a pas eu cela, il n'y a rien."[1]

En voulant présenter conjointement Proust et Mahler, deux problèmes se posent avant tout quant à la justification de l'entreprise, d'une part le risque d'une démarche comparative, d'autre part les raisons de cette exclusivité : quels sont les objets, ou "pourquoi la comparaison ?"

Que sont les objets ? Divers, les uns concernent l'esthétique de chacun en regard de ses références et critiques explicites ou tacites, la subversion ou reconversion des modèles hérités, les moyens techniques mis en œuvre pour ce faire. Les autres points confrontés se rapportent plus personnellement aux auteurs, leur culture, leurs lectures, leur position dans le contexte historique.

Pourquoi donc une logique de la comparaison ? Hormis qu'elle permet d'avoir "quelque connaissance de ce qui, sans cela nous resterait inconnaissable"[2], sa mention conduit inéluctablement vers cet épouvantail scientifique qu'est l'analogie. Dans l'histoire conjointe de sa traduction et de sa définition où l'on voit les confusions

---

[1] M. Proust, *À la recherche du temps perdu*, Paris, Gallimard coll. La Pléiade, dir. J.-Y. Tadié, 4 vol., 1987. *RTP* IV, 468

[2] J. Borella, *Penser l'analogie*, Genève, Ad Solem, 2000, p.13

possibles de sens[1], celle-ci désigne au sens large l'idée de correspondance entre les éléments de deux ensembles différents, grâce à laquelle on peut établir entre eux une comparaison permettant de mettre en lumière une unité du divers et du multiple, et, sur la base de cette unité sous-jacente, d'accéder à partir du visible à une connaissance de l'invisible. Toutefois, elle présuppose que les différents ensembles mis en rapport soient ouverts les uns aux autres, et, s'ils ne le sont pas, non seulement aucun rapport n'est possible, mais encore, chacun des ensembles est pour tous les autres comme s'il n'existait pas. Chez Proust, cette technique par laquelle doit advenir l'immédiat découpe son œuvre et le monde grâce à l'intermittence de multiples instantanés synesthésiques qui imposent leurs vérités pour atteindre "quelque essence générale, commune" à plusieurs choses ou êtres, une profondeur qui ne peut s'observer mais se radiographier[2], dont les apparences nécessitent d'être traduites, "souvent lues à rebours et péniblement déchiffrées" ; et c'est ce travail de "*que l'art défera, c'est la marche en sens contraire*, le retour aux *profondeurs* où ce qui a existé réellement gît inconnu en nous, qu'il nous fera suivre"[3].

Mais encore, pourquoi la comparaison ? Parce qu'elle empêche "l'exaltation identitaire, et *maintient les distances* entre les comparables", freine l'assimilation si l'on considère celle-ci comme "un glissement de la comparaison à l'identification". Tentative et résistance à

---

[1] Les thèmes dérivés de *ana* et *logos* ont eux-mêmes de multiples sens: pour le préfixe *ana*, élévation, retour en sens inverse, répétition. Pour *logia* dérivée de *logos*, discours, parole, pensée, notion, raison, rapport, etc.

[2] *RTP* IV, 296s

[3] *Id.*, 475

l'imitation[1], le *comme* fait ainsi apparaître ses deux valeurs adverses : le *quasi* par lequel on se risque à une identification "avec une dernière hésitation oratoire qui se retient encore d'absorber la relation dans *le même*"[2], et le *comme si* qui refuse la confusion et maintient la non identité en incluant les dissemblances.

Plus précisément, la présente démarche s'attache en premier lieu à la structuration des œuvres par rapport à des schémas préétablis, le problème posé par celle de Proust étant lui-même multiple, entre le processus créateur, la forme donnée comme achevée, et l'essentiel hiatus entre les considérations du narrateur et celles de l'auteur. Aussi, certains écrits annexes étayent-ils également les considérations sur les visées esthétiques des deux créateurs.

Autant que faire se peut, ces œuvres seront donc décryptées dans leur particularité et la diversité des éléments observés posera la tentative d'exfiltrer des préoccupations parentes tout en ne se laissant pas distraire par l'apparence de similitude, moins parce que ces médiums diffèrent que parce que ces contemporains qui ne se sont jamais rencontrés ont exemplairement créé à l'appui de questions ayant spécifiquement nourri leur époque, offrant au regard des singularités parfois communes sans devoir être comprises ou traitées identiquement.

Il s'agit ainsi de faire communiquer Mahler et Proust en prenant en compte les sources et références dans et hors du cadre de leurs disciplines respectives – les connaissances littéraires du compositeur se révélant d'un

---

[1] G. Genette, "Proust palimpseste", *Figures I*, Paris, Seuil, 1966, p.46

[2] M. Deguy, "Et tout ce qui lui ressemble… ", N. Charbonnel, G. Kleiber, *La métaphore entre philosophie et rhétorique*, Paris, PUF, 1999, p.17-31

intérêt qui n'est pas moins important que l'apport de la culture musicale, même peu technique, ne l'est chez Proust – ; de reprendre en somme le concept hugolien de littérature et philosophie mêlées, c'est-à-dire l'affirmation de l'existence chez un auteur d'une interprétation personnelle implicite de questions métaphysiques sous une forme non didactique et non systématique qu'il présente grâce aux ressources de son art, d'étendre ce concept aux arts concernés afin de mettre en valeur en quoi les esthétiques et techniques de ces deux créateurs, mais également de leurs prédécesseurs et successeurs, éclaircissent, parfois obscurcissent jusqu'à déplacer les philosophies sous-jacentes elles-mêmes représentatives de cette période.

C'est donc en premier lieu au travers de la technique compositionnelle qu'il est permis d'observer conjointement Proust et Mahler, le premier travaillant un réseau thématique selon des procédures de distribution dont rendent compte la construction et la génétique de *La Recherche.* À ce titre le nom de Proust apparaît souvent dans des ouvrages musicologiques mais il est requis de ne pas "ravaler l'explication des arts les uns par les autres au niveau de l'illusionnisme"[1]. S'il est excessif de prétendre que l'écrivain ait délibérément imité des procédés précis de composition, il n'est pas moins vrai que, pour répondre sans doute aux mêmes impératifs, il ait utilisé des dispositifs voisins pour assurer une unité, ce qui écarte toute occulte notion d'influence pour faire place à celle de *parallélisme de technicité* ou de *convergence dans l'adaptation*[2], puisque là s'arrête l'évidence énonce Fran-

[1] L.-P. Quint, "Le style de Marcel Proust", *Études de Style*, *NRF*, 1970, p.473

[2] G. Matoré, I. Mecz, *Musique et structure romanesque dans la* Recherche du temps perdu, Paris, Klincksieck, 1972, p.246

çois Decarsin, car les rapports entre ces deux domaines s'inscrivent dans la plus grande hétérogénéité, car d'un compositeur, d'un artiste à l'autre, se dessinent des profils différents[1].

Encore peut-on avancer la mention de Proust dans le *Mahler* de Adorno, mais d'un contenu bien mince alors que celles relatives à Dostoïevski sont non dénuées d'intérêt au regard de sa présence dans *La Recherche*, ainsi que les avis laissés par Mahler sur l'auteur russe, quoique suffisamment flous quant à son acuité concernant l'économie des romans dostoïevskiens. Et lorsque Adorno entreprend de poser certaines parentés entre écriture romanesque et geste mahlérien, c'est vers d'autres auteurs qu'il se tourne, qui ne sont cependant pas sans rapports avec Proust. Il reste que l'on doit à Adorno d'avoir initié le qualificatif de *romanesque* pour la musique du compositeur, terme dont l'intérêt réside plus dans la discussion qu'il permet, tant par rapport à Mahler que par rapport au roman.

Au-delà de l'extériorité des configurations, la dimension technique est pourtant une condition pour observer des méta-catégories communes aux deux créateurs, à savoir tout ensemble le pastiche, l'emprunt, l'imitation créatrice, notions entourant le concept de *voix d'autrui*, d'identité, laquelle soulève d'autres questions d'"époque" et dont seront rapportées les thématiques adjacentes : l'ironie, le génie, la mémoire comme facteur essentiel dans la construction du moi et la représentation de la dimension du temps.

À ce titre, la relation entre récit et musique telle qu'abordée grâce aux techniques d'analyse situées dans la

---

[1] F. Decarsin, *La musique, architecture du temps*, Paris, L'Harmattan, 1999, p.9

mouvance du structuralisme est lacunaire (même s'il leur revient le mérite de s'efforcer à parvenir à un concept théorique du texte musical de sorte qu'il ne pâtisse pas de considérations relatives aux critères formels acquis) en raison de sa tendance à séparer structure et genèse.

Approche limitative donc, tant vis-à-vis des thématiques annexes ou substrats philosophiques, que pour envisager réemploi et autocitation dans les œuvres potentiellement closes de Mahler, ou un roman tel que *La Recherche* : un matériel immense surchargé d'ajouts, déconstructions et reconstructions opérés avant, pendant et après la publication, ceci car Proust travaille indéfiniment manuscrits et épreuves, ces corrections successives témoignant "d'une inachevabilité potentielle, d'une processualité de son écriture", qui rend difficile de considérer le roman comme définitivement fermé, achevé[1].

Et s'il faut voir dans *La Recherche* un roman consacré au triomphe de l'écrit, où l'instrument du créateur est l'objet de sa préoccupation[2], où le langage se voit reconnaître une fonction dramatique que conclut précisément une théorie sur l'écriture du temps doublée d'une théorie esthétique, les commentaires *sur* et *de* Mahler accompagnés de sources extramusicales afférentes portent aussi les débats contemporains sur l'art, qui sont précisément l'un des enjeux de *La Recherche* : organicité et téléologie, fragmentation et juxtaposition, clôture et inconclusion, réversibilité et irréversibilité. Parce que ces œuvres travaillent la représentation symbolique du temps propre à la culture occidentale, représentation elle-même

---

[1] R. Warning, R. Warning et J. Milly, dir., *Marcel Proust. Écrire sans fin*, Paris, CNRS Éds., 1996, p.9

[2] A. Henry, *Proust romancier, le tombeau égyptien*, Paris, Flammarion, 1983, p.93

reconsidérée dans les sciences et philosophies, elles soulignent la variété et la fragilité des contraintes. Ce qui est légué n'est pas immuable. Dans son matériau ou ses modalités temporelles, l'œuvre peut être soumise à d'apparentes libertés comme être programmatiquement inscrite dans une dynamique spéculative touchant aux fondamentaux de l'art. De cette dialectique conflictuelle à celle de la temporalité du processus créateur et de l'œuvre elle-même se laissent voir les stratégies exemplaires de ces deux bâtisseurs qui imposent moins au lecteur ou à l'auditeur leurs croyances sur le temps, qu'ils n'imposent à ce temps de leur œuvre "la forme contraignante que leur impose le temps dans la vie"[1].

---

[1] L. Fraisse, *Le processus de la création chez Marcel Proust. Le fragment expérimental*, Paris, J. Corti, 1988, p.5

PRÉSENTATION : CONSTRUIRE LE TEMPS

Mahler de Adorno. Le compositeur et les modèles

Partir des analyses de Th. W. Adorno peut se discuter au regard des nombreuses études sur l'œuvre de Gustav Mahler[1]. Néanmoins, ce choix est dû au terme *romanesque* lequel, octroyé par le philosophe pour qualifier la musique de Mahler, nécessite de revenir aux spécificités que dégage Adorno pour installer un tel qualificatif qui, par truchement, offre avec d'autres considérations adorniennes sur le langage et la temporalité mahlériens un appui à discussion voire réfutation dudit terme incitant à l'ouverture vers l'étude des techniques d'écriture romanesque avancées dans les commentaires du philosophe.

Le premier constat est que Mahler négocie ses formes à partir de *schémas* traditionnels ayant dès toujours subi de sensibles aménagements. Néanmoins, le concept de forme s'efface durant le XXe siècle au profit du concept de structure qui "suggère les détails, les connexions dans un petite espace". Il ne faut pas entendre cette mutation dans le sens péjoratif que lui attribue Carl Dahlhaus selon qui cette substitution de la structure à la technique compositionnelle est symptomatique d'un relâchement de l'œuvre. Le passage de la forme, comme principe de totalité indécomposable, à la structure, concept technique qui rend compte de la genèse d'une œuvre et de son processus de production, signifie que la musique passe globalement de l'organisation des phénomènes à

---

[1] Th.W. Adorno, *Mahler, une physionomie musicale* (*M*), tr. J.-L. Leleu et T. Leydenbach, Paris, Minuit, 1976

une échelle macroscopique à leur organisation à une échelle microscopique[1].

Ainsi ces schémas, en particulier la forme sonate, se verront subvertis ou effacés pour des raisons diverses et selon des perspectives initiales différentes, diversement repris comme supports adéquats pour de nouveaux matériaux, comme hommages critiques, reconversion, voire comme réactions aux esthétiques nouvelles.

Mahler quant à lui infléchit la tradition selon des impératifs pour une part le précédant, qui induisent, tant dans l'organisation thématique que dans le développement qui lui est conjoint, un modelage propre de l'architecture et de l'articulation, à quoi s'ajoutent le nombre des mouvements, l'inclusion ou non de la voix, et, concernant son langage tonal, des échappées relativement à ce que promettaient les plus tardives directions laissées par Liszt ou Wagner. Chez ce dernier, notamment dans *Tristan et Isolde* (1857-1859), l'ambiguïté de la modulation est mise en œuvre grâce à la multi-directionalité que confère l'usage du chromatisme, contribuant à la liquidation de la tradition tonale dans sa responsabilité fonctionnelle. Mahler, resté partiellement fidèle aux accords de trois sons, au dualisme majeur-mineur, tend en revanche à organiser les centres de gravité tonals en systèmes locaux, ce qui confère à son langage diatonique une apparence non révolutionnaire[2] sans que cette "régression" renvoie

---

[1] H. Dufourt, "L'espace sonore, "paradigme" de la musique de la seconde moitié du XXe siècle", *L'Espace : musique/philosophie*, Paris, L'Harmattan, 1998, p.185

[2] Th.W. Adorno, *M*, p.46. Notamment le choix, dans *Le Chant de la terre*, d'un pentatonisme défectif, son potentiel d'adaptation à plusieurs pôles tonals, tout comme le chromatisme. L'œuvre présente en outre une tendance du contrepoint à produire des dissonances

aux esthétiques dans lesquelles la tonalité procède d'une configuration par polarisation de la tonique. Chez lui, la tonalité "ressemble davantage à une nébuleuse au sein de laquelle de multiples systèmes gravitationnels locaux peuvent s'organiser", voire, dans le *Spätstil*, se superposer grâce à un travail alliant un contrepoint fondé sur l'indépendance des voix dans leur appartenance à une tonalité particulière, et la persistance d'une base simplifiée de degrés susceptibles d'être vidés de leur fonction originaire en raison des objets qu'ils supportent, caractéristiques en vertu desquelles Mahler peut placer le "système gravitationnel" à une plus grande échelle, "à la limite de ce qui est perceptible"[1]. Ce faisant, l'idée d'un usage passéiste de la tonalité par Mahler, au regard de ses contemporains, perd en pertinence puisque le compositeur participe également de l'altération sinon de la désintégration de la tonalité par des moyens de subversion n'allant ni résolument vers le chromatisme, ni radicalement vers le polytonal, mais visent tout autant à retirer à la tonalité son efficacité structurelle, fonctionnelle. Ainsi Mahler cherche "l'unité de sens de son œuvre, non plus à travers les catégories formelles du langage tonal devenues effectivement problématiques, mais à travers de nouvelles catégories singulières, encore qualifiées de "matérielles" ou "concrètes", par opposition aux anciennes – qualifiées d'"abstraites" car dépendantes d'un langage *a priori*"[2]. Dénommées par Adorno, ces nouvelles catégories que

---

alliées à la polarité majeur-mineur, laquelle se trouve diversement dans d'autres œuvres

[1] J.-P. Bartoli, *L'Harmonie classique et romantique (1750-1900)*, Paris, Minerve, 2001, p.171. La tonalité évolutive qui en découle concerne les *Symphonies n° 2* à *5, 7, 9*

[2] A. Boissière, *Adorno, la vérité de la musique moderne*, Villeneuve d'Ascq, Presses Universitaires du Septentrion, 1999, p.63

sont la percée, la suspension, l'accomplissement et son négatif l'effondrement, sont incorporées au schéma classique, et relèvent en définitive de stratégies de dramatisation de la forme.

Le premier exemple probant de percée se situe à la fin du développement du premier mouvement de la *1ère Symphonie*[1] (1885-1888), avant le retour de la réexposition. Cet emplacement s'apparente au développement terminal beethovénien en ce qu'il redynamise la forme sonate en en changeant momentanément l'orientation finale, pour la mieux affirmer d'ailleurs. Bien que ce spectaculaire moment surgisse après un *crescendo* général, la rendant de fait prévisible, il n'en demeure pas moins une "disproportion sonore"[2] qui, brisant le discours attendu, déclenche un raccourci imprévu hâtant la conclusion. Ainsi, "le retour que la percée convoque doit être le résultat de cette dernière : quelque chose de nouveau."[3]

En altérant rétrospectivement les proportions, la percée se veut une "rébellion contre l'apparence de l'œuvre accomplie", un renversement irréversible, l'opposition à "l'ancienne compulsion de répétition" imposée par la réexposition traditionnelle[4]. Il ne s'agit donc pas de convoquer la réexposition en ignorant la dynamique initiée par la percée, mais bien d'en transformer le profil. En termes techniques, la percée mahlérienne serait une disproportion entre ce que le début du mouvement laissait prévoir, et ce que son retour fait au contraire surgir d'imprévisible dans les dernières mesures, ce qui justifie

---

[1] *Symph. n°1*, NY, Dover Publications Inc., 1993. Réimpression de l'éd. originale, Vienne, Universal-Ed., 1912, mes.9 du chiffre 25
[2] A. Boissière, *op.cit.*, p.66
[3] Th.W. Adorno, *M*, p.28
[4] *Id.*, p.141

que la percée soit un instrument de l'émancipation du carcan traditionnel. En cela, elle "constitue un saut qualitatif et comme dans un moment de crise, précipite les événements"[1], tutoie de fait les procédés dramatiques.

Moment d'indétermination dans la forme, la suspension est une attente[2] lisse d'aspérités dramatiques, revêtant parfois les traits de la nature comme dans les mesures ouvrant la *1ère Symphonie*, un *la* naturel en harmoniques réparti sur plusieurs octaves, à l'indication précisément *Naturlaut*. Cette suspension trouve parmi ses prédécesseurs l'adagio initial de *sinfonia*, de certaines *toccate* ou concerti grossi. Chez Mahler cependant, elles ne sont pas systématiquement dévolues à l'introduction et, "exterritoriales" à l'égard de la progression du mouvement[3] grâce à l'orchestration notamment, à l'étirement du temps, réactivent le concept des sections *adagio* dans les genres précités[4]. Loin d'affirmer que Mahler tente délibérément et consciemment une reprise de ces phénomènes, il faut bien en constater la résurgence, ce qui serait le cas pour la catégorie de l'accomplissement, définie par Adorno d'après l'*Abgesang* du *Bar* réemployé par Wagner[5]. Jouant sur la similitude, il est une reprise

---

[1] A. Boissière, *op.cit.*, p.68

[2] La paradigmatique percée qui clôt le 3ème mouvement de la *Symph. n°4* (1899-1900) se produit après une phase suspensive

[3] Th.W. Adorno, *M.*, p.67

[4] Voir aussi le 1er mouvement de la *Symph. n°6* (1903-1904), NY, Dover, 1991, ch.21, *Naturlaut* par l'emploi des cloches d'alpage. Le statut épisodique de la suspension est encore présent dans les soli de Flügelhorn du 1er mouvement de la *Symph. n°3* (1895-1896), NY, Dover Publications Inc., 1989. Vienne, Universal-Ed., 1906), dont le 2ème, mes.3 avant ch.27, *weiter Ferne*, précise la nécessité d'une interprétation souple

[5] Au début du prélude de *Tristan und Isolde, aufgesang* mes.1-3 et 4-7, *abgesang* mes.8-11

extensive après le *Aufgesang* de deux *Stollen* similaires. Mais si le chromatisme active le modèle wagnérien, son usage seul n'apporte pas la garantie de l'accomplissement qui est donc renforcé, chez Mahler, tant par cette découpe en trois moments que par un travail mélodico-harmonique, dynamique, afin de faire advenir un thème[1] ou exprimer une transition[2].

À l'image des autres catégories, les effondrements ont pour effet et vertu de dynamiser la forme et se présentent comme instants de liquidation, un "dynamisme de la catastrophe", des "images de mise en ruine, d'évanouissement, d'enlisement progressif, de fin non rassasiée, de dispersion, d'altération", répondant à une *temporalité comme dissolution*[3] sans avoir nécessairement pour statut de marquer les sections. Par les affects qu'ils induisent, ces moments ne font donc pas que satisfaire à un besoin formel. Adorno fait remonter cette catégorie au troisième Lied des *Lieder eines fahrenden Gesellen* (1884-1896), *Ich hab' ein glühend Messer*, sous les paroles "Ich wollt', ich läg' auf der schwarzen Bahr',

---

[1] *Symph. n°9*, NY, Dover, 1993. Réimp. de l'éd. originale, Vienne, Universal-Ed., 1912. Germe thématique dès le début du 1er mouvement, prenant une première forme accomplie à la levée de la mes.2 avant ch.1, aux vls II. 2ème élan à la levée du ch.2 aux vls I. Puis, mes.47, 3ème moment de l'évolution vers l'accomplissement du thème

[2] *Symph. n°3*, I, de la levée de la mes.2 du ch.3 à la levée de la 3ème mes. avant ch.4 pour le premier des *Stollen*, le second présentant des variantes. L'*Abgesang* survient avec la 3ème ascendance des basses qui aboutit à la tonique de l'ensemble quand les *Stollen* n'y parvenaient pas

[3] P. Ricœur, *Temps et récit* I, Paris, Seuil, 1983, p.61s. L'expression provient de l'essai "Les catégories de la temporalité chez saint Augustin" du père Stanislas Boros

könnt' nimmer, nimmer die Augen aufmachen !"[1], passage qui succède à un jaillissement mais précipite la fin du Lied en quelques motifs résiduels et un dessin de liquidation amenant la tonique grâce à un chromatisme elliptique.

La forme *romanesque* mahlérienne

Grâce à l'évaluation de ces catégories, Adorno apprécie ce qu'il nomme *l'écriture épique* de Mahler, discours dialectiquement opposé à la logique *dramatique* de l'idéal classique qui se définit par une logique abstraite de l'identité – celle d'un retour au même dont l'exemple type est la forme sonate, sa symétrie entre l'exposition et la réexposition –, ainsi que par une logique déductive. L'écriture épique se définit quant à elle par une "logique concrète interdisant cette idée d'un retour au même, le même devenant autre et ne pouvant se donner là que dans la différence [...]. À la logique *a priori* de la tonalité et de ses formes à laquelle obéit l'idéal classique, Adorno oppose donc une autre logique de l'œuvre, possiblement soustraite à la logique de l'identité et de la répétition, et il tente ce faisant de construire l'idée d'une logique de la temporalité concrète"[2].

Cependant l'apport de l'*opera buffa* au style sonate contribuait déjà à façonner sa dramatisation. Même dans le cas où cette dernière ne se prêtait pas à la résolution symétrique, l'esthétique de la sonate demeurait, notamment dans les opéras de Mozart, grâce à des extensions,

---

[1] *Lieder eines fahrenden Gesellen*, NY, Dover, 1990. Réimp. de l'éd. Originale, Leipzig, J. Weinberger, 1897. Au ch.25, une série d'accords descendants par degrés, parallèlement à la voix sur le mode mélodique descendant de *mi*b mineur, reconduit à cette tonalité au *ritenuto*

[2] A. Boissière, *op.cit.*, p.70

des ajouts de matériau. Et lorsque Adorno cite la tradition classique en tant qu'elle ne peut modifier profondément un élément fixe ou tolérer l'existence des singularités des empreintes thématiques, on peut se demander, à l'examen des procédés de développement (dérivation thématique haydnienne - établissement des thèmes dans un ordre génétique à la manière de Beethoven, et mélodie étendue), ce qui permet de particulariser les thèmes mahlériens, sauf à dire qu'ils vivifient eux-mêmes ces procédés sous l'appellation de variante.

La mention de l'opéra suffit à reposer la question des critères de différenciation entre écriture musicale et écriture littéraire du drame. Dans cette difficulté de coïncidence donnée par le risque analogique lui-même sans que l'on entre dans le détail fastidieux d'une déclinaison, Adorno s'efforce d'inscrire Mahler en vertu d'une parenté entre épopée, drame et roman : "l'écriture épique n'avait jamais été la simple antithèse de l'écriture dramatique ; comme les romans, elle s'apparentait également à cette dernière par son rythme, ses tensions, ses explosions"[1]. Il est ainsi question de considérer les écritures dramatiques et épiques comme résolues dans la forme mahlérienne qui engage le canevas dramatique en offrant par ses catégories transgressives concrètes la possibilité de précipiter les événements, en restant alliée *à* et déplacée *vers* la durée épique qui consacre l'ouverture dans le temps, toujours en vertu de ces mêmes catégories censées résoudre l'antinomie entre récurrence et narration tout en atténuant la structure conflictuelle.

Ce qu'entend souligner Adorno est une configuration qui chez Mahler prend l'aspect d'un raconter dont les libertés sont au plus proche du roman lequel, échap-

---

[1] Th.W. Adorno, *M*, p.145

pant à toute classification homogène, ne cesse de remettre en chantier sa propre identité durant son évolution. Adorno n'insiste pas sur ce point décisif qui permettrait pourtant de le suivre quant à cette appréciation du *romanesque* dans l'œuvre du compositeur, pas plus qu'il ne fait figurer ensemble les quatre principales racines du roman : épopée, drame, rhétorique et ménippée pour valider le qualificatif de musique *romanesque*. Or, c'est de la destruction de la distance épique à un passé parfait qu'est né le roman, principalement sous la pression des expressions comico-sérieuses[1] dont la prise en compte doit procurer un niveau supplémentaire de compréhension de la remise en question de la logique discursive, du recul de l'homogénéité du langage, aspects donnant lieu au "pot-pourri", selon la critique faite à l'encontre de l'œuvre de Mahler, au burlesque, aux alliances savant-populaire et sacré-profane, au *ton* ambivalent pour reprendre l'expression d'Adorno[2] qui n'avance qu'épopée et drame pour définir la courbe romanesque et donc, par truchement, pour établir une première convergence entre la musique *romanesque* de Mahler et les "romans de sa génération". Cette lacune faisant, le lien originaire de la ménippée chez Dostoïevski ou Hoffmann, pour les exemples les plus probants qui parsèment la culture extramusicale du compositeur et les sources de certaines de ses œuvres, n'est pas mis à profit pour dévoiler le substrat fantastique de son esthétique.

---

[1] Cette distance épique "a cédé la place à la contemporanéité fondée sur le partage du même univers idéologique et linguistique, qui caractérise le rapport entre l'écrivain, ses personnages et son public à l'âge du roman", P. Ricœur, *Temps et récit II*, Paris, Seuil, 1984, p.289s

[2] Th.W. Adorno, *M*, p.41

Pour discuter la musique *romanesque mahlérienne*, il faut aussi nuancer et discuter d'autres niveaux, aux premiers liés. Tout d'abord, à la différence de Richard Strauss, Mahler compose sans modèle littéraire, ce qui fonde la différence entre programme extérieur de Strauss et programme intérieur de Mahler. Carl Dahlhaus[1] définit le premier comme procédant d'une narration comprise comme une suite d'actions extérieures à la musique, tandis que le second relève d'une idée guidant la progression des sentiments (*Empfindungsgang*). La musique à programme tendant à se baser sur une narration, processus d'ailleurs en contradiction avec celui de répétition, inhérent à la plupart des formes traditionnelles, c'est à la faveur de cette contradiction entre progression narrative et répétition que la musique du XIXe siècle se veut avant tout présentation (*Darstellung*) d'affects. Et si la musique ne présente que des actions inscrites dans une intrigue, et quand bien même la succession d'affects déterminerait finalement une narration, ceci n'implique pas nécessairement qu'elle aurait été envisagée comme telle. Certaines œuvres de Mahler donnent ainsi l'illusion d'être programmatique, ce que le compositeur s'est tôt refusé à suivre. En effet, aucun sujet référencé n'est identifiable : le texte chanté n'a pas de lien strict avec la construction de l'édifice symphonique, ce faisant on peut dire qu'il la guide plus qu'il ne la détermine ; les titres n'ont pas valeur de sujet et les commentaires verbaux ne sont qu'une sorte de "méta-œuvre", une métaphore supplémentaire se proposant d'éclairer l'œuvre par une image

---

[1] C. Dahlhaus, *Die Idee der absoluten Musik*, Kassel/Basel, Bärenreiter, 1994, p.138s

qui n'est pas son contenu[1]. Sous cet angle, on peut dire que ce que Mahler reprend à la littérature n'est pas propre à cette dernière mais est l'émanation d'une esthétique romantique qui prône *dans* et *pour* l'art la rencontre entre le réel et le sujet – aussi multiple soit-il – affecté par lui. Cette esthétique des premiers romantiques allemands, qui trouve son application en cet échange entre intériorité et extériorité dans certaines œuvres de Mahler, permet à ce titre de rejeter le terme *romanesque* employé par Adorno pour replacer celui de romantique avancé par Mathieu Schneider, sans que ce terme soit d'ailleurs l'antithèse de moderne.

À la recherche du temps perdu* et le *Bildungsroman

S'il est un autre héritage du romantisme présent cette fois dans l'œuvre de Proust, on le doit à une variante démultipliée d'un genre romanesque essentiellement germanique : le narrateur, nous indiquant fugacement cette piste au cœur du roman, relate "la vocation invisible dont cet ouvrage est l'histoire"[2], la quête des moyens dissimulés par lesquels le héros pourra réaliser cette vocation. Il n'est dont pas fortuit de considérer *La Recherche* comme appartenant au champ du *Bildungsroman* (traduit par roman de formation[3]) compris dans son

---

[1] M. Schneider, *Destins croisés. Du rapport entre musique et littérature dans les œuvres symphoniques de Gustav Mahler et Richard Strauss*, Gorz, Waldkirch, 2005, p.558

[2] *RTP* II, 691

[3] Le suffixe -tion indique le mouvement de ce qui prend forme et sa résultante. À partir du XVe siècle apparaissent deux orientations sémantiques, l'une, rendue par la métaphore de la semence, est celle d'une autogenèse ; l'autre est celle d'une marque divine que l'homme peut retrouver en se rendant conforme à Dieu et en se réformant. De même que la scolastique joue de l'*etymon* de *forma*, de même l'allemand joue-t-il de l'*etymon* de *Bildung*, "création et état de ce qui

acceptation la plus générale, c'est-à-dire fédérant des genres connexes. C'est en considérant l'ampleur des manifestations du phénomène qu'il est permis d'envisager sa portée dans le domaine musical, précisément mais non exclusivement dans l'œuvre musicale de Mahler, car si ses deux premières symphonies en montrent l'héritage, d'autres compositeurs comme Liszt ou Strauss l'affirment grâce à un support préexistant dérivé de ce genre ou de façon nettement autobiographique.

Dans sa stricte définition, le *Bildungsroman*[1] est une catégorie de roman allemand de l'époque goethéenne, qui raconte l'histoire positivement résolue (l'*Antibildungsroman* se résout négativement) d'un jeune homme contemporain de cette époque, faisant son entrée dans l'existence grâce à de multiples expériences devant aboutir à la connaissance de lui-même et de son rôle dans le monde. L'apparition du concept serait en outre conditionnée par la volonté de rattraper un supposé retard littéraire de l'Allemagne sur le reste de l'Europe, désir qui prend corps avec l'émergence d'une "nouvelle ère" romanesque inscrivant en elle une histoire suffisamment exemplaire pour qu'elle contribue à la formation morale du lecteur[2]. En cela, *Wilhem Meister Lehrjahre* répond à toutes les attentes en combinant le roman social, l'utopie individuelle et l'autobiographie.

---

est mis en forme". En Allemagne la notion, débattue depuis le cadre néoplatonicien des mystiques rhénans, est comprise comme réalisation d'une forme originellement d'essence divine. *Cf.* F. Lartillot, Université de Saint-Etienne, *via* ditl.info/arttest/art1885.php

[1] En 1810, K. Morgenstern propose ce terme dans ses conférences sur les "romans philosophiques"

[2] La *Préface à La Phénoménologie de l'esprit* de Hegel définit la *Bildung* comme "tâche de conduire l'individu de son état inculte au savoir"

En considérant le concept dans un sens plus large qui insiste plus sur l'histoire de la formation que sur son but, le *Bildungsroman* s'applique à de nombreux textes sensiblement contemporains du *Wilhem Meister*, dans lesquels la formation du sujet est comprise à la fois comme développement des qualités de la personne et comme intégration aux réalités sociales, notamment sous l'effet d'une éducation culturelle nouvelle, la *Bildungsbürgertum.* Ceci permet d'intégrer un ensemble de textes gravitant autour de cette notion : *Hyperion* de Hölderlin, *Lucinde* de Friedrich Schlegel, *Titan* de Jean Paul, *Heinrich von Ofterdingen* de Novalis, *Ahnung und Gegenwart* d'Eichendorff, jusqu'à E.T.A. Hoffmann, *Lebens-Ansichten des Kater Murr,* tous auteurs empruntés par des compositeurs sensiblement contemporains, mais aussi profondément inscrits dans la culture de plus tardifs comme Mahler. D'une façon plus générale encore, le concept, dépassant les pays germaniques, est une matrice du roman d'artiste, et, bien que plus abstraits, de certains romans philosophiques voire transcendantaux, *La Recherche* offrant une synthèse personnelle de ces variantes.

Ultérieurement le genre sera considéré comme une forme symbolique, ce qui contribuera à souligner son caractère anhistorique en négligeant en conséquence l'aspect novateur du *Wilhelm Meister.* Paul Ricœur et Mikhaïl Bakhtine apportent toutefois leur contribution à sa relecture sous l'angle de l'historicité, rétablissant le contexte historique de l'écriture du *Wilhelm Meister.*

Pour Bakhtine, il s'agit de rappeler que, dans ce XVIIIe siècle de la "concrétisation et de la visualisation d'une réalité nouvelle et de son histoire"[1], l'image de

[1] M. Bakhtine, *Esthétique de la création verbale*, tr. A. Aucouturier, Paris, Gallimard, 1984, p.251. Les concepts de *polyphonisme*, *carna-*

l'homme perd dans une certaine mesure son caractère privé et débouche sur la vaste sphère de "l'existence historique", ce qui permet de concevoir l'histoire du genre comme inextricablement liée à celle de la notion de *Bildung* justement discutée par Goethe dont le *Wilhelm Meister* demande à l'intrigue de "tresser ensemble complexité sociale et complexité psychologique"[1] dans un monde contemporain. Par ailleurs, la *Bildung*, durant le *Goetheszeit*, "renoue avec sa source théologique et philosophique sur un mode sécularisé, lui-même empreint d'organicisme" dont témoignent les métaphores de la germination notamment débattues dans le traité de Goethe sur *La Métamorphose des plantes et autres écrits botaniques*, "où se profile déjà le scientisme du XIXe siècle, mais où se fait sentir aussi l'influence du piétisme d'une part, de la monadologie de Leibniz d'autre part"[2]. *Bildung* renvoie à la formation organique et l'observation du vivant qui vise à appréhender en une totalité la multiplicité des composantes visibles afin d'en révéler l'unité interne, favorise l'émergence de l'importance de la catégorie du temps dès le XVIIe siècle puisqu'il s'agit d'observer, notamment dans les sciences de la nature, une *forme en mouvement*.

Ce n'est pas par hasard que Thomas Mann, dans son texte sur *La Montagne magique*, affilie son *Zeitroman* au *Wilhelm Meister*. Mais le progrès de l'éducation de Hans Castorp se mesure par sa victoire sur le souci du temps daté, la monotonie du temps vécu par les "gens d'en haut" (pensionnaires du sanatorium) faisant perdre la conscience de la durée avant que ne surgisse le temps

---

valesque, plurilinguisme, hybridation, dialogisme ont été repris par la recherche littéraire comme outils de lecture

[1] P. Ricœur, *Temps et récit II*, p.21

[2] *Cf.* F. Lartillot

historique. Aussi l'allongement des chapitres, simultanément à l'abréviation du récit, crée-t-il un effet de perspective essentiel à la communication de l'expérience. De plus, l'auteur se réfère à *Wilhelm Meister* et *Faust* pour faire entrer *La Montagne magique* dans le genre de la *quester legend*[1] dans laquelle le héros s'initie en défiant le ciel et l'enfer, en concluant des pactes avec le mystère, le mal, la mort. Objet de l'ironie de l'auteur, ce qui empêche une lecture pauvrement identificatrice, le personnage est plongé dans un parcours aléatoire qui, dans le *Wilhelm Meister*, se conclut de façon ambiguë par le triomphe des forces de la vie... sur les instances formatrices. À ce sujet, les études sur l'œuvre de Goethe mettent tôt en valeur un contenu utopique en valorisant les idées de liberté et d'harmonie[2], offrant ainsi une ouverture au réductionnisme utopisant dont découleront autodérision et ironie. Il résulte de ces différents angles plusieurs lectures dont une, transcendantale[3], "fournit le modèle de l'ironie romantique elle-même reproduite par le mouvement critique idéal et s'ouvrant sur l'infini de l'œuvre d'art qui supplante une fixation élémentaire sur le héros"[4].

La Recherche ou les jeux avec le temps

Th. Mann a fait en outre valoir le rôle de la composition musicale dans sa conception romanesque : une symphonie composée de contrepoints, où les idées jouent le même rôle que les motifs en musique. Le romancier reconnaît d'ailleurs explicitement avoir suivi la

---

[1] Th. Mann, *Les Maîtres*, "*La Montagne magique*", tr. L. Servicen et J. Naujac, Paris, Grasset, 1979, p.330s

[2] G. Körner, *Die Horen*, 1796, ami de Goethe et Schiller

[3] *Cf.* le second compte rendu de Fr. Schlegel paru dans les revues annuelles de Heidelberg, 1808

[4] *Cf.* F. Lartillot

technique du *Leitmotiv* wagnérien et débuté cette expérimentation dans *Tonio Krüger* et *Les Buddenbrok*[1].

Précisons. Le *Leitmotiv* se différencie du motif non par sa forme mais par sa fonction, ce qui pose la question de savoir si le procédé *d'idéogramme sonore* a fasciné Proust, corroboré ses idées philosophiques et littéraires, ou s'il les a suscitées en partie[2]. Aussi faut-il mettre en garde contre un abus dans l'usage même du terme poussant à lire une identité car, en passant dans le domaine littéraire, le *Leitmotiv,* dont l'usage en littérature, exceptionnel[3], partage avec d'autres procédés le pouvoir allusif et mnémonique de son parent musical, perd sa valeur originelle pour désigner une formule itérative dont la fréquente résurgence signale un trait distinctif. "Le *Leitmotiv* littéraire n'est donc pas comme son homologue musical, un moyen d'expression métaphorique explicité par une concomitance associative : il tire sa valeur signalétique d'un processus de répétition"[4]. Proust, qui ne retiendrait du procédé de *Leitmotiv* littéraire que la valeur symbolique, relie, dissocie, imbrique les *motifs* de *La Recherche* grâce à maints artifices combinatoires, voisins de ceux d'un compositeur puisque dans les deux cas, ils dépendent de la mémoire et du déroulement linaire de l'œuvre dans le temps et que, d'autre part, ils jouent de l'analogue et du divers dans une vaste composition. Aussi la prudence pousse-t-elle à effacer le terme de *Leitmotiv* qui n'est d'ailleurs jamais employé par Proust dans les rares pages où il est question de la musique de Wagner – très évaluée au travers de considérations transpirant des

---

[1] Th. Mann, *op.cit.*, p.327

[2] G. Matoré, I. Mecz, *op.cit.*, p.248

[3] Matoré et Mecz signalent un antécédent chez Goethe

[4] *Id.*, p.248s

raouts Verdurin –, l'unique passage s'engageant sur cette technique étant par trop vague[1] cependant que la correspondance de l'écrivain nous apprend la comparaison qu'il fit entre la poésie d'Anna de Noailles et les opéras de Wagner, laquelle repose sur l'idée de forme organique, non de *Leitmotiv*[2].

Il reste que l'attitude syncrétique du romancier exclut le recours à un seul modèle musical, l'apport de Wagner n'étant pas le seul puisqu'il existe aussi celui de Franck pour le procédé cyclique, de Beethoven pour celui consistant à annoncer un motif qui anticipe sur le thème à développer, ainsi que les longues préparations sur lesquelles Proust attire également l'attention[3]. La structure même de la phrase proustienne, qui surprend d'emblée par sa longueur, ses délais explicatifs, a permis aux commentateurs de la relier à ses propres commentaires sur "les phrases au long col sinueux et démesuré de Chopin, si libres, si flexibles, si tactiles"[4], ou rapprochée des retardements dus aux *crescendos* successifs chez Wagner[5]. Cependant, elle impose sa longueur par ses regroupements d'adjectifs dégagés de l'imagination dans le but de donner à voir le motif et pour lui "superposer une forme abstraite"[6]. La lecture est propulsée vers la fin de la phrase afin que surgisse le sens complet du passage préalablement entrevu par cette succession d'éclairs descriptifs.

---

[1] *RTP* III, 664-667

[2] Juin 1913, *La Correspondance de Marcel Proust (1880-1922)*, édition établie par Ph. Kolb, Paris, Plon, 1976-1993, t.XII, p.215n8

[3] *RTP* III, 7. On ne sait déterminer si Proust parle des Quatuors ou de transitions qui, au début de la *5ème Symphonie* ou dans l'allegretto de la *7ème*, préparent le retour du thème

[4] *RTP* I, 326

[5] G. Matoré, I. Mecz, *op.cit.*, p.243

[6] L. Fraisse, *op.cit.*, p.10

Or il n'est pas rare de rencontrer dans la *Recherche* le terme *successif*, et cette connivence de l'image du fragment avec l'instant[1] montre que la segmentation est la forme sous laquelle l'écrivain se représente la succession fragmentée du temps passant, signifié qui semble irréductible au phénomène musical tel que Proust le connaît, dont on ne peut exclure Mahler.

Se constate alors un obstacle qui obère la démarche dans son ensemble : l'écrivain semble considérer la musique comme un phénomène global présentant, quelles que soient les esthétiques, des caractères communs dus aux limites que mémoire et perception "imposent à un art essentiellement temporel. Pour fixer une forme sonore et permettre à l'auditeur de la reconnaître, de l'identifier, de se la rappeler, le musicien répète, transpose, modifie", et si l'enjeu du roman est donc de révéler la figure du Temps, "n'est-il pas naturel de le voir recourir à une écriture apparentée à l'écriture musicale ?"[2] Ce dessein, au-delà du titre, ouvre le récit : un être sortant du sommeil s'efforce de reconnaître l'époque de sa vie à laquelle se rattache ce moment suspendu, contracté, isolé du reste de la durée, ce moment d'ignorance durant lequel "il a perdu le moyen de relier le lieu et le moment où il vit, à tous les autres lieux et moments de son existence antérieure"[3]. Découvrir à quelle époque de sa vie cet instant est contigu initie l'intrigue qui remonte de fait à l'enfance, mais rien ne prouve au dormeur éveillé qu'il pourra rejoindre dans les "vastes palais" de la mémoire ce qu'il a

---

[1] "L'instant de vision trop court pour que le mouvement qui les entraîne soit perçu", *RTP* II, 1021

[2] G. Matoré, I. Mecz, *op.cit.*, p.255

[3] G. Poulet, *L'Espace proustien*, Paris, Gallimard, 1982, p.13

laissé avant le sommeil, lieu, époque, et l'être même qu'il a abandonné[1].

Ce rapport que la vérité entretient avec le temps est porté par deux niveaux d'expériences, la mémoire involontaire et l'apprentissage des signes extérieurs que le roman met en relation[2], dirigés vers la réconciliation finale dans l'art, c'est-à-dire la nécessité d'une œuvre concrète durant la scène de la bibliothèque où la voix du narrateur, en avance sur la progression du héros, s'impose devant celle de ce dernier se souvenant, alors même que l'énonciation orientée vers le futur adoptait les formes du passé, le héros évoquant dans l'ouverture du roman (élaboré à la même époque que *Le Temps retrouvé*) un passé indéfini, un autrefois "multiplié sans fin", "un auparavant sans frontière"[3].

Suivent, après le commencement à valeur d'origine, les enthousiasmes et déceptions procurés par le hiatus entre monde imaginaire et monde réel, monde des noms avant toute perception, mais aussi usure du sentiment qui rend inapte à préserver l'impression heureuse d'une banalisation succédant à la brève actualité des instants de bonheur que nous perdons certes, mais qu'une rencontre inattendue peut restituer grâce au miracle de la ressemblance. Les impressions éprouvées par intervalles se révèlent alors être orientées vers le futur en un laborieux voire inutile déchiffrage, une approximation de la vérité déclinée en une série d'expériences thématiques

---

[1] *Id.*, p.138

[2] G. Deleuze, *Proust et les signes*, Paris, PUF, 1964

[3] P. Ricœur, *Temps et récit II*, p.254. Rappelons la conjonction entre le passé composé et l'adverbe *longtemps* de la première phrase, avant l'adoption de l'imparfait "Longtemps je me suis couché de bonne heure. Parfois, à peine ma bougie éteinte, mes yeux se fermaient si vite [...]"

analogues qui servent à la construction véritable de l'identité de celui qui est le sujet de ces impressions, de ces omissions, de ces erreurs quant à la perception du réel, car il ne laisse de comprendre qu'imparfaitement ces sentiments, de ne circonscrire qu'incomplètement les signifiés qui le renvoient à une époque ultérieure de sa vie où finalement cette pleine compréhension aura lieu, sur l'autre versant du roman, *Le Temps retrouvé* débutant par un récit dont le lieu est proche de celui de l'enfance.

L'initiation procède d'invitations adressées par la madeleine, les clochers de Martinville, la phrase musicale de Vinteuil, contenant tous et toutes "une part de révélation et une part d'incitation"[1], la dernière étant de chercher la raison de l'intensité de l'appel promis et incomplètement livré par ces expériences semblables mais séparées par de longs pans d'oubli. "Distinguer cette ressemblance à distance, c'est dégager dans une vie ce qu'il y a d'essentiel, c'est atteindre son essence."[2]

Avant-dernière station toute provisoire donc, que celle d'atteindre l'essence d'une vie lorsque penser le temps est ancré au titre d'événement fondateur de l'ultime projet d'une Œuvre. "Le rôle d'origine, ainsi assigné à la spéculation dans l'histoire d'une vocation, assure le caractère irréductiblement narratif de cette spéculation même. Ce qui paraît mettre cette spéculation à distance du récit, c'est que le temps qu'elle porte au jour n'est pas d'abord le temps retrouvé, au sens de temps perdu retrouvé, mais la suspension même du temps"[3] : l'être extra-temporel", une cristallisation en une parcelle d'éternité de l'essence des choses que seule l'œuvre d'art, contrairement à la vie,

[1] G. Poulet, *op.cit.*, p.142
[2] *Id.*, p.144
[3] P. Ricœur, *Temps et récit II*, p.271

peut atteindre ; le caractère immanent d'une éternité qui institue l'unité entre passé et présent et apparaît "en dehors du temps"[1], seul milieu possible pour révéler cette essence au moi auparavant languissant dans l'observation du présent, "dans la considération d'un passé que l'intelligence lui dessèche, dans l'attente d'un avenir que la volonté construit avec des fragments du présent et du passé auxquels elle retire encore de leur réalité en ne conservant d'eux que ce qui convient à la fin utilitaire, étroitement humaine qu'elle leur assigne"[2]. Initiateur du temps retrouvé, l'être extra-temporel s'attache à une méditation sur l'origine de la création apparue toutefois grâce à ce fil rouge de la petite phrase de la sonate de Vinteuil dont les *analoga* émaillent l'œuvre entière du compositeur : le fragment musical se donne comme relais entre l'expérience de la madeleine et la scène de la bibliothèque où la révélation de la joie extra-temporelle ouvre la nouvelle signification de cette parcelle musicale, libérée du poids affectif qui valut à Swann l'esthète de se méprendre en l'assimilant au plaisir amoureux, lui ôtant la force de devenir "l'écrivain qu'il n'était pas"[3]. Quant à la passion de la vérité que la jalousie mobilisait chez Swann comme chez le héros, rien ne permet de l'auréoler des prestiges du temps retrouvé : le temps d'avant la révélation "est tout simplement perdu au double sens de révolu et de dissipé"[4].

> "Et je ne voulais pas me laisser leurrer une fois de plus, car il s'agissait pour moi de savoir enfin s'il était vraiment possible d'atteindre ce que, toujours déçu

---

[1] *RTP* IV, 450
[2] *Id.*, 451
[3] *RTP* IV, 456
[4] P. Ricœur, *op.cit.*, p.263

> comme je l'avais été en présence des lieux et des êtres, j'avais (bien qu'une fois la pièce pour concert de Vinteuil eût semblé me dire le contraire) cru irréalisable [...]. Des impressions telles que celles que je cherchais à fixer ne pouvaient que s'évanouir au contact d'une jouissance directe qui a été impuissante à les faire renaître."[1]

Le temps retrouvé prend alors sens de temps perdu ressuscité, oubli *de réserve* – l'expression de Paul Ricœur – qui pose l'accent sur le pouvoir créatif de la conjugaison entre le résidu de mémoire et l'imagination par la fixation de la fugace contemplation devant la pérenne œuvre d'art, moment incitant à donner aux expériences prisonnières du sensible une "résolution", un "équivalent spirituel"[2] qui inscrira cette contemplation dans la durée[3], en œuvre d'art, en écriture.

Par ce roman en puissance – car chaque impression ne s'est pas transformée en expression –, l'élan prospectif ne s'immobilise pas[4] mais laisse augurer d'une réitération métamorphosée du contenu proustien.

STRUCTURATION : VARIANTE ET THÈME PLURIEL

Lorsqu'Adorno entend définir la configuration thématique mahlérienne, il la compare à l'écriture romanesque en ceci que les figures *épico-romanesques*, les *personnages* que l'exposition présente, gardent durant leur évolution une nature identique à soi mais, en retour, ils "ne sont pas plus indifférents au devenir de la musique

---

[1] *RTP* IV, 455s
[2] *Id.*, 446, 457
[3] Les dernières œuvres de Vinteuil synthétisent ces impressions, *RTP* IV, 445
[4] G. Poulet, *op.cit.*, p.160s

que les personnages de roman ne sont indifférents au temps dans lequel ils évoluent"[1], ils deviennent autres en restant mêmes, rétrécissent, s'élargissent, *vieillissent* par un processus que Proust relate à propos du nom qui, à tous les moments de sa durée, considéré comme un ensemble de tous les noms qu'il admet en lui, subit des déperditions, recrute des éléments nouveaux[2], correspondant ainsi techniquement à ce qu'Adorno nomme variante, dont l'origine se situe dans le Lied à strophes variées. Mahler "ne dit jamais deux fois la même chose de la même façon"[3]. Adorno entend ici l'intervention de la subjectivité du compositeur, sa prédilection pour ce qui échappe à la planification, son aptitude à surprendre la déduction, l'idée que la production de nouveauté "constitue réellement le temps"[4] et le récit tel que naissant de l'accumulation de ses versions successives[5].

La subversion de la linéarité du modèle traditionnel s'entendrait alors comme le pendant de la structuration du récit proustien, définie comme *ligne segmentée du successif*[6]. Or celle-ci ne se veut pas l'antithèse absolue de cette forme que le narrateur avance comme principe pour son œuvre future[7], la forme organique qui, musicalement, relève d'un processus compositionnel lié à la déduction, laquelle commande la structure et la nature du travail opéré sur le matériau (substrat minimum de cellules-intervalles), et initie en conséquence le développement

[1] Th.W. Adorno, *M*, p.111s
[2] *RTP* IV, 548
[3] Th.W. Adorno, *M*, p.118
[4] *Ibid.*
[5] W. Benjamin, *Œuvres III*, tr. M. de Gandillac, R. Rochlitz et P. Rusch, Paris, Gallimard, 2000, p.129
[6] L. Fraisse, *op.cit.*, p.10
[7] *RTP* IV, 478

autant que ce qui doit sembler y conduire, c'est-à-dire cette entité homogène du thème exposé dont la déduction a tiré toutes ses potentialités ; le thème, sorte de cristallisation et rassemblement de germes, et dont la réexposition apparaît aux yeux d'Adorno comme une *surexposition* entérinant définitivement la circularité et le statisme du concept, et non la refonte du modèle classique qui provient chez Beethoven de l'extension du mouvement par ce geste particulier du développement terminal, dynamisation et *jeu* avec le temps inattendu repoussant cette ratification conclusive tant critiquée par le philosophe.

Un autre point évoqué par Adorno pour définir la variante par rapport à la littérature, la "convergence de Mahler avec les romans de sa génération", s'établit au travers d'une terminologie trop hâtivement assimilable au roman proustien : "Par la variante, sa musique se remémore le passé depuis longtemps écoulé et à demi oublié, elle s'oppose à son absolue inanité et le donne pourtant comme éphémère, comme irrémédiablement perdu. Son Idée réside dans cette fidélité rédemptrice."[1] Cet enjeu est certes capital dans la courbe de *La Recherche* ; la réminiscence puisqu'il s'agit d'elle – de même que la variante –, évoque autant la reconnaissance différée que la métamorphose ; elle est une démonstration qui doit conduire la réconciliation de ce qui tourmente, incite à la dispersion la forme abstraite du drame qui doit retrouver par elle continuité et cohésion. Mais il importe en premier lieu de voir que cet enjeu du temps passe au travers de processus de structuration, de métamorphose, par une technique.

---

[1] Th.W. Adorno, *M*, p.142

La métamorphose et ses modes d'apparitions

Dans un commentaire sur Carl Loewe, Mahler reproche à ce dernier de souvent répéter littéralement les strophes séparées, alors que "le vrai principe de la musique est de progresser [*weiterlaufen*] sans cesse, conformément au contenu du poème, dans un discours ininterrompu [*durchkomponieren*], sans reprises littérales"[1]. Cette persistance du schéma couplet-refrain doublée de phénomènes de différenciation, de thématique et de texture, relève d'un type de *répétition* que François Decarsin apparente "à celle définie par Proust comme intégrale, les principaux éléments de différence obtenus par les changements de densité et de couleur du tissu sonore n'altérant pas l'essentiel d'un état retrouvé dans sa complétude. Mais cette puissance du retour souligne surtout l'ambiguïté temporelle liée à la périodicité"[2], ceci parce qu'un motif proustien développé une fois n'est jamais définitivement abandonné, qu'il peut soudain réapparaître après un cheminement souterrain parce qu'inclu dans un processus continu de réorientations et métamorphoses qu'Almuth Grésillon nomme *écriture vagabonde*[3], pratique résolument nouvelle en littérature, jouant de la duplication, de l'interpolation, de perspectives différenciées en des distances proches ou éloignées dans le temps du raconter, transformation perpétuelle et épisodique d'éléments entrant dans la composition d'entités plus vastes.

---

[1] *NBL*, p.119 et *NBLS*, *in* H.-L. de La Grange, *Gustav Mahler* (GM), III tomes, NY, Doubleday Cie Inc., 1973. Paris, Fayard, 1984, I, p.798

[2] F. Decarsin, *op.cit.*, p.122

[3] A. Grésillon, "Proust et l'écriture vagabonde. À propos de la genèse de la "matinée" dans *La Prisonnière*", R. Warning, J. Milly, dir., *op.cit.*, p.99-124

Par-delà la fluctuation du détail, les thèmes mahlériens et proustiens demeurent reconnaissables, travaillés tant dans leurs éléments constitutifs dont seront exploitées les relations souterraines, que dans leur unité, ou par ajouts de figures nouvelles, soustractions de matériau, changements d'environnement.

Chez Proust le personnage conserve une attache subsidiaire aux fins du souvenir par l'intermédiaire de l'image d'un lieu réel ou imaginaire qui lui est associée et lorsque la figure reparaît, elle reste liée au site primitif gardé en mémoire, comme Albertine qui ne peut oblitérer ces premières images d'elle-même dans le décor de Balbec ou Gilberte devant un porche de cathédrale[1]. Cet accompagnement du personnage par un lieu sur lequel il se profile a pour effet de lui conférer, "sinon la continuité qui lui manque, au moins un aspect éminemment concret"[2], une enveloppe caractérisante qui en précise l'image et appuie sa permanence par-delà la discontinuité de ses apparitions, tout comme réciproquement le personnage rehausse les lieux dans lesquels il se trouve successivement. Au premier écrin d'autres pourront s'ajouter ou se substituer en vertu du procédé d'ajout de figures nouvelles. Ce faisant, thèmes, personnages ou lieux ne trouvent jamais leur forme définitive, "ils émergent et disparaissent dans le *continuum* temporel, qui en retour se trouve lui-même constitué par leur propre contingence non moins que par la nécessité et la prégnance des écarts"[3] écrit Adorno relativement aux thèmes mahlériens.

---

[1] *RTP* I, 99

[2] G. Poulet, *op.cit.*, p.40

[3] Th.W. Adorno, *M*, p.133

Chez l'écrivain le renouvellement d'un objet s'offre encore par l'entremise d'un type particulier de métamorphose, le changement de perspective, car il est donné au héros de voir (s'approchant de la joue d'Albertine pour l'embrasser[1], il découvre non pas une mais dix Albertine successives) différents plans modifiant le caractère d'une figure, faisant "surgir de ce que nous croyions une chose à l'aspect défini, les cent autres choses qu'elle est tout aussi bien, puisque chacune est relative à une perspective non moins légitime". Le résultat de ce mouvement est alors une sorte d'éclatement du réel, de sa présentation unitaire, sans enjoindre cependant une dislocation définitive de l'objet non moins qu'une fixité du détail.

Cette tension entre vision parcellaire et linéarité devant rendre compte d'un même objet destiné à être compris, la construction thématique mahlérienne d'une entité thématique ne s'en défend pas : parce qu'aucune identité n'est achevée, le geste compositionnel permet la présentation séparée d'éléments constitutifs d'un même ensemble comme le montre le finale de la *6ème Symphonie*, basé sur une forme sonate dont les complexes thématiques de présentation comprennent une quinzaine d'éléments entendus séparément, mais offrant pour certains des similitudes rythmiques (pointé notamment) ou mélodiques (arpèges, saut mélodique). Telles les thématiques proustiennes que sont matinées, madeleines ou aubépines, le propos "est de nier que la diversité soit consistante ou que l'inclassable existe" : "Toute l'expérience doit entrer dans un nombre restreint de modèles – indice suprême de péjoration. Alors, malgré un foisonnement qui n'est que

---

[1] *RTP* II, 660s

d'apparence, se constitue méthodiquement [...] le plateau étroit d'un échiquier"[1].

Ainsi de l'introduction de nouveaux thèmes ou du travestissement de certains matériaux afin qu'ils produisent un effet de nouveauté, tendance qu'Adorno, en mentionnant directement Proust, relève chez Mahler qui l'amorce dans les mouvements initiaux des *1ère* et *4ème Symphonies*, la renforce dans le second mouvement de la *5ème* où, "après l'un des passages lents intercalés, une figure relativement secondaire de l'exposition est reprise sous une nouvelle forme, comme si un personnage auquel on n'avait pas prêté attention jusqu'alors offrait tout à coup un secours inattendu, à l'image de ce qu'on voit chez Balzac et avant lui déjà dans le roman romantique, chez Walter Scott ; Proust aurait fait remarquer qu'en musique, parfois, de nouveaux thèmes venaient conquérir le premier plan, à la façon de certains personnages secondaires de romans jusque-là passés inaperçus."[2] Dans le premier mouvement de la *1ère Symphonie*, le motif qui forme le noyau de ce thème secondaire est à vrai dire annoncé dès les premières mesures avant que le développement ne se charge discrètement de l'enrichir[3], Mahler privilégiant en général l'idée d'un thème qui croît "afin de s'imposer dans une identité devenue, et non pas première"[4].

Ce procédé novateur remarqué par Proust dans les deux arts, *La Recherche* s'en empare également si l'on songe à l'importance de l'insertion du roman d'Albertine

---

[1] A. Henry, *op.cit.*, p.78s

[2] Th.W. Adorno, *M*, p.110

[3] *Symph. n°1*, p.16, levée de la 4ème mes. avant ch.13

[4] A. Boissière, *op.cit.*, p.72

après l'apparition discrète de la jeune fille dans *À l'ombre des jeunes filles en fleurs*.

Au-delà de ce constat les œuvres de Mahler comme de Proust offrent deux dimensions apparemment inconciliables que sont téléologie et métamorphose-périodicité. Si l'on considère la téléologie du chemin menant à la dernière matinée comme une dimension de *La Recherche*, la métamorphose "d'un motif, d'une métaphore, d'une phrase entière à travers des contextes variés, qui eux-mêmes se modifient ou sont évacués comme des scories"[1], représenterait la seconde dimension, en rivalité avec la première dans la mesure où l'arche téléologique s'efface derrière un processus d'écriture dans lequel un objet, comme une sorte de germe, ressurgit "en de nouvelles variations, colorations et relations, il s'amplifie, se multiplie et devient [...] une force motrice secrète de l'ensemble du processus d'écriture"[2].

Cette dialectique conflictuelle offre un exemple de résolution dans l'œuvre mahlérienne avec le thème (dont la tête est un avatar de la première partie d'un autre[3]) joué aux flûtes à l'unisson dans le développement du premier mouvement de la *4ème Symphonie*,[4] mais exempt de son identité plénière par l'élision de certains constituants que remplacent les valeurs longues. Partiellement acquitté[5] ensuite par l'ajout de motifs préexistants avant de s'entièrement révéler[6], il révèle la loi selon laquelle les

[1] R. Warning, "Écrire sans fin. La *Recherche* à la lumière de la critique textuelle", p.23
[2] A. Grésillon, *op.cit.*, p.101
[3] Ch.3
[4] 3èmetemps de la mes.2 du ch.10
[5] Mes.7 du ch.11, aux bassons, contrebasson et cordes graves
[6] Levée de la mes.4 du ch.16

thèmes "ne sont plus destinés à revenir comme des jalons ou des repères dans un itinéraire balisé ; ils sont là pour marquer, par leur changement, les phases de l'évolution formelle [...]. Mahler joue surtout sur l'ambiguïté des figures, leur adaptabilité à se laisser envahir par des changements de rôle, de hiérarchie, d'importance qui font que l'on arrive à perdre de vue des figures thématiques parce que les figures que l'on pourrait croire subsidiaires se mettent à faire pencher la balance de leur côté, ou maintiennent un état d'équilibre instable dans lequel l'attention oscille d'un plan à l'autre, pouvant attribuer la prééminence tantôt à l'un tantôt à l'autre."[1]

Dans ce jeu de construction, thèmes ou signifiés peuvent être distribués dans de nouvelles relations qui peuvent viser le rapprochement de deux objets "opposites, fragmentaires, bornés dans le temps comme dans l'étendue" pour former une totalité unitaire, obtenue non par une simplification, mais par une multiplication des facettes offertes par ces objets, "comme si c'était seulement en prenant conscience de l'inépuisable variété qu'ils présentent, qu'on pût arriver à comprendre leur vraie nature, ainsi que la nature des rapports qu'ils entretiennent avec les objets auxquels ils s'opposent et font pendant"[2].

Le modèle du rhizome fait comprendre l'exemple du réseau thématique de la matinée proustienne, au sens où chacun de ses point peut être lié à tout autre, qu'il peut être brisé en un point quelconque et reprendre en suivant sa ligne. Dans le processus d'écriture de *La Recherche*, le motif matinal est présent dès les débuts[3] mais Proust

---

[1] P. Boulez, *Jalons pour une décennie*, Paris, Bourgois, 1989, p.218s
[2] G. Poulet, *op.cit.*, p.102
[3] Dès les fragments du projet *Sainte-Beuve* (fin 1908-été 1909), voir *Contre Sainte-Beuve*, préface B. de Fallois, Paris, Gallimard, 1954, *Journées*

développe de 1913 à 1915 une structure dont la nouveauté réside dans le cycle d'Albertine. Avec *La Prisonnière*, le matin acquiert la valeur d'un principe de structure narrative qui marque, par les changements d'apparence de ses diverses réitérations, les phases de la trajectoire préludant à l'ultime scène chez les Guermantes, alors qu'il n'avait jusque là qu'une fonction générique, indéfiniment répétable. En outre, les deux matinées placées aux extrémités de *La Prisonnière*[1] présentent chacune des motifs partiels communs : lumière dans les rideaux, saison, climat, roulements de tramways[2], en raison d'un processus de multiplication par déconstruction et reconstruction à partir de fragments entiers ou de matériaux dont ils sont constitués, perpétuellement remis à la disposition du scripteur qui semble y faire appel "comme à de simples lexèmes"[3].

Et ces motifs de surgir en d'autres circonstances durant *La Recherche*[4], figurant parfois à un autre moment de la journée comme dans cette après-midi pluvieuse où les rideaux de tulle "avaient ce même mélange de douceur et de cassant qu'ont les ailes de libellule et les verres de Venise."[5] Venise. Le court épisode marquera subtilement le contraste entre ses matins ensoleillés, flamboyants, que protègent des volets[6] et le précédent gris filtré par les voilages.

---

[1] J. Milly en compte sept, prélevées sur plusieurs mois. "L'ouverture de *La Prisonnière* d'après le manuscrit "définitif" et les dactylographies", *Cahiers Marcel Proust* 14, *Études Proustiennes* VI, Paris, Gallimard, 1987, p.288-337

[2] *RTP* III, 519, 911

[3] A. Grésillon, *op.cit.*, p.113

[4] *RTP* II, 163

[5] *Id.*, 643

[6] *RTP* IV, 202

De telles figures et les thématiques subsidiaires qui s'y emboîtent dévoilent leur adaptabilité à modifier leur rôle, leur importance, leur hiérarchie, et conduisent le lecteur (ou l'auditeur) à ne plus les reconnaître en raison de leurs extensions, mutations et hybridations pratiquées sur la durée.

Ces procédés, chez Mahler, dissolvent en partie le schéma déterministe de la forme abstraite, dérangent "un besoin d'ordre fondé sur le retour et la récupération, alors qu'ils se basent sur la transformation et la dissolution"[1]. Wagner ne disait-il pas à Liszt : "si nous écrivons des symphonies, il ne faudra pas que nous opposions des thèmes, ce genre a été épuisé par Beethoven, il nous faudra tisser un fil mélodique jusqu'au bout ; et surtout, rien de dramatique"[2], cette objection tournant en dérision le bithématisme qui subissait dès toujours des licences.

Dans le mouvement initial de la *4ème Symphonie* de Mahler, la présence de la troisième idée thématique modifie la hiérarchie du bithématisme conventionnel en altérant sa capacité à assumer l'ensemble du discours sans l'appui de ce troisième thème dont l'occurrence, liée à l'échec du développement des deux autres, montre "en quoi les éléments constitutifs mais antinomiques des deux premiers thèmes sont en mesure, après les mutations subies par le développement, d'annoncer des perspectives d'équilibre jusque-là insoupçonnées."[3] Et c'est en vertu du travail sur un matériau réduit et donc variable que le premier mouvement de la *9ème Symphonie* présente une thématique unique distribuée en trois zones : le thème tout

---

[1] P. Boulez, *op.cit.*, p.221

[2] *Id.*, p.216

[3] M. Lehmann, "*Volkston* et forme sonate : un échec du discours organique dans la *4ème Symphonie* de Mahler", *Analyse musicale n°41*, Paris, 4ème trimestre 2001, p.42

d'abord amorcé, son versant mineur constitué d'un motif présent dans l'introduction[1] et un thème conclusif[2]. Tous trois ne se laissent pas saisir en une proposition, masqués par un travail préalable sur certains de leurs aspects, "et n'est-ce pas précisément une des plus grandes caractéristiques de la narration que de transformer notre compréhension d'un caractère en changeant les circonstances de son apparence, en nous révélant l'inconnu dans une figure connue ?"[3]. Ce mouvement ne permet pas de circonscrire de façon précise et définitive le thème sur lequel il se fonde, le principe étant celui d'un minimum de constituants indéfiniment travaillés, agglomérés pour recréer successivement des ensembles plus vastes, eux-mêmes objets de variantes.

L'inachèvement de principe dû au fait qu'un thème n'apparaîtra d'une façon qu'une seule fois correspond plus à l'idée de *profil*, expression qui sous-entend la somme de la multiplicité des possibles, lesquels n'indiquent pas la totalité des caractéristiques du thème mais un minimum de traits distinctifs qui sont offerts à une découverte progressive qui se constitue par la reconnaissance rétroactive des similitudes.

Ce faisant, à reprendre l'analogie adornienne du personnage de roman, on peut dire qu'inversement au héros racinien, "substance immobile et achevée"[4], le thème mahlérien "ne coïncide jamais avec lui-même", est

---

[1] Mes.29, violons I. En conservant une structure analogue, Mahler différencie ici par le mode notamment parce que le thème est basé sur des intervalles dont le seul déplacement d'un demi-ton contribue à modifier le mode

[2] Au *a tempo*, mes.92

[3] P. Boulez, *op.cit.*, p.219

[4] M. Bakhtine, *La Poétique de Dostoïevski*, tr. I. Kolitcheff, Paris, Seuil, 1970, p.93

une fonction infinie décomposée en facettes, une mise en scène de l'altérité, pulvérisée, chez le personnage proustien, "en parcelles d'existence, de souvenirs ou de révélations"[1], en cohérences locales stroboscopiquement aperçues, dont la somme fonde leur incohérence dans un univers éloigné du héros : Charlus tour à tour hôte de Tansonville, oncle de Saint-Loup, germanophile engagé, habitué de la maison de Jupien, protecteur de Morel, victime de Morel ou vieillard gâteux. Swann, le visiteur des soirs d'enfance, l'amoureux d'Odette, son mari, l'esthète mondain, le malade au seuil de la mort. Odette maîtresse de Swann, son épouse, la mère de Gilberte, Miss Sacripant, visage de médaillon, image botticellienne. Albertine une fille à vélo, l'amante de Mlle Vinteuil, une jeune fille soumise, une lectrice assidue.

Un personnage proustien est donc autant dans la succession d'apparitions que le contraste entre celles-ci[2], l'auteur introduisant en eux la faille entre le réel, sa représentation, et l'inhérente faculté de déformation de la mémoire : "J'ai l'impression de quitter une personne pour aller vers une autre qui en est distincte, quand dans ma mémoire, du Swann que j'ai connu plus tard avec exactitude, je passe à ce premier Swann"[3]. Aussi, parce qu'ils se démultiplient en une profusion d'apparences et apparitions, ces êtres échappent au regard : "Albertine décuplée, multipliée, c'est déjà Albertine disparue. L'image vraie se perd au milieu d'une foule de masques"[4]

[1] L. Fraisse, *op.cit.*, p.51

[2] E. Caduc, "Une technique de dépersonnalisation du personnage dans la *Recherche du temps perdu*", *Revue des Sciences humaines*, fascicule 143, juillet-septembre 1971, p.397

[3] *RTP* I, 19

[4] G. Poulet, *op.cit.*, p.110

qui assaille l'esprit d'une pluralité qu'il a provoqué en cherchant l'unité.

En amont Proust énonce une interprétation de la théorie des "deux moi", un être de surface cohérent et un sujet inconscient[1], dont Théodule Ribot fixait l'intérêt de l'élargir à l'être "multanime" pour un programme de la littérature *moderne*. "Si les moralistes, les poètes, les romanciers, les dramaturges nous ont montré à satiété ces deux moi en lutte dans le même moi, l'expérience vulgaire est encore plus riche : elle nous en montre plusieurs, chacun excluant les autres, dès qu'il passe au premier plan"[2]. Chacun de nous enferme tous les contraires possibles et entre ces contraires, toutes les nuances intermédiaires et entre ces tendances, toutes les combinaisons[3] écrit-il encore. Cette *multanimité*, Proust l'insère dans une conversation sur la littérature, entre le héros et l'être dont le divers du portrait est justement source de souffrance pour lui : Albertine et Dostoïevski, qui montre d'abord "l'effet, l'illusion qui nous frappe" chez ses personnages dont les actions "nous apparaissent aussi trompeuses que ces effets d'Elstir où la mer a l'air d'être dans le ciel. Nous sommes tout étonnés après d'apprendre que cet homme sournois est au fond excellent, ou le contraire."[4] Cette idée que le personnage ne peut coïncider avec lui-même affirme son autonomie, son inachèvement, sa plura-

[1] A. Henry, *op.cit.*, p.175

[2] Th. Ribot, *Les maladies de la personnalité* (1885), Paris, Alcan, 1897

[3] Th. Ribot, "Les bases affectives de la personnalité", *Revue philosophique*, 1884, vol. XVIII, 1, p.158, *in* E. Czoniczer, *Quelques antécédents de* "À la recherche du temps perdu", Genève, Droz, 1957, p.73

[4] *RTP* III, 880

lité de conscience, son double, tel que Bakhtine l'analyse dans la *Poétique de Dostoïevski*.

Les deux moi. Héritée de la philosophie schellingienne de l'Identité, qui conteste la différence et proclame l'alliance des réalités opposées en apparence, cette conception sera reprise pour fonder la définition du fantastique tel qu'il apparaît avec les artistes du premier romantisme : réunir deux objets pour en dégager un troisième dont ressortira une étrangeté due à cette "bisociation". Cette hybridation provient souvent de l'association d'un terme issu du réel et d'un autre provenant d'une donnée intérieure au sujet. Il ne s'agit de rien moins qu'une métaphore, un procédé relevant du *Witz* schlégélien que la musicologie relève dans l'œuvre de Mahler lorsqu'elle use de l'hybridation de deux instances opposées, ce qu'analyse Mathieu Schneider dans le finale de la *2ème Symphonie*.

La redistribution thématique

Ces types de variante sont autant de possibilités pour faire prendre conscience de la durée grâce à ce vague dont la mémoire musicale fait si souvent l'expérience[1] : analogie et différence, qui ont tant de pouvoir sur notre esprit écrit Proust dans *Jean Santeuil*, aident la perception à se repérer dans le temps irréversible de l'œuvre dont la forme dépend de ce rapport dialectique, la liaison qu'établit la mémoire entre les événements garantissant une unité rendue difficilement atteignable car ici la forme rompt "avec la vision optimiste d'un développement continu", dérange parce qu'on a plus de peine à saisir ces œuvres "de par leur démesure temporelle et [leur]

---

[1] Th.W. Adorno, *M*, p.131

complexité"[1], ce que montre exemplairement le dernier mouvement de la 9ème *Symphonie* par des interpolations qui articulent extensivement ses proportions. Néanmoins ces interpolations sont les premières responsables téléologiques grâce à leur retour "non mécanique" et graduellement "plus somptueux" face aux parties avec lesquelles elles contrastent[2].

Ici le matériau restreint du *grupetto*[3] contrôle le thème initial et le développement en infiltrant le tissu polyphonique. Les divers moyens qu'offre le travail de contrepoint que sont retards et autres appoggiatures à toutes les couches de la polyphonie viennent renforcer la capacité du motif à se présenter sous divers aspects, et réciproquement à lui faire produire ces retards et appoggiatures, c'est pourquoi il est à la fois unificateur, facteur d'instabilité harmonique, d'immobilisme par sa réitération, et pourtant dynamisant par ses métamorphoses sous forme de tuilages, changements de registres, compressions et étirements rythmiques qui évitent "le côté primaire d'une répétition textuelle" : la transformation ne s'appliquant qu'au seul *grupetto*, "la logique n'en est pas apparente, pas plus que la transformation n'indique une appartenance. La perception est désorientée en même temps qu'elle est focalisée."[4]

Après deux mesures introductives présentant le *grupetto*, ce *fragment de style*[5] éminemment wagnérien qui porte l'édifice, et suite au thème initial, le basson solo

---

[1] P. Boulez, *op.cit.*, p.221
[2] Th.W. Adorno, *M*, p.242
[3] Le *grupetto* est l'un des seuls aspects de technique musicale que Proust cite pour caractériser la petite phrase de la Sonate de Vinteuil, *RTP* I, 523s
[4] P. Boulez, *op.cit.*, p.217s
[5] J.-P. Richard, *Proust et le monde sensible*, Paris, Seuil, 1974, p.114

interpole deux mesures transitoires sans *grupetto*, puis après un nouveau travail sur le motif ornemental[1], la seconde occurrence de l'interpolation[2] élargit sa durée vers un canon[3]. Enfin, sa troisième apparition s'offre une introduction grâce aux tierces pendulaires à la harpe qui souvent sont chez Mahler l'amorce d'une section fortement différenciée[4]. Cette zone devenue autonome représente ainsi, face au statisme du premier thème qu'infléchissent seulement les variantes, un élément valorisé à chacune de ses apparitions dont la dernière, suite à la dissipation de la harpe, laisse place au retour de la seconde partie du thème initial[5] : les cordes "explosent", selon l'indication de Mahler, et signalent le repli de l'œuvre sur elle-même par ce mouvement de récurrence.

Quant à l'annonce de la clôture du roman proustien, elle use de l'interpolation et de l'extension de la thématique du matin dont Proust joue sur de grandes distances, si l'on observe que l'une des matinées de *La Prisonnière* insère imperceptiblement l'idée du phénomène tout en s'octroyant les termes de l'ouverture de *Combray* : "je m'éveillai de bonne heure, et, encore à demi endormi, ma joie m'apprit qu'il y avait, interpolé dans l'hiver, un jour de printemps"[6].

Mais un double regard s'impose, partagé entre le principe de redistribution thématique dans une œuvre complète, celle de Vinteuil, avant tout regardée non dans *La Prisonnière* mais dans *Swann*, et le rapport qu'entre-

---

[1] *Symph. n°9*, IV. Le thème, varié, ne ressort que partiellement après les deux mes. interpolées, mes.17-18

[2] Mes.28, en *do#* mineur, enharmonie de l'initial ton de *ré*b

[3] Mes.40

[4] Mes.88

[5] Mes.107, 3ème temps

[6] *RTP* III, 623

tient la découpe du temps raconté du roman avec l'enjeu formel de cette œuvre musicale fictive.

Si l'on ne regarde que la *Sonate* pour violon de Vinteuil, ce motif à valeur symbolique[1], Proust lui accorde le principe cyclique procédant du voyage d'une même idée d'un mouvement à un autre, et confond ces deux particularités en faisant comprendre, lors de sa seconde audition par Swann que la petite phrase, redite dans le dernier mouvement, réapparaît également pour le personnage chez qui se déclenche à cette occasion un mouvement rétrospectif lui faisant comprendre que l'amour d'Odette ne reviendrait plus, cette audition initiant aussi le repli du récit sur lui-même.

Ce principe cyclique, Mahler l'emploie quelquefois comme dans la *1ère Symphonie* qui s'attache à se récapituler dans son dernier mouvement sous forme d'une coda extensive reprenant le *Wie ein Naturlaut* initial qui, suspensif, caractérisé intervalliquement par sa succession de quarte, tonalement par l'ambiguïté de son repos sur la dominante, orchestralement par un travail sur les harmoniques, est en revanche affirmé dans le dernier mouvement[2], à la suite d'une irruption en *ré* majeur qui anticipe donc ce mouvement rétrospectif où le *Naturlaut* ne retient en définitive de sa matière originelle que la succession intervallique, ayant perdu toute immatérialité. Cette coda générale le place également dans la situation d'un hybride en raison du phrasé, des modes d'attaque qu'il partage

---

[1] G. Matoré et I. Mecz, *op.cit.*, p.253, conviennent plus d'une idée de variation que de *Leitmotiv* concernant le *motif* de Vinteuil qui varie selon les personnages et leur situation affective

[2] Ch.35

avec d'autres éléments rendus communs aux mouvements extrêmes[1].

La réitération thématique figure encore dans la *4ème Symphonie* dont on réserve pour l'instant le commentaire, dans la *5ème* où l'Adagietto se fonde sur une thématique encadrante, transformée *gracioso* et interpolée à trois reprises dans le Rondo-finale suivant ; et, dans la *9ème Symphonie*, le rappel de la substance thématique du premier mouvement dans l'amorce de la dernière zone interpolée du finale, est aussi ténu que manifeste[2] : l'insignifiance des éléments les plus discrets, l'"éclat sauvé de la destruction après une quelconque déflagration"[3], fait surgir comme une "rumeur des distances traversées"[4], cet éclat, chez Proust sauvé par la mémoire involontaire, confère au fragment interpolé cette extériorité par rapport à celui qui le perçoit, cette étrangeté à la matière qui le reçoit. Mais l'idée de sa réapparition dans un principe cyclique qui n'est d'ailleurs que partiel dans les deux cas, se dote chez Mahler d'une autre dimension dépassant les proportions de l'œuvre. Le *grupetto*, qui soutient l'architecture entière du mouvement en vertu de sa présence proliférante, s'il n'appartient qu'à la fin de la *9ème Symphonie*, tient dans le répertoire mahlérien une place privilégiée sans relever de cette *idolâtrie* que Proust reproche à Ruskin : idolâtrie portée sur un mot, et donc

---

[1] *Id.* De blanches à chevrons il lui est rapidement adjoint une anacrouse en noire, mes.4 du ch.35, indice rythmique représenté au début de ce mouvement mes.6-7, repris textuellement du développement du 1er mouvement mes.1 et 2 avant ch.22

[2] L'intervalle de 2nde descendante présenté aux vls II, mes.6 en anacrouse dans le 1er mouvement se lit dans le dernier, 3ème temps de la mes.81, au piccolo qui fait là sa première intervention

[3] L. Fraisse, *op.cit.*, p.135

[4] *RTP* I, 45

péché contre l'art parce qu'il nie sa cohérence et son autonomie[1]. Non, le fragment, réitéré même après de longues distances, peut être porteur d'unité, et non pas seulement facteur d'atomisation.

Et si Proust fait un clair rappel de la madeleine à la fin du roman, *distance traversée* d'ailleurs annoncée ; si Mahler réaffirme une thématique initiale et fondamentale pour clore sa symphonie parce qu'il préfère ne pas abuser du modèle cyclique, chez l'un comme l'autre la participation structurelle de ces répétitions subtiles ne prend sens qu'en vertu de la distance qui les sépare de leur première occurrence, laquelle n'affirme pas obligatoirement l'importance d'une telle réapparition qui, discret signal de la fin, possède cette particularité de se départir de la simple symétrie.

La permanence dans l'œuvre

La construction de la dernière phase de la *9ème Symphonie* précédemment laissée à son point critique – mention fugitive de la thématique embryonnaire du premier mouvement, départ du principe récurrent – présente une extension de l'idée de retour (au-delà des *habitus* de la réexposition traditionnelle) élargie à celle d'autocitation par-delà l'œuvre constituée comme tout, notion qui occupe le dernier point par lequel il est donné de placer sous un même regard que le projet mahlérien la génétique de *La Recherche* et certaines idées proustiennes qui y transparaissent.

---

[1] Est principalement condamné le cas de Swann soustrayant de la *Sonate* de Vinteuil la petite phrase pour la charger d'une résonance intime. Odette exprime parfaitement ceci : "Qu'avez-vous besoin du reste ? lui avait-elle dit. C'est ça *notre* morceau", *RTP* I, 215

À placer Mahler et Proust devant l'autocitation, la tâche est multiple car elle suppose au premier chef de la distinguer de la permanence. À l'observation seconde, il apparaît rapidement que les deux créateurs se soumettent l'un et l'autre à ces deux pratiques, mais imposent des affinements quant aux descriptions de ces principes tels qu'ils les mettent en place, car les manipulations qui semblent claires à départager en exemples choisis pour le corpus mahlérien sont rapidement sujettes à digressions et chevauchements dans l'œuvre de Proust.

Pour débuter, l'exemple simple de la permanence se décline en deux temps dont le second n'est que le corps particulier de l'autocitation. Ici déjà, la difficulté concerne en premier lieu l'œuvre proustienne vis-à-vis d'elle-même, qui incite à distinguer trois blocs d'étude : l'œuvre de Vinteuil, l'œuvre proustienne, les commentaires sur l'art. L'autocitation proustienne fera l'objet d'un développement orienté vers la notion de pastiche, aussi, c'est la génétique de l'œuvre de Vinteuil qui passera pour l'heure au premier plan, précédée par la continuation des réflexions en cours sur la *9ème Symphonie* dont il reste à évaluer le troisième point, à la suite du principe cyclique, à savoir l'autocitation d'une œuvre à l'autre.

À la suite de la récurrence de la seconde partie du thème initial, la première, qui subira liquidation et dissociation thématique, se dissipe dans la coda au profit de silences dans lesquels s'insère un résidu d'une œuvre passée, le quatrième des *Kindertotenlieder*[1]. Un tel cas de transfert a lieu au début du dernier mouvement de la *5ème Symphonie*, dont la première manifestation thématique est celle du *Wunderhorn* Lied *Lob des hohen Verstandes*.

[1] *Symph. n° 9*, IV, mes.165s

Hormis ces cas, il est plus souvent question de motifs *autocités* par le compositeur, comme la rythmique reconnaissable que Mahler employa pour introduire le Lied *Revelge* qui possède en outre un autre élément mélodico-rythmique distribué dans d'autres œuvres[1], notamment dans le second mouvement de la *6ème Symphonie*[2] et plus tard dans l'Adagio de la *10ème*. Cet élément fortement identifiable ne l'est pas moins que les tierces pendulaires souvent jouées à la harpe, présentes dans le *Chant de la terre*[3], la *9ème Symphonie*[4], annoncées dans le troisième mouvement de la *1ère*[5].

L'Adagietto de la *5ème Symphonie*, certainement le plus représentatif de cet usage de la harpe, en amplifie l'idée vers l'arpège, lui ôtant le statut de transition au profit d'une extension visant à particulariser le mouvement : d'un fragment de style, Mahler construit le climat d'un mouvement, tout comme avec le *grupetto* de la *9ème Symphonie*, morceaux retravaillés puis distribués dans un divers d'œuvres, qui accusent l'idée de permanence, de signature que l'on peut dès à présent et par anticipation lire dans les brouillons proustiens relatifs aux motifs musicaux disséminés dans *La Recherche* :

> "Car la surprise miraculeuse pour l'auditeur c'était justement que du nouveau univers*[6] pût naître, c'est-à-dire que la même chose pût être recrée tout

---

[1] Ce motif se situe mes.2 avant le ch.5 du Lied *Revelge*, aux flûtes et clarinettes

[2] Ch.4 aux bois, vls I-II, alti

[3] *Das Lied von der Erde*, NY, Dover, 1993. Réimp. de l'éd. originale, Vienne, Universal-Ed., 1912, "Abschied", ch.7 et 55

[4] IV, mes.88-106

[5] Ch.10

[6] Les astérisques signalent des mots dont la lecture est conjecturale

autrement, s'incarner en une créature toute différence comme étaient sa sonate et son quatuor. D'ailleurs dans le sein même de l'œuvre l'effort de l'artiste[1] avait été de diversifier une même phrase, en la rappelant sans cesse, de sorte qu'on en reconnût les fragments brisés, ici multipliés de vitesse, là se recomposant plus larges et plus lents. Mais <derrière> ces ressemblances que l'artiste avait soigneusement cherchées au sein de ces œuvres, l'amateur en apercevait d'autres [,] involontaires celles-là, inconnues de l'artiste [,] et qui même quand il croyait faire autre chose le forçaient à *se* ressembler, c'était la parenté des idées [,] l'unité* de l'esprit qui créait [...]. On peut même dire qu'entre deux œuvres différentes la ressemblance était bien plus frappante qu'entre les variations d'un même thème au sein d'une œuvre."[2]

Le même et pourtant autre[3] de la permanence. S'il peut sembler artificiel d'en prendre compte pour revenir à la problématique de l'autocitation et de la permanence à soi de l'artiste, il reste que ce thème, au cœur du processus créateur chez Proust, est traité dans les commentaires sur l'art de *La Recherche*, qui visent pour une part le langage musical de Vinteuil, la particularité de son style. Ainsi, les préalables annoncés sont tous trois déclinés dans ce qui deviendra (entre autres) et est *La Prisonnière*.

Pour commencer, le Vinteuil compositeur, modeste vieillard à peine apparu à Combray, mort depuis longtemps dans *La Prisonnière*, personnage clé commandant les réseaux romanesques de ce volume, n'est au départ nullement compositeur, ni figure unique mais

---

[1] *RTP* III, 760

[2] K. Yoschikawa, "Vinteuil ou la genèse du Septuor", *Cahiers Marcel Proust 9. Études proustiennes* III, Paris, Gallimard, 1979, p.345s

[3] *RTP* III, la notion est développée p.759-764

Vington, naturaliste dont la reconnaissance de l'œuvre sera posthume[1]. Pour autant, Proust ne néglige pas le musicien, un dénommé Berget, auteur d'une sonate suscitant l'intérêt de Swann qui s'interroge déjà sur la signification de la petite phrase[2], personnage qui figure dans la première version d'*Un amour de Swann*, au Cahier 18. Développés indépendamment l'un de l'autre, Proust décide en 1913 de fusionner les deux personnages alors qu'il a débuté les corrections sur les épreuves Grasset, époque durant laquelle il songe à la "phrase de la Sonate pour piano et violon de Fauré"[3]. À la suite des premières épreuves, Vington devient professeur de piano mais l'auteur de la sonate en demeure distinct par le nom de Vindeuil. Les corrections suivantes montrent que les deux noms deviennent Vinteuil mais il persiste de cette fusion un décalage entre celui qui était le simple résident de Combray et le compositeur de la sonate ; personnage hybride donc, dont l'identité peut désormais susciter les interrogations et illustrer l'idée de génie méconnu à la révélation tardive, mieux que ne le faisaient Vington et Berget.

Proust met dès lors en place sous forme de fragments[4] des remarques essentiellement métaphoriques inspirées d'œuvres réelles, sans références à la technique musicale, et destinées à servir de matériau pour l'élaboration de l'œuvre de la dernière période de Vinteuil[5].

---

[1] Brouillon du Cahier 14 écrit vers 1910-1911

[2] N.A.F., 16734, *cf. RTP* I, 209. La *Sonate pour violon* de Franck figure dans le Cahier 2 comme source de la "petite phrase"

[3] Lettre à Reynaldo Hahn, 31 janvier 1913, *Corr.*, t.XII, p.44

[4] Carnets 3 et 4, entre juin 1913 et 1914

[5] Pour le septuor, "la titubation de cloches retentissantes et déchaînées" dans "un ensoleillement" à midi (*RTP* III, 755) provient de la fin de la *Symphonie en ré mineur* de Franck, Carnet 3. Le

L'"inanalysable" de "certaines phrases"[1] montre ainsi la liaison entre l'inintellectualité d'une impression et la beauté de la phrase musicale[2], ainsi qu'une secrète solidarité entre artistes. Les notes ont donc pour but de révéler l'univers particulier à chacun pour aboutir à un montage élaboré visant à effacer les noms des compositeurs réels sous celui de Vinteuil. Cette méthode de construction d'une œuvre fictive n'appartient pas au seul Vinteuil, mais aussi à celle du peintre Elstir dont la couleur hérite de Ver Meer, Rembrandt et Delacroix. Pour l'écrivain Bergotte, "certaines phrases de lui" reconnaissables, apparaissent dans le Cahier 57 (1914 ?) dans lequel s'élabore une œuvre de Vinteuil plus unitaire, placée dans le contexte futur de l'audition derrière la porte de la bibliothèque des Guermantes dans *Le Temps retrouvé.*

Outre ce montage de diverses sources à partir de quatre fragments désormais rassemblés[3], le raisonnement dont il fait partie et qui a lieu durant cette écoute "derrière la porte" procède en trois étapes commandées par la progression vers la conclusion, selon l'analyse de Karuyoschi Yoschikawa :

Prélude, fugue et variation de Franck a contribué à la formation du motif "virginal", "candide" de la Sonate, Cahier 55, *RTP* III, 754s. La "fixité des composants de l'âme chez Schumann" et le motif de "l'enfant qui dort" dans le Carnet 3, *RTP* III, 758. "La grandeur soudaine <sincère> et pathétique d'une phrase de Schubert" (*ibid.*). De Franck encore, les "phrases habituelles, harmonies habituelles", "demi-déesses", Carnet 4. Dans le même carnet, la "phrase de Schumann dans le Carnaval de Vienne" devient la phrase de Vinteuil, "la seule inconnue", *cf.* K. Yoschikawa, *op.cit.*, p.297

[1] Cahier 55, rédigé vers 1915, avec pour référence le "commencement du 12ème Quatuor", probablement de Beethoven

[2] *RTP* III, 883

[3] *Cf.* K. Yoschikawa, *op.cit.*, p.302s

1) L'audition où un monde semblable à celui de la sonate se fait reconnaître, présenté selon une structure binaire marquant ces deux aspects contradictoires mais concomitants de l'œuvre de Vinteuil : "un autre univers, semblable mais inconnu", "cette phrase, aussi merveilleuse [...], mais tout autre" ; structure dans laquelle se déclinent ressemblances et dissemblances, couple sonate-quatuor dont la première référence est le couple *Sonate-Quintette* de Franck.

2) La problématique de la ressemblance et, par suite, la redondance de mêmes motifs dans les œuvres de Vinteuil, montre la qualité particulière à l'artiste : la monotonie[1] dans la diversité, "preuve de fixité" profonde et d'unité de style sont illustrées dans les ébauches par les adjectifs "familier", "habituel", fréquemment rattachés à la notion de phrase, ce motif à la fois littéraire et musical qui confirme l'œuvre de Vinteuil comme métaphore du langage littéraire[2]. L'idée de la permanence à soi est d'ailleurs au centre de l'esthétique de Proust depuis *Contre Sainte-Beuve*, et se trouve marquée par le souci d'en montrer la communauté chez les trois créateurs de *La Recherche*, Vinteuil, Elstir et Bergotte.

3) La troisième étape est d'importance puisqu'elle signifie que ce propre de l'artiste est analogue à "l'essence commune du souvenir", la conclusion étant que seul l'art[3] peut réaliser "cette qualité particulière des émotions de l'âme", "l'inanalysable".

À partir de cette construction, Proust opère des déplacements, les deux dernières parties entrant dans la

---

[1] *RTP* III, 762

[2] J. Milly, *La Phrase de Proust*, Paris, Larousse, 1975, p.163

[3] Cahier 57, f°3r°

scène du pianola[1] de *La Prisonnière*, ce qui offre une fonction supplémentaire à la musique de Vinteuil. Divers éléments déjà mentionnés sont introduits, "l'enfant qui dort" de Schumann, "les fées, les dryades, les divinités familières" et "la seule Inconnue"[2] etc., mais ces motifs sont affectés à d'autres œuvres que le septuor, et rendent déjà compte du souci de Proust d'illustrer l'idée de permanence par le fait que certaines phrases reviennent "au cours de toute l'œuvre du même musicien"[3] en faisant puissamment contraster cette thèse avec le portrait extrêmement fourni d'Albertine qui de fait incarne, par opposition, le transitoire, le fugitif, le Temps.

Dans la version définitive de la séance du pianola, d'autres matériaux ont été déplacés vers le septuor joué chez les Verdurin pour laisser la possibilité d'ouvrir le champ littéraire dans la conversation et faire contrepoint aux commentaires dans lesquels figure Vinteuil, et montrer que les grands littérateurs, comme lui, "n'ont jamais fait qu'une seule œuvre, ou plutôt réfracté à travers des milieux divers une même beauté qu'ils apportent au monde."[4] Durant cet exposé, le héros, dont la parole est momentanément subordonnée à celle du narrateur, montre à "l'élève" Albertine les effets de retours thématiques et structuraux, les permanences se manifestant dans les

---

[1] Cahier 55

[2] *RTP* III, 758, 763s

[3] Cahier 57, f°31r°, "Quelques-unes de ces *études* morceaux de Vinteuil devaient être assez anciennes et n'avaient pas la richesse de ce qu'il écrivit plus tard. [f°30v°] Pourtant déjà une même phrase ressemblant à celles de ses œuvres plus tardives passait *et revenait* dans telle de ses <premières> compositions, revenait *plusieurs fois*, mais chaque fois sur un rythme différent, avec () un autre accompagnement, *jamais* tout à fait la même, comme reviennent les choses dans la vie", K. Yoschikawa, *op.cit.*, p.331s

[4] *RTP* III, 877

œuvres de Barbey d'Aurevilly, Hardy, Stendhal et Dostoïevski, les références picturales étant prises en charge par Ver Meer et Rembrandt.

Cette question, Proust se l'est posée depuis longtemps et la réponse qu'il lui donne fait suite à deux expositions : Gustave Moreau à Paris et la rétrospective Rembrandt au Rijkmuseum d'Amsterdam. Ses conclusions sont qu'à l'observation d'un seul tableau, le spectateur *voit* une référence à une réalité extérieure à la peinture, l'objet-source. Or, lorsqu'on est amené à observer simultanément un ensemble d'œuvres du même artiste, la permanence à soi transparaît, que Proust pense retrouver avec Wagner. Mais cet exemple n'est là que pour faire ressortir autre chose : ce que l'on a le plus de difficulté à retrouver dans les ouvrages successifs[1]. L'opéra wagnérien sert alors à introduire le passage consacré à Balzac, et plus spécifiquement cet aspect décrit dans la préface de 1842 de *La Comédie Humaine*, dans laquelle Balzac affirme avoir éprouvé devant son œuvre déjà amplement avancée et malgré le foisonnement thématique des romans déjà publiés, la révélation de son unité.

Les conséquences de ce réagencement, dans l'exemple de *La Prisonnière*, concrétisent dans la structuration du temps du raconter les effets de miroirs, de ressemblances, orientés vers le même but que le support musical de l'œuvre de Vinteuil : l'analogie interne à chaque œuvre personnelle est, volontairement ou non, l'analogue de l'essence commune du souvenir dont le narrateur fait l'expérience conjointement à celle de la musique, ce que Proust n'omet pas de souligner : les

---

[1] *Id.*, 666s

trajets multiples entre les différents points du passé que le souvenir occupe, mis en relation d'analogie avec la *visibilité* inégale des différentes parties de la musique, lignes de construction que la mémoire tend à faire rejoindre, occupent un *volume*[1] qui confirme le caractère *dimensionnel* du temps.

Le fragment unificateur

Le passage de *La Prisonnière* où figure *Tristan* pose la question de cette étape durant laquelle le créateur prend conscience du projet d'ensemble qui cimentera des morceaux disparates en une œuvre unitaire. Réflexion en quelque sorte autoréférentielle (doublement d'ailleurs puisque l'on peut regarder le commentaire au regard de l'œuvre fictive à venir, ou du roman de Proust), mais plus spécifiquement portée sur cette conscience du lien qui impose rétroactivement grâce à "ce raccord, un coup de pinceau, le dernier et le plus sublime"[2], une unité que l'œuvre n'avait pas. La cohérence de l'ouvrage se présente donc elle-même, tel l'air du chalumeau du pâtre dans l'opéra wagnérien, comme un fragment rapporté qui préexistait à l'œuvre destinée à le recevoir, parcelle rendue nécessaire, "non factice, peut-être même plus réelle d'être ultérieure, d'être née d'un moment d'enthou-

[1] "De même que le volume de cet Ange musicien était constitué par les trajets multiples entre les différents points du passé que son souvenir occupait en moi [...], la musique qu'elle jouait avait aussi un volume, produit par la visibilité inégale des différentes phrases, selon que j'avais plus ou moins réussi à y mettre de la lumière, et à rejoindre les unes aux autres les lignes d'une construction qui m'avait d'abord paru presque tout entière noyée dans le brouillard." Transcription revue d'après brouillons, f°29*bis* r° (feuillet collé dans le Manuscrit au net au f°84r° du Cahier 11)-f°30r°

[2] *RTP* III, 667

siasme où elle est découverte entre des morceaux qui n'ont plus qu'à se rejoindre, unité qui s'ignorait, [...] qui n'a pas proscrit la variété, refroidi l'exécution. Elle est (mais s'appliquant cette fois à l'ensemble) comme tel morceau composé à part, né d'une inspiration, non exigé par le développement artificiel d'une thèse"[1].

L'achèvement du roman proustien par ce raccord d'une section à l'autre est nommé par Gilles Deleuze composition transversale. Luc Fraisse isole quant à lui cet élément mobile, à la fois partie dans le tout et lien des parties au tout, fonction semble-t-il primordiale du fragment au sein de l'œuvre, et dont la transversalité "montre que la dissémination chez Proust est unification, que le mouvement de dispersion est aussi geste de rassembler"[2].

Mais l'idée de cellule ou groupe de cellules unificatrices amenées à être considérées comme l'égal du tout, l'évolution et le développement d'un organisme, ont suggéré maintes possibilités sur la position, le statut à donner au principe unificateur. Or *L'évolution créatrice* de Bergson, parallèlement aux symbolistes et malgré des différences irréductibles entre l'écrivain et le philosophe, aura pu suggérer à Proust l'idée d'une unification par le fragment : "un élément ou un groupe d'éléments" qui d'ordinaire n'a qu'une fonction spéciale, peut dans certains cas se considérer comme l'équivalent du tout[3] grâce au geste unificateur de l'artiste accompli dans ce que Bergson nomme la *régénération.* Mais l'essentielle orientation donnée par Proust apparaît déjà chez Théodule

---

1 *Ibid.* Voir *CSB*, *Sainte-Beuve et Balzac*, p.213, à propos de *L'Enchantement du Vendredi saint* de *Parsifal* de Wagner

2 L. Fraisse, *op.cit.*, p.379

3 H. Bergson, *L'Évolution créatrice*, Paris, PUF, 1957, p.42, et l'article paru en 1902 sur "l'effort intellectuel", repris en 1919 dans *L'Énergie spirituelle*, Paris, PUF, 1985

Ribot (cité dans *Matière et Mémoire* à l'endroit précédent), dans son *Essai sur l'imagination créatrice* de 1900. Ribot y distingue deux formes d'imagination, l'intuitive, qui va de l'unité aux détails, et la réfléchie qui marche des détails vers l'unité vaguement entrevue, débutant par un fragment qui sert d'amorce et se complète peu à peu. Mallarmé pensera également cette particule prétendant à la globalité lorsqu'*Un coup de dés* propose que les "blancs assument l'importance, frappent d'abord" par la *distance copiée*, tout en intimant une vision simultanée de la page[1].

Alors que la spécificité du détail peut être submergée sous le discours organique, "l'unité, écrit Adorno, ne satisfait Mahler que là où elle résulte des qualités propres, irremplaçables, des détails musicaux"[2] aussi porteurs d'imprévisibilité que facteurs d'homogénéité : "Vigueur du détail et élan du tout ne font qu'un"[3]. L'attention portée à faire travailler ces parcelles dans une durée dont l'extension est indifférente devient constitutive d'un projet architectural global, ce que la littérature peut également revendiquer : "une lenteur cinétique, par le seul jeu de la distension temporelle, métamorphose les schémas traditionnels, efface les repères de jadis, choisit pour ses plans fixes des détails que nul auparavant ne songeait à souligner. Le livre [...] refoule à une distance égale tout le contingent et, sur ce quadrillage de raisons que ne peut étouffer la jungle des phrases, s'élèvent de temps à autre ces images qui ne signifient rien que leur propre présence"[4]. Comme l'exprime Costin Cazaban sur Mahler,

---

[1] S. Mallarmé, *Œuvres complètes*, Paris, Gallimard, coll. La pléiade, 1945. Préface d'*Un coup de dés*, p.455

[2] Th.W. Adorno, *M*, p.35

[3] *Id.*, p.178

[4] A. Henry, *op.cit.*, p.84

l'œuvre trouve sens en soulevant le particulier contre le général, en érigeant la potentialisation de l'hétérogénéisation en principe universel. Le raisonnement de l'œuvre, de déductif devient inductif, d'organique devient critique[1], ce dont il a été implicitement question pour introduire la substitution de la structure à la forme qu'Adorno reprend génériquement avec le terme *romanesque* dont on ne comprend que trop la précipitation à utiliser un tel qualificatif, précisément à l'examen des qualités de construction et de génétique proustiennes qui bouleversent la courbe évolutive pour structurer le roman en réseaux et couches multiples qui valorisent autant l'éclat unificateur que les moments à significations contingentes.

Proust, de l'interpolation à l'imitation créatrice

Grâce aux ajouts et reports dans la génétique, l'œuvre de Vinteuil est la substance thématique la plus puissamment féconde pour évaluer les tensions existant entre permanence et intermittence, une telle mise en *volume*, pour employer le terme proustien, étant portée par la parcelle "intercalée, épisodique"[2] qu'est la petite phrase, cette individualité qui modèle la *fixité* de la création. L'"air national"[3] de l'amour de Swann et Odette devient dans l'échiquier proustien le véhicule du souvenir intermittent, le déclencheur de la mémoire associative par une nouvelle audition de la sonate à la soirée de Mme de Saint-Euverte. Alors que Swann, qui pourtant avait eu le privilège de se pencher sur cet abîme séparant l'homme de

---

[1] C. Cazaban, "Le Temps de l'immanence contre l'espace de la transcendance : œuvre organique contre œuvre critique", *L'Espace : musique/philosophie*, p.61s

[2] *RTP* I, 215

[3] *Ibid.*

l'œuvre, désire partir car souffrant du ridicule des invités ainsi que de son amour malheureux, il se voit contraint de rester et d'écouter la sonate. Et, avant qu'il ait pu se dire "c'est la petite phrase de la sonate de Vinteuil, n'écoutons pas !", tous ses souvenirs du temps où Odette était éprise de lui ressurgissent : "il retrouva tout ce qui de ce bonheur perdu avait fixé à jamais la spécifique et volatile essence ; il revit tout"[1].

La petite phrase, qui subit ici l'une de ses multiples tribulations métamorphiques, enjoint au personnage de revivre toutes les étapes qui scandent le début du roman, et c'est ainsi que Swann devient le fictif co-auteur de la réécriture condensée de la *materia prima* du roman. Mais cette anamnèse rapportée par le narrateur est essentiellement un facteur de renversement, de fracture dans le texte comme pour les sentiments du personnage. Il n'y avait que l'écoute de la sonate qui puisse reconduire le récit du souvenir, la sonate, dont son auteur devient "ce frère inconnu et sublime qui lui aussi avait dû tant souffrir"[2]. Autocitation, réécriture, l'œuvre provoque elle-même, sous forme d'imitation – entre ce qui fut et ce qui est devenu –, cette remémoration involontaire, faisant ainsi la preuve qu'elle possède en soi la propriété de contenir l'essence de ce qui a disparu et la faculté de se prolonger soi-même, voire de contrarier la marche engloutissante du temps par ce rajeunissement du réentendu qui provoquera, dans le roman, le rajeunissement de Swann à la seconde audition.

Une telle structure, qui n'a que peu d'équivalent en littérature, est en revanche un propre du discours musical : réexposition condensée, concentration ou désagrégation

---

[1] *Id.*, 339s
[2] *Id.*, 342

d'une thématique, phénomènes qu'Adorno nommait vieillissement. Qualifiable dans le roman d'amenuisement de la matière du discours, ce procédé itératif est imposé par une autre problématique : la dissipation du sentiment comme des proportions de durée du temps du raconter puisque une intégralité est revécue au travers d'une récitation associative provoquée par la nouvelle audition de la petite phrase. L'ultime interpolation que suscite une autre écoute de la Sonate montre le caractère positionnel et destructible de la participation affective par rapport à la chose vécue : "la phrase de Vinteuil ne me montre que tout ce à quoi je ne faisais pas attention à cette époque. De mes soucis, de mes amours de ce temps-là, elle ne me rappelle plus rien, elle a fait l'échange"[1]. Ce sentiment de distance du souvenir provient de ce qu'il n'est ici reconnu que pour souvenir, et cette survivance attachée à la sonate est tenue pour une figure de l'oubli. Ce qui fut oubli de réserve désignant le caractère inaperçu de la persévérance lors de la soirée Saint-Euverte, est devenu indifférence à la chose souvenue, et l'impossibilité de la duplication du souvenir sur le réel dont il naquit dicte définitivement la diminution substantielle de l'intertexte.

L'anamnèse évoquée ne doit pas masquer un autre procédé tout aussi important discrètement mis en œuvre à la faveur de ce résumé : le retour au temps raconté de la soirée Saint-Euverte se prolonge par une seconde rupture formelle ayant pour incidence un autre changement relatif au temps, idée reprise par Proust à Flaubert, un *blanc*, procédé qu'Adorno avance pour comparer Mahler travaillant ses figures épico-romanesques comme certains romanciers ignorent "des périodes entières de la vie de leurs héros pour éclairer résolument des phases critiques de leur

[1] *Id.*, 524

existence"[1] ; définition qui n'est pas fausse en soi mais insuffisante puisque le phénomène se caractérise par une ellipse qui modifie profondément la durée romanesque en faisant éclater le synchronisme entre le temps raconté et le temps du raconter, cependant toujours au passé.

> "Le peintre ayant été malade, le docteur Cottard lui conseilla un voyage en mer [...]; les Verdurin [...] louèrent un yacht, puis s'en rendirent acquéreurs, et ainsi Odette fit de fréquentes croisières. Chaque fois qu'elle était partie depuis un peu de temps, Swann sentait qu'il commençait à se détacher d'elle, mais comme si cette distance morale était proportionnée à la distance matérielle, dès qu'il savait Odette de retour, il ne pouvait pas rester sans la voir. Une fois, partis pour un mois seulement, croyaient-ils [...] Le voyage durait depuis près d'un an. Swann se sentait absolument tranquille, presque heureux."[2]

Entre ce paragraphe et le précédent relatant les recherches menées par Swann pour s'informer sur sa maîtresse, aucune transition n'est ménagée. Cet extrait (dans la version définitive) d'*Un Amour de Swann* fait vraisemblablement écho au commentaire de Proust sur Flaubert, qui "sait donner avec maîtrise l'impression du Temps". Dans *L'Éducation sentimentale,* Flaubert décrit longuement les plus menues actions de Frédéric Moreau puis, tout à coup, "Frédéric, béat, reconnut Sénécal !" Ici un "blanc" et, sans l'ombre d'une transition, soudain la mesure du temps devenant au lieu de quarts d'heure, des années, des décades [...] : "Et Frédéric, béat, reconnut Sénécal. Il voyagea. Il connut la mélancolie des paque-

---

[1] Th.W. Adorno, *M*, p.148
[2] *RTP* I, 367

bots, les froids réveils sous la tente, etc. Il revint. "Il fréquenta le monde[1], etc. "Vers la fin de l'année 1867", etc. Sans doute, dans Balzac, nous avons bien souvent : "En 1817, les Séchard étaient" etc. Mais chez lui ces changements de temps ont un caractère actif ou documentaire. Flaubert le premier se débarrasse du parasitisme des anecdotes et des scories de l'histoire. Le premier, il les met en musique."

Flaubert *met en musique* les ruptures de la linéarité temporelle. Certes, il y a une parenté de situations entre les deux romans mais chez Proust, c'est Swann, victime de sa passivité et de sa jalousie, qui demeure spatialement statique et hors du cours temporel accéléré du *blanc*. Annick Bouillaguet ajoute qu'"au-delà de la parenté sémantique, la parenté rythmique garantit l'existence d'un pastiche qui se montre sans se dire", trop reconnaissable pour être avoué, mais rendu manifeste par le renvoi inévitable, dans la mémoire du lecteur, vers un hypotexte célèbre "parfaitement assumé dans sa pleine valeur créatrice : les procédés sont comparables, mais non pas identiques. Ils concourent à des effets semblables ; mais ce n'est pas par une imitation servile qui serait le fait d'un auteur second dont elle traduirait l'impuissance. Il s'agit plutôt d'une égalité de moyens devant une situation littéraire et un effet à produire. C'est en cela que consiste le caractère créateur du fragment imitatif, plus que dans la mise en place de procédés répertoriés, exigés par la loi du genre comme c'est le cas dans les pastiches déclarés. Ces moyens, que l'imitateur s'est appropriés, sont autant d'indices qui permettent de lire, dans un pastiche semi-

[1] G. Flaubert, *L'Éducation sentimentale*, Paris, Pocket, 1998, p.509

crypté comme celui-ci – et peut-être plus clairement qu'ailleurs – un discours de l'hommage."[1]

Mahler, de l'articulation à l'emprunt

Si l'apport de Flaubert est double quant à l'élaboration de l'articulation de la version définitive d'*Un Amour de Swann* (le blanc et l'intertexte), il est également possible pour le cas musical d'aborder l'articulation afin d'étudier les phénomènes d'emprunt.

De la rupture au fragment unificateur qui doivent tous deux aider l'intelligibilité de la structure, la nature variable de la succession est un souci commun que l'auteur de *La Recherche* partage avec les musiciens, auquel s'ajoute celui de délimiter nettement le début et la fin de chaque morceau[2]. Dans le premier mouvement de la *6ème Symphonie*, Mahler circonscrit ses sections par la présence d'un choral qui articule nettement les deux blocs thématiques de l'exposition, transitions qui tendent à s'estomper dans un développement proportionnellement succinct. Relativement au dernier mouvement, Adorno met en valeur ce dessein concernant la prégnance des transitions : "Une fois que le tout a pris son élan, les césures perdent l'importance qu'elles avaient au départ […] Mahler préfère aller aux dépens d'une vision topographique claire et émousser des contours initialement bien tranchés que de contrevenir aux exigences intimes de son sens de la forme."[3] Cela ne sous-entend donc pas que puissent être employées des entités qui, si elles n'entrent pas dans le cadre d'une esthétique de juxtaposition,

---

[1] A. Bouillaguet, *Proust et l'imitation créatrice*, *via* univ-mlv.fr/bibliotheque/presses/travaux/travaux2/bouillaguet.htm

[2] G. Matoré, I. Mecz, *op.cit.*, p.245

[3] Th.W. Adorno, *M*, p.140

n'effacent pas les césures. Les mesures sur- et sous-numéraires remplissent par exemple ce rôle, en tant que fragments unificateurs qui préludent ou épiloguent, souvent par une lacune sonore, par un creux thématique estompant les frontières entre des séquences différenciées, comme dans le mouvement initial de la *Symphonie n°9*, lors de la mesure précédant ce que l'on peut considérer comme une première variante du thème[1], une autre de ces mesures précédant le changement d'armure amenant la section en *ré* mineur[2] qui conduit à l'accomplissement du thème lui-même précédé d'une mesure surnuméraire[3], sans qu'à aucun moment la progression ne soit interrompue. Sous les apparences d'une improvisation, l'*Abschied* du *Chant de la terre* joue aussi de ces mesures transitives qui fluidifient le discours.

Après ces morceaux nécessaires, unifiants, plus que porteurs d'unité, il convient *a contrario* d'observer la liberté prise par Mahler pour articuler l'œuvre dans un esprit proche de la juxtaposition, insistant sur les interstices. Dans ce cas, le compositeur évite que ces *passages* en aient justement valeur, pour opérer "dans l'esprit de la future critique schönbergienne dénonçant tout élément de médiation comme ornemental et gratuit"[4], pratiquant "la liaison par absence de liaison, le contraste brutal de la rupture ou de l'interruption comme moyen formel"[5]. Sans que ledit procédé soit donc habituel, il arrive qu'aucune transition ne noue les sections : "Avec une insolence barbare, il ne les lie plus que par un rythme de percussion, simple pulsation abstraite du temps. Sa

[1] Mes.17 avant ch.2
[2] Mes.26
[3] Mes.46
[4] Th W. Adorno, *M*, p.59
[5] *Id.*, p.182s

musique rejette l'action lissante et harmonisante du travail de médiation"[1], ce qu'exploite crûment le premier mouvement de la *3ème Symphonie* en plusieurs endroits[2], entre des sections dissemblables mais dont les articulations sont indifférenciées.

Cette isolation, Mahler la puise pour une part dans la musique non savante, mais l'apport de ce répertoire ne s'arrête pas à l'articulation et s'inscrit également dans les profils thématiques eux-mêmes, souvent dénoncés pour leur trivialité, leur banalité, leur aspect anecdotique, esthétique dont Arnold Schönberg prend la défense en rappelant que Mahler "demandait qu'on ne regardât pas seulement les thèmes, mais ce qu'il en avait tiré", car l'inspiration réside dans l'œuvre entière, non pas dans un thème[3], propos dignes d'une défense de Flaubert par Proust. Ceci n'empêchera point le principal reproche fait à Mahler par ses contemporains, qui correspond à celui énoncé depuis longtemps par la plupart des auteurs, artistes et philosophes débattant sur cette envahissante et condamnable pratique de l'habit d'arlequin qui cumule deux travers majeurs, ceux de l'hétérogénéité et de l'emprunt.

---

[1] *Id.*, p.119

[2] On retrouve ceci dans la *Symph. n°5*, I, quelques mesures avant ch.7

[3] A. Schönberg, *Le Style et l'idée*, trad. Ch. de Lisle, Paris, Buchet/Chastel, 1977, p.356s

L'EMPRUNT

"Aussi vulgaire que lettré"

On a donc reproché aux thèmes mahlériens une autonomie due à l'enracinement de leur langage hors du savant, avec les *Ländler*, marches et mélodies populaires, d'où leur inadéquation à la forme qui les reçoit. "En effet, de par la nature des extensions qu'elles engendrent, de par l'ambiguïté de leur signification, de telles figures thématiques vont ruiner peu à peu l'économie formelle de la symphonie."[1] Mais parallèlement le compositeur "dispose d'un formidable arsenal de moyens pour intégrer ce matériau venu d'ailleurs que de lui-même, et le faire entrer non seulement dans le développement formel de sa pensée musicale, mais lui donner des racines dans son vocabulaire personnel."[2] Proust a lui-même noté ce trait propre qu'est l'appropriation : "Parfois une citation rare, quand elle a été faite par un écrivain, devient une espèce d'invention. Elle lui appartient autant à cause du sens heureux qu'il en tire, qu'à l'écrivain cité."[3] Dire que ces matériaux proviennent d'ailleurs que de Mahler lui-même contredit ce qu'il dicta à Richard Specht en 1905, un penchant "viennois" pour le chant populaire mais aussi le résultat d'impressions de jeunesse[4] faisant que l'emprunt peut avoir une saveur familiale et personnelle, comme ces derniers instants de Mme Proust reproduits, dans la forme,

[1] P. Boulez, *op.cit.*, p.220
[2] *Id.*, p.192
[3] Lettre à Jacques Rivière, août 1920
[4] H.-L. de La Grange, *GMI*, p.29

après l'épisode de l'attaque de la grand-mère aux Champs-Élysées[1].

Il reste que les œuvres de Mahler montrent très tôt que l'accentuation des premiers temps, les dissonances rudes, les sauts mélodiques, les mélodies en tierces parallèles, les indications *Volkslied* ou *Tanzlied*, composent déjà un langage original[2], mais l'appropriation s'étend encore à des éléments plus discrets comme la métrique et la polyphonie.

Un exemple de sédiments du non savant dans la carrure des phrases est le thème initial de l'andante de la *6ème Symphonie*, à la métrique irrégulière, "la dot qu'apportent à la prose symphonique les mélodies populaires"[3], thème vanté par Schönberg[4] pour sa structure. Mais Mahler avait déjà expérimenté ces pratiques à la fin de 1884, dans les *Lieder eines fahrenden Gesellen* qui alternent berceuses et intermèdes parodiques[5]. Et pour ce qui est du travail polyphonique, l'*Überschlag*, une improvisation contrapuntique en usage dans les Alpes autrichiennes, s'exerce dans le trio du premier mouvement de la *1ère Symphonie*, le *Ländler* du *Kräftig bewegt*[6], dans le troisième mouvement de la *4ème Symphonie*, mouvement

---

[1] *Cf. RTP* II, *Notice*, p. 1673

[2] Répertorié dans les fragments se trouve le *Volkslied* dans *Maitanz im Grünen* (mars 1880), version originale peu différente du plus ancien de ses lieder édités, *Hans und Grethe*, dans le 1er cahier de *Lieder und Gesänge*, Schott, 1892

[3] Th.W. Adorno, *M*, p.159

[4] A. Schönberg, *op.cit.*, p.359ss

[5] Le premier des *Lieder eines fahrenden Gesellen*, *Wenn mein Schatz Hochzeit macht*, débute par des motifs en tierces parallèles repris en augmentation rythmique dans un tempo plus lent, rappelant une berceuse. Des carrures irrégulières sont provoquées par tuilages et absences de tuilages, avec diminutions et augmentations rythmiques

[6] Ch.23. Contrepoint à 3 voix entre flûtes-clarinettes en *la*, vls I et alti

que Mahler considérait comme l'une de ses réussites[1], dans le second mouvement de la *Cinquième* ainsi que dans son troisième mouvement qui combine les danses tant successivement que verticalement, poussant le procédé à son paroxysme à la fin de la coda par superposition de quatre thèmes[2].

Dans les deux premiers exemples, la basse s'estompe pour ne faire que ponctuer un socle tonal déjà fortement intégré par la structure mélodique. Adorno fait remonter cette pratique à la musique de danse "où l'alternance de la tonique et de la dominante remplace tout véritable enchaînement harmonique. La réaction de Mahler est de transformer cette alternance en un singulier flottement [...] ce en quoi il brave encore la rigueur de la logique harmonique officielle. La conscience verticale cède le pas à la conscience mélodique monodique"[3]. Mais souvent c'est la structure de la monodie populaire qui dégage une basse fictive. Par ailleurs, le *sortisatio*, apparu dans plusieurs traités rédigés en Allemagne vers la fin du XVe siècle, témoigne d'une pratique, connue en Europe, d'improvisation polyphonique. La nécessité de la notation qui aurait été imposée par l'adjonction d'une quatrième voix aurait rendu inefficaces les principes d'improvisation alors pratiqués, en raison des dissonances qu'ils provo-

[1] 5 mes. avant ch.5, une première voix distribuée entre vls II et violoncelles est appliquée sur une autre au basson I, vls I et alti (la tête de la 2nde phrase du thème initial jouée aux violoncelles I dans l'aigu, mes.17

[2] *Noch rascher*, mes.4 avant ch.32. Un thème aux Cbasses-violoncelles-alti, un 2nd thème avec un léger décalage rythmique aux vls-piccolo-flûtes-hautbois-clarinettes en *la*, un 3ème aux cors-bassons, un 4ème aux trompettes, le tout soutenu par les harmonies des trombones

[3] Th.W. Adorno, *M*, p.171

quaient inévitablement (solmisation désormais impraticable et *passaggi*), et dont Mahler témoigne indirectement par la superposition modale, notamment majeur-mineur comme dans la *6ème Symphonie* qui emploie abondamment cette ambiguïté, ou dans le *Chant de la terre*, en particulier le premier Lied qui, par un travail de substitution effectué sur le pentatonisme défectif, parvient à tenir ensemble ces polarités[1].

Absorbées, dissoutes tout en gardant un côté citation ou une distance que peut investir l'humour, ces figures rarement authentiques sont conservées sans être neutralisées ou statufiées, et, à l'image de celles oralement transmises, sont ici hypothétiquement surgies d'une imagerie collective, rapportées sous forme de pastiche d'une source aussi persistante que fluctuante. Le jargon qui s'immisce dans le langage convenu est la voix obligée de l'étranger que Proust incarne en Bloch qui, étiqueté dans cette origine qu'il renie, la renie en un langage référé à l'épopée homérique qu'il boursoufle en des extrêmes ridicules afin de montrer au monde et sans duplicité la possibilité de dépasser cette condition : le désir utopique d'accès au rang supérieur est bien souvent fait d'emprunts à des récits traditionnels "repeints aux couleurs de la nouveauté"[2]. Malgré tout, le jargon a sa magie : "cette scorie du bon goût est le seul territoire où vous avez une chance de vous faire remarquer, fût-ce au prix d'un mépris, pourtant impressionné."[3]

Adapter au prix de faire "parler le kitsch"[4]. Les marches mahlériennes du premier mouvement de la *3ème*

---

[1] Les mesures précédant le ch.6
[2] P. Ricœur, *Temps et récit III*, Paris, Seuil, 1985, p.465
[3] J. Kristeva, *Le Temps sensible. Proust et l'expérience littéraire*, Paris, Gallimard, 1994, p.73s
[4] Th.W. Adorno, *M*, p.65

Symphonie abondent en sédiments stylistiques puisés dans le fond périmé du militaire. Du reste, métaphores du cheminement, leur insertion est aisément réalisable "dans la mesure où, tout en appartenant à une musique inférieure dépréciée par la culture, elles n'en possédaient pas moins des règles d'écriture et un langage formel relativement élaboré, dont la force de suggestion n'était pas si éloignée de la musique symphonique que la culture, dans son orgueil, se l'imaginait."[1] Ou : ce que l'on peut dire du "jass"...

Ce qui devait être esthétique du sublime trouve ainsi une négativité immanente grâce à une banalité revendiquée, une emphase parodiée de marches contrefaisant le temps "extensif", "menaçant", pour risquer "à tout instant de basculer de l'utopie la plus totale dans le grandiose décoratif"[2] d'une citation dont le dessein premier est de confier par pudeur et bon goût à un tiers auteur le soin d'exprimer une pensée profonde, mais retombe là dans le pompeux : une citation plus impropre que pertinente, comme le montrent les Bloch, les Norpois ou plus crûment le valet de chambre du héros émaillant de mots de poètes les lettres qu'il écrit à ses amis du village, escomptant leur stupéfaction grâce à un vers de Lamartine[3]. "Seule la pertinence de la citation peut faire présumer de l'étendue du savoir"[4]. Mahler, dont "le bon goût n'a pas plus d'autorité" qu'il n'en aura pour Schönberg[5], comme Proust, met en relation au sein d'une même œuvre le vulgaire et le sublime, instaure un nouveau rapport à la

---

[1] *Id.*, p.89
[2] *Id.*, p.209
[3] *RTP* II, 617s
[4] Proust à Reynaldo Hahn en 1914, peu après le 24 octobre, *Corr.*, t.XIII, p.315
[5] Th.W. Adorno, *M*, p.59

tradition, un retour du refoulé en arrachant de son milieu ce que la culture bourgeoise nie et renie pour le fondre en elle.

La première *Nachtmusik* de la *7ème Symphonie* est représentative du fait. Déroulant des polyphonies harmoniquement parasitées par l'indépendance offerte aux voix, proposant dans le mouvement tonique-dominante des décalages propres aux fanfares de basse classe[1], des superpositions et déphasages annulant tout aboutissement cadentiel et promettant la désagrégation du discours, le mouvement présente doublement le phénomène d'auto-citation et d'emprunt, auxquels s'adjoignent des colorations populaires : le motif de marche du Lied *Revelge* se démilitarise en une rythmique de *habanera* et s'associe à une quasi-citation de *Carmen* de Bizet[2] (l'antidote nietzschéen à Wagner), intrusion s'expliquant depuis que le "Sud", symbole de la libération sensuelle et anti-intellectuelle, a fasciné les romantiques allemands, de Goethe à Thomas Mann. En outre, l'interaction du répertoire d'Europe orientale et du tango, devenu internationalement populaire durant les années d'avant la guerre, n'étonne guère puisque cette rythmique qui le caractérise ne lui appartient pas en propre, sachant qu'elle est présente dans le répertoire populaire gréco-turc. Il reste que la *habanera* mahlérienne ne survit pas à cette hétérogénéité dans un mouvement où priment superpositions et

---

[1] *Symph. n°7*, NY, Dover, 1992. Réimp. de l'éd. originale, Berlin, Bote & G. Bock, 1909. Très audible 4 mes. avant ch.82 ou mes.2 du ch.104

[2] P. Davison relève déjà une parenté avec la procession nocturne des contrebandiers (III, 1), mes.3 du ch.74, *cf.* "Nachtmusik I, Sound and Symbol", *The Seventh Symphony of Gustav Mahler, A Symposium*, J. L. Zychowicz ed., University of Cincinnati College-Conservatory of Music, 1990

juxtapositions. Au reste, la spécification populaire fictive de ces thèmes leur fait acquérir une importance telle que "les catégories médiatrices de la tradition classique, dès qu'elles sont sollicitées, n'apparaissent plus que comme une pompe inutile ou un simple remplissage"[1].

La "vulgarité" de la tradition classique n'a d'équivalent que ce qui, sédimenté pour les besoins du bon goût, se lie ici à ce qui est moins qualifiable de modèle que de mode, la dérive du bon goût. Si la débauche linguistique de Bloch peut sembler destinée à intégrer son auteur tout comme Adorno en fait la lecture pour *l'inférieur* mahlérien, et ce parce chacun d'eux porte l'étranger dans le cadre langagier qui n'est pas le sien, cet "aussi vulgaire que lettré" est le nouveau venu qui exagère le bon goût à la mode, le ridicule de la mode, si ridicule qu'il vous la gâche. "L'avantage, c'est que de porter la mode à son excès lui donne un aplomb époustouflant."[2]

Plus nuancée que la mise *dans l'œuvre* d'un passé miséreux par l'incursion du vulgaire est celle de la mise *en spectacle*, dont l'interprétation par Michel Lehmann tend à considérer certains archaïsmes et redondances "dévertébrées" des matériaux mahlériens comme visant le *Volkston* dans son misérabilisme esthétique sous couvert d'un possible paternalisme, cherchant soigneusement la pauvreté de l'idée, développant des effets d'écritures qui ambitionnent de le dévoiler en ne faisant que du non savant. "Mahler joue avec beaucoup de ruse [sur] l'inconscient musical de son auditoire, en sollicitant par des images sonores son ethnocentrisme social au regard des couches populaires. En deux mots, la musique du peuple

---

[1] Th.W. Adorno, *M*, p.58

[2] J. Kristeva, *op.cit.*, p.74

est aussi pauvre que sa situation sociale."[1] Militantisme ou paternalisme possibles sans être revendiqués est-il dit, à quoi l'on peut se demander si la science mahlérienne de l'écriture dessert ou gratifie le populaire, cette dernière suggestion étant plus qu'insinuée dans le *Temps retrouvé* :

> "L'idée d'un art populaire comme art patriotique si même elle n'avait pas été dangereuse me semblait ridicule. S'il s'agissait de le rendre accessible au peuple, en sacrifiant les raffinements de la forme, "bon pour les oisifs", j'avais assez fréquenté de gens du monde pour savoir que ce sont eux les véritables illettrés et non les ouvriers électriciens. À cet égard, un art populaire par la forme eût été destiné plutôt aux membres du Jockey qu'à ceux de la Confédération générale du travail ; quant aux sujets les romans populaires ennuient autant les gens du peuple que les enfants ces livres qui sont écrits pour eux. On cherche à se dépayser en lisant et les ouvriers sont aussi curieux des princes que les princes, des ouvriers."[2]

Le principe d'import-exportations stylistiques a le pouvoir d'altérer mutuellement des sources peu compatibles. Ainsi Mahler, ayant travaillé la capacité de présenter un même thème dans des contextes si différents qu'il est presque impossible de le reconnaître, lui conférant une valeur d'autocitation, a, plus que cette aptitude de la variante à déduire l'autre du même, développé "l'intrusion dans un contexte donné d'une thématique qui lui est fondamentalement étrangère, voire irréductiblement"[3].

---

[1] M. Lehmann, *op.cit.*, p.36

[2] *RTP* IV, 466s

[3] P. Boulez, *op.cit.*, p.219

En revanche la tradition de la variation, basée sur les rapports internes, l'infrastructure harmonique du thème – qui peut aussi bien être emprunté –, permet de dégager une thématique tout à fait nouvelle, "supporter beaucoup de thèmes adjacents, secondaires, de figures épisodiques, d'idées greffées"[1]. À l'insertion d'une thématique d'auteur dans un contexte emprunté répond donc ce qui a valeur de citation, dont la problématique se confond avec celle du collage qui apparaît d'autant plus difficile à cerner qu'elle est souvent liée à la première, les deux pratiques pouvant indifféremment se saisir du langage, du système compositionnel, agir sur le matériau, se comprendre symboliquement "ou bien encore en fonction d'une problématique plus générale qui se propose de bousculer une vision sectarisée du monde de la création". Cependant que le collage n'enjoint pas la recherche d'une organisation ou d'une quelconque stylisation des extraits, "la citation suppose généralement de la part de celui qui l'utilise, un acte délibéré, celui de justifier, d'appuyer une thèse. Si donc le recours à la citation et au collage relève de la même intention de faire, un moment du moins, abstraction de la toute-puissance créatrice et de la sacro-sainte originalité de l'artiste, la citation semble davantage entrer dans une logique de composition intentionnelle ; elle est en quelque sorte englobée dans une rhétorique plus large, l'auteur cherchant à relier sa pensée à celle d'un autre, à s'immiscer dans un courant historique, jusqu'à retrouver, à travers elle, une sorte d'archétype."[2]

[1] *Id.*, p.207
[2] J.-Y. Bosseur, *Vocabulaire de la musique contemporaine*, Paris, Minerve, 1992, p.29s

Pot-pourri ou la condamnation d'arlequin

La "banalité thématique" a conduit un musicologue à qualifier les symphonies de Mahler de "gigantesques pots-pourris"[1], mais comme le rappelle Schönberg dans la défense du dédicataire de son *Traité d'harmonie*, on peut construire un pot-pourri avec des thèmes de Bach ou de Beethoven. Cette réflexion possède des soubassements plus anciens, qui dénoncent dans le pot-pourri ou l'habit d'arlequin, moins l'œuvre en laquelle on reconnaîtrait plusieurs modèles, les références à d'hétéroclites réalités, mais "l'œuvre qui prétend incarner un style nouveau composé de fragments des styles antérieurs"[2]. La critique va plus loin à lire des écrits d'artistes ou de philosophes s'inquiétant de semblables pratiques dès le milieu du XIXe siècle, puisqu'en première instance sont désavoués ceux "qui voleront un morceau dans un tableau de Rembrandt, le mêleront à une œuvre composée dans un sens différents sans le modifier, sans le digérer et sans trouver la colle pour le coller"[3]. Ces mots de Baudelaire dans le *Salon* de 1846 trouvent leurs échos dans toutes les disciplines et Viollet-le-duc ne dira pas autre chose dans ses *Entretiens sur l'architecture*[4] : "Tous les chefs-d'œuvre du passé seraient-ils amassés dans la tête d'un homme, que s'il n'est pas pourvu d'une méthode qui lui permette de composer à l'aide de ces chefs-d'œuvre, s'il ne sait pas s'en servir, il ne pourra produire que des fragments de copies mal soudés."

---

[1] A. Schönberg, *op.cit.*, p.361

[2] L. Fraisse, *op.cit.*, p.105

[3] C. Baudelaire, *Œuvres complètes*, Paris, Seuil, coll. "L'Intégrale", 1968, p.259

[4] E. Viollet-le-duc, *Entretiens sur l'architecture*, t.I., Morel & Co, 1863, p.175

Réunir dans une œuvre d'art des objets composites en une succession ininterrompue est une entreprise vouée à l'ambiguïté. Ces matériaux incomparables, c'est-à-dire originaux, de milieux distincts et donc impossibles à comparer, sont également les cibles du réquisitoire prononcé par Proust contre une telle fragmentation non unificatrice, souci auquel Henry James, admirateur de *Du Côté de chez Swann*, apporte un témoignage décisif à cet opprobre jeté sur la composition sécable parce qu'elle est synonyme de confusion[1] : il défie le lecteur de parvenir à détacher un morceau de son œuvre, à désintégrer la synthèse, à transformer les éléments du tout en divers agents responsables. Mais le héros et l'auteur de *La Recherche* peuvent-ils véritablement y prétendre lorsque plusieurs des premiers commentateurs de Proust perçoivent la menace sous forme de maximes[2], ou parce que le désir d'une image totale en de multiples facettes déborde de toutes parts le sujet limité qui était au départ envisagé, pour se retrouver finalement à l'état d'inachèvement[3] ? Ne reprochait-on d'ailleurs pas aux symbolistes d'être des théoriciens ne laissant que morceaux et œuvres embryonnaires ? Et ne lit-on pas du reste qu'un travail sans cesse morcelé peut conduire à la paralysie de la volonté, ce qui arrive à Claude Lantier dans *L'Œuvre* de Zola et caractérise la paresse du héros proustien dont la vie distrait et éparpille l'attention, annule toute contention ?

[1] H. James, préface de *L'américain*, dans les préfaces de l'édition de New York (que Proust n'aurait pas lues), parues de 1907 à 1909, trad. sous le titre *La création littéraire*, Denoël-Gonthier, 1980, voir p.44

[2] Benjamin Crémieux dit cela d'*Albertine disparue* dans *Du côté de Marcel Proust*, Paris, Lemarget, 1929, p.37

[3] "À accumuler les facettes, on se condamne à l'inachèvement", telle est l'opinion de Maurice Bardèche sur les inédits de Proust, *Marcel Proust romancier*, les Sept Couleurs, 1971, t.I, p.179

Banalité et emprunt ne sont donc pas les critères pour qualifier le pot-pourri, écrit Schönberg, mais la désinvolture des connexions formelles : "les sections individuelles sont simplement juxtaposées, sans être toujours articulées et sans que leurs relations mutuelles (qui peuvent d'ailleurs faire totalement défaut) soient mieux assurées que par de petits changements de forme. Mais alors ceci est contredit par l'adjectif "symphonique", qui implique précisément le contraire, signifiant que les sections individuelles sont les composantes organiques d'un ensemble vivant, né d'un même élan d'inspiration et conçu comme un tout."[1] Maladresse du contrepoint, fatras confrontant le grandiose et le médiocre, "bouts de fils" noués dans la trame, suivi organique inexistant, absence de logique dans l'organisation, destruction de l'unité entamant la beauté de l'œuvre, juxtaposition, "comme des choux et des betteraves", d'éléments "ramassés n'importe où"[2], la verve mahlérienne envers les *1ère* et *5ème Symphonies* de Bruckner n'est qu'une énonciation parmi d'autres de l'unanime interdit puisque cette critique atteint ceux-là mêmes qui la formulent : Proust, Mahler ou Rodin[3], lesquels s'en défendent parce que le fragment médiatise pour eux l'articulation, la variation, l'interpolation. Le désaveu touche la phrase même de Proust parce qu'elle

---

[1] A. Schönberg, *op.cit.*, p.361s

[2] *NBLS*, *in* H.-L. de La Grange, *GM*II, p.63s. Propos exprimés avant le concert du 27 février 1901 pour lequel Mahler pratiqua des coupures dans la *Symphonie n°5* de Bruckner, visant à "éliminer tous les passages vides et qui n'ont pas de rapports avec le reste", ce qui lui valu de s'attirer des critiques mais contribua à conforter les opinions négatives sur Bruckner

[3] Qui se défendit d'avoir une telle conception, alors que les *Chroniques d'art* d'Apollinaire (1910) parlent de "l'art fragmentaire de Rodin"

représente justement *le morceau* dans lequel Proust place "son orgueil", "son amusement", sa "coquetterie" écrit Henri Ghéon[1], à quoi l'on répondra que Proust se reprochait à lui-même son écriture, ce qui de l'avis de Benjamin Crémieux ne signifie pas une volonté d'émietter le livre mais bien le désir d'étaler la pensée avec toutes ses ramifications, le refus de fragmenter arbitrairement la durée[2] faisant de cette conception un pendant des propos de Schönberg mais aussi de Bergson qui n'a cessé de condamner le morcellement en art, la mosaïque de cellules, l'acte "d'assembler les fragments d'une image déjà dessinée, déjà peinte" décrit dans *L'évolution créatrice*[3], présenté dans *L'énergie spirituelle*[4] et *La pensée et le mouvant*[5], où la mobilité de la vie profonde est métaphorisée par une immense phrase débutée dès l'éveil de la conscience, semée de virgules mais que ne coupe aucun point.

Mahler et Proust refusent la vision fragmentaire parce qu'elle voile la loi générale. Cependant, si l'art est défini par l'écrivain comme une aptitude à s'intéresser aux faits particuliers pour la seule signification générale qu'ils renferment, le narrateur s'excuse de son côté auprès du lecteur en reconnaissant la fragmentation comme une nécessité consciente de l'analyse. Quant au compositeur, Adorno, ayant remarqué des absences de liant touchant la succession des caractères, voit en celles-ci une nécessité structurelle et esthétique tout aussi impérieuse. La juxtaposition n'"abolit pas le temps en soumettant son contenu

---

[1] À propos de *Du côté de chez Swann, Corr.*, t.XIII, p.262
[2] *XX*[e] *siècle* (1ère série), *NRF*, 1924, p.91s, *cf.* L. Fraisse, *op.cit.*, p.113
[3] P.91 et 363
[4] P.56s
[5] Dans "La perception du changement", Genève, A. Skira, 1946, p.162ss

à un ordre préétabli" et le geste mahlérien réinscrit ce qui faisait "la misère du pot-pourri" dans un assemblage "sensible aux unités figées des formes reçues, auxquelles il redonne vie"[1]. Les objets isolés du périmé entrent ainsi dans la logique d'une forme qui les préserve de toute assimilation comme composante d'un langage basé sur la déduction tout en les sauvant de la maladresse due à l'arbitraire procédure reprochée à l'aîné Bruckner, raison pour laquelle l'articulation et l'orchestration sont déterminants dans la composition mahlérienne puisqu'ils instaurent cette nouvelle logique du développement qui permet de caractériser les diverses zones sans que la logique qui a dirigé l'entreprise laisse échapper la compréhension globale de l'œuvre. Ceci n'est possible que parce que chaque matériau-source, qui plus est emprunté, est profondément modifié. Il n'est donc pas question chez Mahler d'observer l'avertissement de Baudelaire, mais plutôt de remarquer sa parenté avec celui de Ribot, ce qui confirme que le compositeur, tout comme l'auteur de *Jean Santeuil*, n'a pu échapper à la critique de l'habit d'arlequin. Ribot explique et nuance le débat qui préoccupe ce tournant du siècle : il n'existe pas de production psychique complexe qui soit une simple somme de composants qui maintiendraient leurs caractères propres sans aucune modification, "la nature des composants disparaît pour donner naissance à un phénomène nouveau qui a sa physionomie propre et distincte"[2].

D'autres compositeurs ont pu user d'objets disparates pris dans des esthétiques différentes et profondément étrangères au langage savant occidental. Lorsque

---

[1] Th.W. Adorno, *M*, p.58s

[2] Th. Ribot, *Essai sur l'imagination créatrice*, Paris, Alcan, 1900, p.68

Bartok infléchit la tradition classique au moyen d'attributs appartenant à la musique traditionnelle d'Europe centrale ou que Ravel dissimule la phrase basque dans son *Trio*, ils donnent un exemple d'intégration structurelle, "et si le risque de cette méthode est l'éclatement de l'unité stylistique, son avantage vient de ce qu'elle peut en proposer une nouvelle. Aux prises avec ce matériau multiforme, le compositeur devra chercher les conditions de la cohésion interne de l'œuvre, en ayant conscience que son intégration dans le champ esthétique ne sera pas anodine."[1] En effet, dès lors que la variante instaure souterrainement des liens entre ces éléments épars, Mahler affecte leur insertion d'une valeur structurelle. Une tenue organique "globalisante" demeure toutefois difficilement compatible avec un matériau hétéroclite, malgré toute la richesse de sa caractérisation et du remaniement dont il sera l'objet, sachant de plus que la plupart des sources relève d'objets inventés *à la manière de*. Tel est le cas dans le premier mouvement de la *4ème Symphonie*, pourvu d'éléments dont la source populaire n'est pas authentifiable, distillant néanmoins l'originalité de leurs griffes à destination du langage savant qui les dévalue réciproquement en en faisant ressortir la trivialité. La "gaucherie" de l'écriture populaire n'apparaît jamais tant que confrontée à ce qui la combat, ses particularités modelées jusqu'à l'absurde comme le montrent deux des *Ländler* du Scherzo de la *9ème Symphonie*, le premier pour ses contrepoints, des collages de formules déformées surchargeant la perception[2], stylisation qui rend cet *Über-*

---

[1] C. Mahlerbe, *Ellipses*, *Cahiers Perspectives* n°2, avril 1987, *in* J.-Y. Bosseur, *op.cit.*, p.31

[2] Mes.19, entre le groupe des vls-hautbois, violoncelles I-clarinettes, alti. Cet *Überschlag* est rendu possible à trois voix grâce au statisme de la basse en bourdon tonique-dominante. Par contre, la confusion

schlag paradoxal par la multitude des juxtapositions, le second pour l'exagération du tempo *ganz langsam.*

L'imitation créatrice

Dans le domaine littéraire, Proust a également pratiqué la transposition d'un écrit pour fabriquer une parole fictive. L'imitation sous forme d'hommage, en particulier à Flaubert, n'est jamais ouvertement revendiquée dans *La Recherche,* mais dans *À propos du "style" de Flaubert*[1], Proust défend l'esthétique de l'écrivain auquel il reconnaît une poétique de la continuité (Flaubert refusait aussi le fragment[2]) autant qu'un art de la rupture, laquelle pouvant se produire dans le cours du récit comme le montre l'exemple du blanc, ou dans le cadre de la phrase en transgressant l'usage commun. Après avoir décrit les "singularités immuables d'une syntaxe déformante" (le *et* chez Flaubert), Proust porte l'attention sur d'autres curiosités : des adverbes, locutions adverbiales placés d'une façon inattendue, "laide", "lourde", "comme pour maçonner ces phrases compactes". Proust reconnaît à Flaubert qu'il vide la syntaxe de certains piliers fonctionnels, qu'il n'hésite pas à effectuer des cassures de styles, à simplifier le discours à l'excès en vulgarisant l'expression "là où un écrivain de second ordre chercherait des nuances plus fines", caractéristiques que Mahler peut se voir

---

s'installe presque ch.18 avec une basse qui reprend le thème initial (anacrouse de la mes.10) et sur laquelle se superposent rapidement cinq voix

[1] *N.R.F.*, 1er janvier 1920

[2] Flaubert écrit à Louise Colet en 1846 : "condense ta pensée, tu sais que les beaux fragments ne sont rien. L'unité, l'unité, tout est là. L'ensemble, voilà ce qui manque à tous ceux d'aujourd'hui", *cf.* L. Fraisse, *op.cit.*, p.107

attribuer en termes de syntaxe musicale dans sa *3ème Symphonie.*

Cette œuvre "difficile et inhabituelle"[1] permet d'apprécier dans son premier mouvement le travail de la longue durée par l'emploi réitéré de marches, funèbres ou militaires, travaillées jusqu'à la parataxe[2], le compositeur engageant la fin du mouvement vers la superposition de tonalités[3], une orchestration qualifiable de caricaturale et triviale, la parodie de figures mélismatiques chromatiques dans ces mises en scène de parades militaires[4] dont la succession puis la superposition construit une polyphonie d'actions, une *spatialisation* : ce que l'auteur nomme polyphonie vraie et dont sa conception diffère sensiblement de celle de ses prédécesseurs qu'au demeurant il admire. En 1898, son idée consiste à réclamer l'individuation des voix : "Dans [les œuvres] les plus accomplies comme dans les plus plates, la musique redevient toujours homophonique. Pour ce qui est de la polyphonie, le maître [suprême] est Bach car, chez lui, tout est polyphonie. Le fondateur, l'inventeur de la polyphonie moderne est Beethoven. Quant à Wagner, il n'est réellement polyphonique que dans *Tristan* et *Les Maîtres Chanteurs.*" Mahler poursuit avec les exemples du *Ring* dont les thèmes "sont presque entièrement construits sur des accords", alors qu'il souhaite pour sa part que "dans toute polyphonie

---

[1] G. Mahler et R. Strauss, *Correspondances 1888-1911*, Munich, Piper & Co, 1980, 1988, Arles, B. Cortaz, 1989, p.89

[2] Surtout après ch.51, et plus tard *Vorwärts stürmen, più mosso*

[3] Dès la mes.9 du ch.62

[4] Très audible aux cors 1-2 et bassons, mes.2 avant ch.68, ou durant les mes. avant ch.70 aux *crescendi* successifs sur dessin chromatique, avec dramatisation de ce mouvement ascendant par la mise en évidence de l'intervalle de 9ème entre les trompettes *hervortretend*-alti et les basses

véritable, les thèmes se déroulent librement, côte à côte, chacun avec leur énergie et leur but particuliers, le plus contrastés possibles, même, l'un par rapport à l'autre, afin que l'on puisse toujours les entendre individuellement"[1]. Quelques années après avoir composé la *3ème Symphonie*, Mahler racontera que quiconque apprécie ses œuvres comprendra son ravissement lorsqu'à l'occasion d'une promenade dans les environs de Maiernigg, il fut confronté simultanément à trois concerts indépendants d'un orgue de barbarie, d'un orchestre militaire et d'un autre orgue de barbarie jouant chacun en un lieu différent[2].

À comparer la critique mahlérienne sur le développement brucknérien à sa propre logique souterraine de juxtaposition et superposition dans les précédents exemples, on pourra s'interroger sur les motivations de sa critique conduisant au "saccage" de la *5ème Symphonie* de Bruckner, qui concourut à accroître l'éclatement de l'œuvre alors que la démarche de Mahler, consistant à opérer des coupures, devait l'homogénéiser. Un semblable discours en contradiction avec les actes se lit chez Proust décriant l'acte de pasticher alors que le romancier l'inclut dans *La Recherche*. Cet exercice issu du boulevard, manie des premières années du siècle, avait été chez l'auteur une constante durant les années précédant la rédaction de *La Recherche*, essentiellement vers 1908 après qu'il se fut détourné des traductions de l'œuvre de Ruskin pour construire la série des pastiches Lemoine. Durant cette période s'élabore une "critique littéraire en action"[3] visant

---

[1] *NBL, in* H.-L. de La Grange, *GM*II, p.68s

[2] H.-L. de La Grange, *GM* I, p.902

[3] *Corr.*, t.VIII, p.59, et R. Dreyfus, *Souvenirs sur Marcel Proust*, Grasset, Paris, 1926, p.229

le premier objet du travail devant le sujet traité : le style propre à chaque écrivain en tâchant d'en ressaisir la singularité profonde, "et sans doute plus encore, pour se guérir de la propension qui était la sienne à l'imitation [...]. Le pastiche conscient et attentif prépare l'écrivain à éviter les pastiches involontaires."[1]

En 1919, Proust adresse à Ramon Fernandez une lettre dans laquelle il affirme que cette démarche est "une affaire d'hygiène ; il faut se purger du vice si naturel d'idolâtrie et d'imitation. Et au lieu de faire sournoisement du Michelet ou du Goncourt en signant (ici les noms de tel ou tel de nos contemporains les plus aimables), d'en faire ouvertement sous forme de pastiches, pour redescendre à ne plus être que Marcel Proust quand j'écris mes romans"[2]. Il est pourtant difficile de souscrire à cette thèse sachant que Proust inclut dans *Le Temps retrouvé* un pastiche du *Journal* des Goncourt dont l'antécédent, *Dans le "Journal des Goncourt"* publié en 1907, met en scène l'ami de Proust Lucien Daudet qui lui a permis de rencontrer Edmond de Goncourt en 1895. C'est à cette occasion qu'il entend certaines anecdotes transposées ensuite dans le pastiche, mais la satire va au-delà de la nécessité purgative : Lucien, par l'intermédiaire de Goncourt supposé être l'auteur du journal, relate une dispute entre Zola et un certain Marcel Proust, qui "se serait tué, à la suite de la baisse des valeurs diamantifères, baisse anéantissant une partie de sa fortune. Un curieux être, assure Lucien,

[1] S. Gaubert, *"Cette erreur qui est la vie". Proust et la représentation*, Lyon, PUL, 2000, p.60

[2] *Corr.*, t.XVIII, p.380. Ph. Kolb date cette lettre d'août 1919. Les pastiches "Lemoine" (*Le Figaro*, 1908) du nom de l'escroc qui prétendait fabriquer du diamant sont à nouveau publiés en 1919 dans *Pastiches et mélanges* (Gallimard), ce qui explique la correspondance avec R. Fernandez cette année-là

que ce Marcel Proust, un être qui vivrait tout à fait dans l'enthousiasme, dans le *bondieusement* de certains paysages, de certains livres"[1]. Proust, personnage dont la mort sera démentie à la grande déception de Goncourt, mais Proust auteur du pastiche lui-même, pastichant l'auteur (et sa fatuité) du journal (Goncourt) qui imite la parole d'un autre écrivain (Daudet). On se questionnera sur le lieu de la catharsis dans cette "critique littéraire en action"...

Annick Bouillaguet le rappelle : il faut toujours rester prudent quant aux déclarations des créateurs sur leur œuvre puisque cette vertu cathartique de l'imitation, que Proust dit périmée dans sa lettre à Fernandez, ne s'applique qu'aux Pastiches Lemoine ou ceux rédigés à la même époque, non au *Journal* des Goncourt intégré dans *Le Temps retrouvé* relatant un dîner chez les Verdurin auquel le narrateur Goncourt a été convié. Ce qui est conté n'est autre qu'*Un amour de Swann* condensé, dont la réitération engage le retour de l'œuvre sur elle-même. Le pastiche se dote ainsi d'une valeur structurelle qui a pour conséquence de rendre l'imitation non plus purgative mais créatrice. De plus, ce fragment prodigue en arrière-plan une théorie en action, qui oriente le projet du lecteur fictif, le héros, vers une vérité essentielle : le futur roman du narrateur n'obéira pas à l'esthétique naturaliste des Goncourt clairement rendue par le pastiche pour approfondir le contraste. Ainsi, délibérément intégré ou réintégré, le *Journal* évite l'écueil des dissertations abstraites qui nourrissent les "œuvres intellectuelles" et se présentent comme "le lieu d'inscription privilégié d'une méditation sur

---

[1] *Pastiches et mélanges*, Paris, Gallimard (reprise de l'édition de 1919), p. 41

l'esthétique"[1]. Avec *à la manière de* déclarée, car elle laisse découvrir son caractère imitatif grâce à la présence d'un élément de rupture qui constitue l'indice, Proust "marque son refus de masquer l'absorption d'un style par le roman, ouvrant ainsi au lecteur la voie de l'identification de l'écrivain-palimpseste"[2]. Mais le *Journal* n'est pas l'unique exemple, dans *La Recherche*, d'une imitation dépassant l'aspect programmatique contenu dans la lettre à Ramon Fernandez. Le roman contient en effet un substrat imitatif dissimulé, comme l'élaboration de personnages échappés de pratiques littéraires ou sociales antérieures, en contrepoint de la représentation imaginaire des êtres par le héros[3]. De plus, le cas de l'ambassadeur Norpois sur lequel insiste Anne Henry est exemplaire pour témoigner dans quelles réalités le romancier choisit ses matériaux et entend leur insertion. Le personnage, qui n'est plus tel mais moyen d'illustrer encore la tension entre langage et représentation, ne tire sa substance que de son discours, un acte à soi seul[4], un "ramage pompeux qui additionne les clichés"[5] hérités d'un langage journalistique déjà trop ancien pour que s'établisse la connivence du lecteur avec cette intertextualité. En effet, les numéros de *La Revue des deux mondes* antérieurs à la rédaction du roman rendent compte de chroniques, dont est tirée la matière langagière de l'ambassadeur, celles d'un certain

---

[1] R. Amossy, E. Rosen, "*Le pastiche de* L'Œuvre *dans* À la recherche du temps perdu : *« réécriture » et théorie de la représentation*", *Cahiers Marcel Proust 9. Études proustiennes* III, p.121

[2] A. Bouillaguet, *Proust et l'imitation créatrice*, *via* univ-mlv.fr/bibliotheque/presses/travaux/travaux2/bouillaguet.htm

[3] Les Guermantes et le Moyen-Âge par exemple

[4] *RTP* I, 450

[5] A. Henry, *op.cit.*, p.8

Francis Charmes[1]. Proust recourt donc "à une forme déjà rhétoriquement constituée qui fait office de réalité référentielle"[2], retravaillée pour en donner l'équivalent. Ainsi la réécriture à la manière de l'éditorial efface la crudité du collage mais vise au même effet : "agrégat de croyances et d'argumentations diffusées à partir d'un noyau factuel insaisissable à l'état pur", poursuit Anne Henry, le discours du diplomate agit sous forme de périphrases, bribes de commentaires à la terminologie pour initiés devant rendre compte d'une compétence, d'une acuité du spécialiste sur la chose politique. Ainsi l'érudit Norpois se plaît-il également aux citations :

> "Ce qu'il faut éviter avant tout, c'est que votre père se présente : "*Principis obsta*[3]. Ses amis se trouveraient dans une position délicate s'il les mettait en présence du fait accompli. Tenez, [...] je vais vous dire une chose qui va vous étonner de ma part à moi qui aime tant votre père. Eh bien, justement parce que je l'aime, justement (nous sommes les deux inséparables *Arcades ambo*[4]) parce que je sais les services qu'il peut rendre à son pays, les écueils qu'il peut éviter s'il reste à la barre, par haute estime, par patriotisme, je ne voterais pas pour lui."[5]

Aux latineries de Norpois répond Bloch l'homérien : le plaqué ovido-virgilien dissimule une opinion inexistante que Bloch souhaiterait atteindre relativement à

---

[1] Norpois ne prend consistance linguistique qu'après 1913, alors que les articles de Charmes sont antérieurs de presque vingt ans

[2] A. Henry, *op.cit.*, p.10

[3] Ovide, *Remedia Amoris*, 91-92, "résiste aux premières avances"

[4] Virgile, *Églogues* VII, 4, "tous les deux Arcadiens"

[5] *RTP* II, 522s

l'affaire Dreyfus dont l'ambassadeur articule sans complexe les pôles opposés :

> "- Il y a deux officiers mêlés à l'affaire en cours et dont j'ai entendu parler autrefois par un homme dont le jugement m'inspirait confiance et qui faisait d'eux le plus grand cas, (M. de Miribel), c'est le lieutenant-colonel Henry et le lieutenant-colonel Picquart.
> - Mais, s'écria Bloch, la divine Athéna, fille de Zeus, a mis dans l'esprit de chacun le contraire de ce qui est dans l'esprit de l'autre. Et ils luttent l'un contre l'autre, tels deux lions. Le colonel Picquart avait une grande situation dans l'armée, mais sa Moire l'a conduit du côté qui n'était pas le sien. L'épée des nationalistes tranchera son corps délicat et il servira de pâture aux animaux carnassiers et aux oiseaux qui se nourrissent de la graisse des morts."[1]

Outre l'évidente viduité des analyses de Norpois soulevées par Bloch, l'abondance des poncifs à caractère proverbial parsème l'apparence de savoir politique : "L'émotion fut grande au Pont-aux-Chantes où l'on suivait d'un œil inquiet la politique égoïste mais habile de la monarchie bicéphale", "si tous les chemins mènent à Rome, en revanche la route qui va de Paris à Londres passe nécessairement par Pétersbourg"[2]. Les préciosités à base de métaphores lexicalisées font effet de concret, de savoir indéniable or il s'agit, derrière l'adage, de discerner de ce concret le "juste pressentiment de son absence"[3]. L'*hystérie* verbale de l'ambassadeur n'est en somme qu'une basse rhétorique trahissant l'idée que diplomates et

---

[1] *Id.*, 531
[2] *RTP* I, 453s
[3] A. Henry, *op.cit.*, p.12

journalistes n'analysent la réalité historique que par l'entremise d'idées reçues que le langage achève de restituer en proverbes, la réalité historique n'existant plus que dans le transitif pour laisser transparaître d'une part l'idée que l'essence du monde moderne se recouvre d'une existence au travers des médias, d'autre part qu'avec cette faiblesse du langage, "si les aphorismes autoritaires sont destinés à créer une impression de puissance [...], la multiplication des idiomes est symptomatique d'une fuite, d'une incapacité. Ne pouvant agir sur les choses, ne pouvant même les saisir, on agit sur les mots, on renchérit sur leur signification"[1]. La décision de Proust est donc de "ne reproduire que des commentaires pour évoquer ce référent historique fugitif, laisser le roman se mouvoir dans le seul univers des mots et conquérir une sorte de pureté à ne jamais toucher à cet indéfini, le concret"[2].

De la citation comme réécriture, on admettra qu'il existe en musique des vocabulaires de la citation selon les époques, des artisanats compositionnels conduisant à un "*être autrement*"[3]. La modernité du geste mahlérien provient de ce que ses emprunts, populaires ou savants, sont "des retouches, des analogies, des sublimés – en un mot, des modèles revisités, dont l'audition vaut au second degré"[4], un *déjà entendu* partagé entre singularité et résonance collective au sein d'un milieu symphonique encadrant. Et lorsque Mahler cède aux traditions de l'écriture contrapuntique savante comme le canon, il y mêle des stratégies propres à nier le dogme, comme l'hybridation

---

[1] *Id.*, p.13
[2] *Id.*, p.14
[3] M. Biget, *in* J.-Y. Bosseur, *op.cit.*, p.32
[4] *Ibid.*

stylistique avec *Bruder Martin* dans le troisième mouvement de la *1ère* *Symphonie*, marche funèbre en mode mineur à l'orchestration paradoxale. Avec l'écriture fuguée, Mahler satisfait à une pratique dont il ne reprend que certains traits distinctifs[1], dans le même esprit non académique que Berlioz et sans joindre à l'envi des citations textuelles : chacun de ses chorals se voit créer, hormis le *Dies Irae* du dernier mouvement de la *2ème* *Symphonie*[2], une mélodie, une fonction, un *ton* originaux : central dans le second mouvement de la *5ème* *Symphonie*[3], statique et transitoire dans le premier mouvement de la *6ème*[4], salvateur et conclusif dans le Lied *Um Mitternacht*[5], variante d'un autre thème[6], jalon formel[7].

Ces diverses catégories d'imitation, tantôt se livrent sans opacité, tantôt résistent au déchiffrement. Partant, si Proust évite tout comme Mahler la citation directe, le premier effet est de rendre la matière plus ductile. Ainsi, malgré ces emprunts décomposés puis

---

[1] Dans le *Veni, creator spiritus* de la *8ème* *Symphonie* (1906, NY, Dover, 1989. Réimp. de l'éd. publiée par Izdatel'stvo Muzyka, Moscou, 1976), il expose une double fugue en *mi*b majeur dont la fin repose sur une dominante, comme traditionnellement, avant la réexposition, ch.46. L'écriture de basse sous l'homorythmie du chœur lors du passage en *mi* majeur, celle de la basse qui précède et accompagne la double fugue, évoquent la tradition, stylisée, de la basse continue, ch.64

[2] *Symph. n°2*, NY, Dover, 1993. Éd. originale Vienne, Universal-Ed., 1912, mes.8 avant ch.5

[3] Ch.27

[4] Ch.7

[5] *Sieben Lieder nach Gedichten aus "Des Knaben Wunderhorn" und von Friedrich Rückert*, Vienne, Philharmonia. Il prend essor à la suite des *glissendi* de harpe, du ch.10 au ch.12 pour clore le Lied en *la* majeur

[6] *Symph. n° 6*, II, trio, ch.68

[7] *Id.*, IV, introduction ch.106 mes.49 aux cuivres graves

reconstitués, l'imitation se définit moins par la confrontation d'esthétiques hétérogène que parce qu'elle se dote d'une valeur formelle modifiant l'économie de l'œuvre suivant les modalités de son intégration.

Mahler n'a pas été attaché à ce qu'il est convenu d'appeler un pasticheur ou imitateur, en revanche cette idée a prévalu concernant Proust, mais la démarche consistant à vouloir redescendre à n'être que lui-même signifie que chaque imitation-réécriture, cachée ou non, est envisagée selon une autre logique. En cela, Proust a appris son métier à l'instar du compositeur rompu aux exercices du contrepoint et de l'harmonie, et laisse découvrir "l'ambivalence d'un écrivain qui, conscient du caractère novateur de son œuvre, savait tout aussi bien que l'originalité n'est jamais, au bout du compte, qu'une redite particulière"[1]. En revanche, des esthétiques mahlériennes ajoutées dont fut dénoncée la trivialité, leur interprétation avantageuse par Adorno ou Schönberg vise à montrer qu'elles relèvent d'un geste compositionnel dont ne doit être apprécié que le résultat[2]. La citation n'est donc plus uniquement chez le compositeur ou l'écrivain, "le moyen de juger à proprement parler *sur pièces*, sur pièces détachées", "au carrefour et de l'idolâtrie si le morceau choisi devient un objet-bibelot, et de l'interpolation avec tous les prestiges du fragment transposé, elle suggère une méthode critique qui permettrait de surprendre le sens profond d'une œuvre"[3].

Certes, la signification de l'imitation créatrice dénote une dette, un hommage, une dénonciation ou une

[1] A. Bouillaguet, *op.cit.*
[2] A. Schönberg, *op.cit.*, p.356
[3] L. Fraisse, *op.cit.*, p.342

revendication, mais la qualité différentielle de la vision individuelle de l'emprunteur montre l'ambiguïté du procédé en ce qu'observé dans son étrangeté, il ne révèle que difficilement les raisons de son insertion en vertu d'un double socle : d'une part l'interprétation par l'auteur de cet Autre auquel il assure une place dans son langage, les choix techniques qui visent cette insertion relevant aussi de cette interprétation, d'autre part la réception de celle-ci et de son nouveau cadre dont il s'agit de décrypter le sens. Pourquoi ce matériau, dans ces conditions, dans cette œuvre et en cette place ?

Il est apparu que les raisons avancées par les créateurs eux-mêmes étaient insuffisantes voire trompeuses, ainsi, derrière la "véritable polyphonie" recherchée par Mahler, les œuvres résistent à toute interprétation du sens à donner à ces matières amalgamées, ce qui vaut par exemple à la *7ème Symphonie* d'être globalement comprise comme ironique. Quant au *Journal* des Goncourt, plusieurs raisons peuvent apparaître. Une fois rappelée la thèse à demi controversable selon laquelle le pastiche est cette activité purgative et salutaire par le fait qu'elle force *a contrario* l'individualité stylistique, l'observation dans l'intrigue même des circonstances qui entourent la lecture de ce *Journal* permet d'éclaircir d'autres mobiles : elle se situe à un moment où, las et persuadé de son absence de dispositions pour les lettres, le héros redécouvre dans le *Journal* cette société autrefois fréquentée dont il peut mesurer l'écart entre les portraits louangeurs décrits pas le diariste et les figures qui nous ont été contés. Et vient le doute : "faut-il qu'il impute la différence à lui-même, à son incapacité à voir les choses et les êtres tels qu'ils sont, ou bien à la littérature, à sa capacité de transformer les choses et les êtres dans la représentation qu'elle en donne ? Et peut-être à livrer du réel une image falsifiée ?

Faut-il croire ou douter ?"[1]. De la mise en abîme formelle ressort une représentation contre une autre, et, derrière le pastiche, il s'agit peut-être de montrer l'absolue subjectivité de toute représentation, et donc que le concept de réalité n'est qu'illusion.

À vouloir approcher le réel au plus près, la littérature réaliste s'en éloigne d'autant, nivelle non seulement l'individualité des perceptions particulières à chacun, mais efface aussi la possibilité pour l'art d'exprimer l'essence des choses, et quand bien même il échouerait, il resterait possible de tirer enseignement de son impuissance. En revenant au pastiche Goncourt, s'il est vrai que l'art veut révéler ce que la conscience commune ignore, le choix de Proust en vue de cette démonstration aurait pu prendre pour modèle Balzac ou Stendhal. Or, il a choisi d'offrir derrière sa virtuosité d'imitateur une ironique contrefaçon de la perversion par l'écriture, celle qui cède à la grandiloquence, au snobisme directement diffusé par la fascination du milieu qu'elle ne veut que trop peindre. Parce qu'elle s'immerge dans la fausseté du snobisme de la société Verdurin, l'écriture, contaminée par les *habitus* du milieu par défaut de distance, dévie du but peu artistique qu'elle s'était tout d'abord fixé pour définitivement exclure toute saisie de l'essence. En envisageant l'écart qui existe entre les dissertations sur l'art et ce pastiche, on comprendra alors ce dernier comme un bilan personnel. Cette distance, qui fait défaut au pseudo-Goncourt dans son *Journal*, ayant crû entre la Société et le narrateur durant la grande fresque du roman à force de déception et de constat de la cruauté, surgit enfin par la voie du pastiche illustrant à l'opposé la vision éblouie de cette même Société. Le héros, devenu incapable de reconnaître la réalité dans ce

---

[1] S. Gaubert, *op.cit.*, p.61

Journal, sera un écrivain ayant intégré les théories de Proust, et Proust qui fut, comme Edmond de Goncourt, chroniqueur, montre son recul face à cette forme d'écriture tout en en exploitant subtilement les principes pour étendre ses effets et son statut second au domaine de la création littéraire, dans un discours ironiquement proposé par une variante dont le signifié suit pas à pas celui du modèle.

LECTURES PARALLÈLES ET THÉORIES ESTHÉTIQUES

Exempte de tout pastiche et de toute esthétique rapportée, l'œuvre de Vinteuil s'éloigne d'autant par ce trait de celle de Mahler que Proust écrivain ne se rapproche finalement du langage de ce dernier, car elle dissimule un questionnement différent sur la création artistique, la méditation sur l'esthétique littéraire, le moyen de l'énoncer et l'idéal d'un artiste permanent à lui-même. Un tel contraste, pendant de l'apparent paradoxe entre l'œuvre et le discours de Mahler, incite à raviver le concept hugolien ici élargi aux rapports entre science, littérature et musique puisque ces disciplines ont autant d'importance pour le compositeur que les partitions des maîtres et que Proust, étudiant en philosophie, n'est pas moins connaisseur des autres arts ou de sociologie naissante.

Ce dernier trouve en effet des sources chez Egger, Tarde, les mythologues mais aussi Schopenhauer dont *Le Monde comme volonté* fut accueilli plus que froidement à sa première parution en 1819, avant que l'ouvrage ne soit relu, absorbé et orienté vers d'autres domaines que la philosophie, d'où la forte présence de son contenu chez les artistes germaniques entre autres, de Wagner aux artistes de la Sécession en passant par Mahler, lequel convoque par là et à nouveau ce qu'il doit à la littérature romantique : la configuration des affects, un imaginaire présent dans le fantastique contemporain du *Goetheszeit* aux côtés duquel la figure de Dostoïevski, tout comme chez Proust, tient une place considérable.

Quelques fonds communs. Science et réalisme

Mahler, pour partie en raison des problèmes sociaux et humains soulevés par l'œuvre de Dostoïevski, qui lui valent d'être également bouleversé par *Résurrection* de Tolstoï ou l'œuvre d'Ibsen, est certes sensible au "psychologisme" réaliste que certains avancent pour interpréter l'auteur russe, contre le réalisme "subjectif, individualiste" et "déliquescent"[1] d'un Proust. Mais le "psychologisme" de celui-ci prend forme, comme chez Dostoïevski, dans une peinture de l'intermittence du moi, tant du héros que des personnages, mais aussi de leur manque de délicatesse qui surgit en vertu même de la confrontation entre bassesse du snobisme et noblesse de l'art, des rhumes "à tout casser" provoqués par les émois musicaux de Mme Verdurin au soulagement des amours malheureuses de Swann, anesthésiées l'espace d'une sonate, sans compter les mufleries de Morel violoniste. Derrière cet acharnement à exploiter en scènes caricaturales une telle séparation entre l'art et la vie, la seule finalité satirique est insuffisante, mais elle appuie ses principes descriptifs sur le cadre préexistant d'une science à laquelle Proust emprunte cette apparente objectivité caractéristique du discours scientifique ; la sociologie de Gabriel Tarde dont les sentences, déjà présentes dans *Les Plaisirs et les Jours*, permettront à Proust de rivaliser avec Balzac.

1 V. Kirpotine, *F. M. Dostoïevski,* Moscou, "L'écrivain soviétique", 1917, p.64, *in* M. Bakhtine, *La Poétique de Dostoïevski*, p.77

La sociologie de Tarde présente un avantage sur ses prédécesseurs et contemporains : en mettant au jour les mobiles particuliers du comportement individuel, on perçoit la formule du groupe. Tarde conteste, contre Durkheim, l'existence d'une mentalité collective distincte des mentalités individuelles et proclame ainsi que la ressemblance entre membres d'un groupe en est le résultat, en raison des désirs d'assimilation et des lois de l'imitation. L'impénétrable moutonnerie de l'espèce procure à Proust les moyens d'une interprétation réduite à quelques microcosmes qui servent à disséquer les mécanisme de propagation de la bêtise au travers de rites sociaux arbitraires, ces groupes gravitant, comme contrepoint et repoussoir à la fois, autour du noyau principal de la couche supérieure de l'aristocratie qui devient à même de représenter le plus exemplairement la machine à broyer autrui dont Proust décrit minutieusement les effets, non sans un arrière goût de fascination, mais sans véritablement en rapporter les causes.

L'hypothèse précédente du supposé paternalisme de Mahler dans sa propension à faire du langage populaire un intrus subversif peut engendrer sa propre contradiction puisque la dégradation de la musique noble tend justement à valider une idée sensiblement proche de la satire proustienne sur le snobisme : la grossièreté est moins une affaire de classe que le résultat d'une pétrification des usages, qui, faute de se renouveler, se fourvoient dans une sorte d'encanaillement esthétique dont l'ironie et la vindicte du portrait prêtent, du moins chez Mahler, à confusion.

En suivant les procédures heuristiques, la littérature découvre dans l'analyse de l'infime le parcours scientifique par excellence, faisant des "infiniment petits" le lieu d'émergence de l'absolu[1]. Leur prédilection se confirme dans ce déplacement de la motivation réaliste, visant à "trouver la poésie des choses qui nous semblent parfois les moins poétiques"[2] écrit Guyau, inspiré en cela par Goethe pour affirmer que le *vrai* réalisme consiste à dissocier le réel du trivial, contrairement aux Tolstoï, Maeterlinck, Shelley, Poe ou Baudelaire. Ainsi l'auteur de *L'Art au point de vue psychologique*, de *La genèse de l'idée du temps* et du concept d'anomie[3], répertorie-t-il ces littérateurs en une classification dont l'étalon relève d'idées hygiénistes : demi-détraqués et détraqués à la santé nerveuse instable, génies dont la capacité à souffrir tient moins de la chance que d'une entrave dirigeant l'inspiration du côté du réel[4]. La grand-mère du héros de *La Recherche* tentera, elle, de protéger son petit-fils du "nervosisme", d'un "penchant maladif à la tristesse, à l'isolement", raisons pour lesquelles elle vante Mme de Villeparisis dont la société et les auteurs pratiqués peuvent lui procurer plus d'apaisement, de bonheur et de dignité "que les raffinements opposés, lesquels ont conduit un Baudelaire, un Poe, un Verlaine, un Rimbaud, à des souffrances"[5]. Mais ces auteurs sont cependant à même de correspondre au "progrès" en art puisque, selon Guyau, la création se mesure en partie à l'intérêt porté aux côtés misérables de la vie. "Sous ce rapport, l'art suit nécessairement le développement de la science, pour laquelle il

---

1 *Cf.* le manuel Rabier, *Leçons de philosophie*, Paris, Hachette, 1888, p.79, que Proust possédait

2 J.-M. Guyau, *L'Art au point de vue psychologique*, Paris, Alcan, p.92

3 Selon Guyau, il n'existe pas de temps hors des désirs et des souvenirs

4 *Id.*, p.102

5 *RTP* II, 86

n'y a rien de petit, de négligeable, et qui étend sur toute la nature l'immense nivellement des lois."[1] L'esthétique traduit alors cette volonté d'objectivité ou d'apparente objectivité rendue en premier lieu par la méticulosité requise dans le champ analytique : "La tendance vers une connaissance des choses aussi objective que possible se fait sentir de nos jours dans toutes les branches du savoir humain ; elle doit nécessairement influer aussi sur l'étude du beau."[2] Farouche adversaire des débordements wagnériens et brucknériens, défenseur d'une conception formaliste et partisan de Mahler, Eduard Hanslick refuse ici l'immixtion *abusive* du sentiment dans la science[3] comme dans la musique qui n'est autre que des *formes sonores animées* (*tönend bewegte Formen*). Mahler connaîtra en outre les travaux de celui à qui Hanslick rend hommage dans la préface de *Du beau dans la musique*, Hermann von Helmholtz, qui affirme que l'expérience *active* des sons au niveau de l'organe sensoriel ne doit pas être comprise dans les termes d'une théorie sentimentaliste de l'esthétique musicale : les sentiments sont une chose, l'état de sensitivité une autre[4]. Et le compositeur d'éprouver dès l'université une affinité pour la pensée de Rudolf Lotze qui tente la synthèse entre philosophie, sciences, arts, littérature et religion, Lotze ami de Fechner dont

---

[1] J.-M. Guyau, *op.cit.*, p.86s

[2] E. Hanslick, *Du Beau dans la Musique*, tr. Ch. Bannelier, Paris, Bourgois, 1986, p.59. La première chaire d'histoire et esthétique musicale à l'université de Vienne lui revient de 1870 à 1895

[3] *Id.*, p.56, préface de la 6ème édition allemande

[4] La pensée de Helmholtz dans *Théorie physiologique de la musique fondée sur l'étude des sensations auditives* (1863), oscille entre le formalisme issu de Hanslick et une conception en affinité avec l'empirisme. *Cf.* G. Granger, *Langage et épistémologie*, Paris, Klincksieck, 1979, *in* A. Soulez, "Symbolisme et musique dans l'hypothèse du "clavier auditif"", *L'Espace : musique/philosophie*, p.114

Mahler lit *Zend-Avesta* et plus tard l'*Esthétique*[1], Fechner qui prône une esthétique d'"en-bas"[2] dotée des récents progrès de l'anatomie, de la physiologie, de la psychologie et de la sociologie, Fechner qui est à Leipzig le maître de Siegfried Lipiner, ami proche de Mahler.

Parallèlement, le roman "expérimental" se donne comme une conséquence de l'évolution du siècle en étudiant l'homme naturel "soumis aux lois physico-chimiques et déterminé par les influences du milieu"[3]. Par ces mots, Guyau veut montrer que cette fascination pour la science peut nuire à l'art parce qu'elle l'évince du sommet des activités humaines. Aussi, nombre de théoriciens et de créateurs s'emploient à les concilier en tentant de penser la science dans un mouvement de subordination à la création artistique qui en utilise les lois partielles. La reprise du *Système de l'idéalisme transcendantal* de Schelling permet à cet effet de suggérer la médiation : la science, dans son mouvement d'externisation n'explore que l'univers, raison pour laquelle elle ne peut opérer la synthèse Nature-esprit puisqu'elle s'absorbe dans le premier terme qui élabore toutefois spontanément des formes montrant qu'elles sont produites par les lois de l'esprit.

La dissertation du *Temps retrouvé* suggère aussi la recherche de lois, et ce parce l'œuvre devant laquelle "nous ne somme nullement libres" oblige, en raison du mystère des passages vers la chose qu'elle dévoile, à l'en-

---

[1] G.Th. Fechner, philosophe et psychologue et E.H. Weber, physiologiste et anatomiste, élaborent au début de la seconde moitié du XIXe siècle la loi portant leurs noms, qui établit la correspondance entre le physique et le psychique, la sensation correspondant au logarithme de la stimulation

[2] G.Th. Fechner, *Vorschule der Ästhetik*, Leipzig, 1876, *in* É. Emery, *Temps et musique*, Lausanne, L'Âge d'Homme, 1998, p.391

[3] J.-M. Guyau, *op.cit.*, p.144s

visager et la découvrir comme un phénomène de la nature. Mais cette découverte que l'art permet est peut-être celle de ce qui nous est précieux et inconnu, la vie, la réalité telle que nous l'avons sentie et qui diffère de ce que nous croyons. Le héros vérifie l'hypothèse en évaluant la fausseté de l'art réaliste "qui ne serait pas si mensonger si nous n'avions pris dans la vie l'habitude de donner à ce que nous sentons une expression qui en diffère tellement et que nous prenons au bout de peu de temps pour la réalité même"[1]. Le XIXe siècle prend en effet conscience du roman comme art de fiction, le voit s'équilibrer entre fidélité à la réalité imitée et conscience de l'artifice[2], et Proust ouvre la réflexion grâce à la reprise de *L'Œuvre* de Zola dont il partage l'idée d'indifférence au sujet traité tout en usant de cette proclamation pour élaborer une interprétation différente du concept de *vision*[3]. Zola insiste bien sur l'originalité individuelle de celle de l'artiste, encore qu'il maintienne le concept de représentation tout en condamnant toute prétention à copier la réalité pour valoriser la restitution de la vie : faire *vrai* n'a de valeur qu'en faisant *vivant*, cette perspective montrant l'impossibilité de s'affranchir absolument des lois de la nature qui sert de modèle. "Ainsi se perpétue la double tradition d'une *mimèsis* qui met l'accent sur la reconstitution du réel, et d'une originalité qui met en valeur la personnalité unique du sujet."[4] Or, c'est à ce niveau que Proust se sépare des théories réalistes : sur le terrain de la vie la supériorité du modèle, même une botte d'asperges, dévalue la perfection de la représentation. Désormais il ne

[1] *RTP* IV, 460
[2] *Cf.* P. Ricœur, *Temps et récit II*, p.29
[3] *Cf.* R. Amossy, E. Rosen, *op.cit.*
[4] *Id.*, p.125

reste qu'à montrer la supériorité de cet autre concept de vision qu'est l'univers imaginaire, idéal intime dont la tâche est de lire l'essence des choses bien au-delà des lois naturelles. Elstir n'appréhende pas immédiatement la Nature, ne l'observe pas pour la réfracter mais scrute le vide avec application[1], épié par le télescopique et fragmentaire regard du narrateur montrant son obsession de ce qu'il ne voit pas du réel, et qu'il est condamné à imaginer[2] sans le secours des connaissances de la tradition qui n'entravent en rien, chez Elstir, la quête d'une esthétique originale, mais médiatisent sa perception du réel.

Le Temps retrouvé reviendra alors à ces théories dont le programme requérait de "faire sortir l'artiste de sa tour d'ivoire" en écartant les sujets frivoles et sentimentaux au profit d'une peinture de mouvements ouvriers. Mais ce que dicte la révélation de l'œuvre n'a que faire de tant de proclamations : l'art véritable "s'accomplit dans le silence", l'isolement de la spéculation sur le langage, contre ce discours officiel.

> "Et peut-être est-ce plutôt à la qualité du langage qu'au genre d'esthétique qu'on peut juger du degré auquel a été porté le travail intellectuel et moral. Mais inversement cette qualité du langage, […] dont croient pouvoir se passer les théoriciens, ceux qui admirent les théoriciens croient facilement qu'elle ne prouve pas une grande valeur intellectuelle, valeur qu'ils ont besoin pour la discerner, de voir exprimée directement et qu'ils n'induisent pas de la beauté d'une image. D'où la grossière tentation pour l'écrivain d'écrire des œuvres intellectuelles."[3]

---

[1] *RTP* II, 182
[2] M. Erman, *L'œil de Proust*, Paris, Nizet, 1988, p.87ss
[3] *RTP* IV, 460s

L'essentiel, dissimulé, l'œuvre y prend source par une hyperintellectualisation qui, chez Proust, creuse la distance avec l'objet, induite d'une part par une observation entomologique, d'autre part par la récusation des théories réalistes, pour remobiliser les convictions de Schopenhauer : il est une disproportion entre le vouloir illimité et sa fixation sur l'exiguïté d'un objet particulier, mais le passage entre le désir du visible et l'étroitesse de la représentation demeure incontournable. Et le langage d'être le dernier refuge pour mesurer l'entendement qu'a l'artiste de cette réalité, et qu'un cheminement intellectuel impose pour faire surgir l'œuvre dont le mystère est le résidu de ces liens existant entre réalité brute, représentation et désir.

Proust et Mahler partagent ces deux idées antagonistes contemporaines, l'attrait pour la science alliée à une déploration de "l'intelligence qui dessèche". Au travers de Platon, Spinoza et les mystiques, la physique et la biologie, Mahler cherche si ce qui a disparu pour lui dans l'univers reparaît dans la cellule[1]. Aussi le compositeur n'est-il que d'un avis mitigé quant à l'analyse d'une œuvre qui doit conserver "l'air d'une entité indivisible, impossible à saisir d'un seul regard" donner "une impression inépuisable, infime, divine". Rechercher ce qui produit cet effet, tout cet intérêt "scientifique" lui semble "de peu de poids, en comparaison de la forte impression artistique, de l'impression divine donnée par l'œuvre à celui qui écoute."[2]

---

[1] B. Walter, "Mahlers Weg, ein Erinnerungsblatt", art. cité de *Der Merker* (1911), *in* H.-L. de La Grange, *GM*II, p.929

[2] Extrait d'une conversation avec N. Bauer-Lechner à propos de Guido Adler, surnommé "la science" par Mahler, *NBLS*, *in* H.-L. de La Grange, *GM*I, p.866s. Guyau (*op.cit.*, p.358) montre une réticence plus forte encore : "l'amour de l'analyse tue l'art"

Certes, la mise à nu de l'œuvre par l'intelligence implique une distance à la nature qui revêt pour Mahler un éloignement du divin, mais le geste créateur soumet bien cette essence comme un matériau de laboratoire. Chez Proust, l'opération fonde cette "alliance bizarre qui lui donne son originalité : une conception scientifiquement surveillée du moi est destinée à exalter l'hypertrophie du pouvoir artistique, une approche raisonnée est employée à ne connaître que de l'irrationnel"[1] car derrière la tyrannie exercée sur le matériau se dresse un interdit de principe : "l'œuvre expose une essence, elle ne peut communiquer à son public la force qui lui a permis cette exposition."[2] Ce qui est crûment dépeint dénonce ce goût de l'utile qui émacie le pouvoir de l'art, et dont ne ressort aucune influence morale, aucune élévation intellectuelle, pour ne plus évoquer qu'une culture consumériste.

La Nature n'est pas dénuée de signification mais est l'œuvre de la pensée suprême du créateur. C'est particulièrement avec Schelling que se sont ouvertes ces nouvelles perspectives qui définissent la place de l'art dans son système philosophique, auquel seront sensibles les premiers romantiques allemands, les frères Schlegel et leur cercle d'Iéna, mais encore Nerval ou Baudelaire. Avec Schelling, la connaissance n'est possible qu'au travers de la *Naturphilosophie* dans laquelle l'*idéel* ne peut être expliqué sans partir du réel, et la *Transzendentalphilosophie* qui renvoie la production consciente de la Nature à une activité inconsciente de l'Esprit : il n'est que l'activité esthétique pour réunir le conscient et l'inconscient. "Le monde objectif n'est que la poésie originelle et

---

[1] A. Henry, *op.cit.*, p.57
[2] *Id.*, p.153

encore inconsciente de l'esprit ; l'organe universel de la philosophie et la clé de voûte de tout l'édifice – la philosophie de l'art" est-il dit laconiquement dans *Le Système de l'idéalisme transcendantal*[1]. Les romantiques porteront ensuite l'idée que l'art est un produit de l'esprit par la médiation de l'imagination qui acquiert un statut supérieur, celui du principe créateur de l'univers qui se manifeste dans toutes les formes de la nature, jusque dans l'acte de création artistique qui donne forme aux objets de la nature tout en les mettant au contact de l'infini de l'esprit, lequel leur confère une forme nouvelle, la forme du beau, l'œuvre d'art. Le premier romantisme fait ainsi émerger le statut démiurgique de l'artiste de génie en posant l'idée centrale d'un univers créé par l'art.

De façon tout à fait parallèle, le principe d'une enfance qui a libre accès au dialogue avec la nature est un fonds nécessaire notamment à Proust qui partage avec ses contemporains l'engouement pour cet arcadisme. C'est justement durant cette fin du siècle que l'héritage de la philosophie de la Nature permet l'éclosion de récits dont le cadre se situe à la campagne, parfois au travers du regard d'enfant : "il n'y a de bonne littérature que du souvenir et de bonne enfance que rurale"[2]. Rien de surprenant donc à voir débuter *La Recherche* avec le jeune Marcel narrant les anecdotes de la bourgade provinciale de Combray. Adorno, mentionnant Proust, n'omet pas de souligner le fait chez Mahler sans toutefois compter avec cette vogue littéraire qui peut à l'occasion, surgir biographiquement du passé de l'auteur : Proust créditant

[1] *Le Système de l'idéalisme transcendantal*, trad. et notes Ch. Dubois, Louvain-la-Neuve, Peeters, Éd. de l'Institut supérieur de philosophie, 1978, p.251

[2] A. Henry, *op.cit.*, p.102

une petite ville imaginaire des attributs d'Auteuil où habitait l'oncle Weil, Mahler rappelant que ce sont essentiellement les événements vécus et les expériences de l'enfance qui se révélèrent féconds. Derrière l'éventuelle référence biographique, le regard enfantin se compare donc à celui du génie parce qu'ils perçoivent le monde involontairement, par intuition analogique. Mais les lois naturelles ne s'offrent pas dans le visible, la signification de la nature ne se donne pas immédiatement : si l'enfant saisit l'essence des choses, sa fixation par l'artiste ne se mérite que par un apprentissage et une maîtrise, la beauté n'habitant que ce qui est conquis par l'art. Il est donc insuffisant de s'arrêter à une pâle résurgence du thème de l'enfance conjugué au provincialisme naïf. Ainsi, chez Mahler, chacune des apparitions de la nature "comme négation déterminée du langage de l'art musical, dépend de ce dernier"[1]. Ces fragments stylisés grâce à une tyrannie exercée sur le matériau ne laissent parfois, de la fixation de la Nature, surgir que le dépôt d'une tradition externe au compositeur. Par le choix même de certains artifices, le geste compositionnel se soucie autant de réfléchir une expérience intime de la nature que la réfraction même de celle-ci dans un art emprunté : un chant d'oiseau évoqué par une traditionnelle flûte dans un non moins traditionnel récitatif non improvisé pour restituer l'indétermination du chant d'oiseau par une syntaxe rythmique précise dans l'*Abschied* du *Chant de la terre*. L'œuvre d'art projette au-devant d'elle-même l'apparaître du monde…

Décrire est un art… *La Recherche* raillera cette littérature, ses clichés devant la matérialité des choses, belles preuves de naïveté envers la supposée puissance du

---

[1] Th.W. Adorno, *M*, p.31

langage, car il faut "l'illusion pour saisir le vrai, il faut le flottement dans l'identification d'un objet – imputée, elle, au rationnel – pour atteindre à la réalité cachée qui est dessous, un qualitatif"[1].

Dostoïevski et le fantastique

"Tous ces bouffons qui reviennent sans cesse, tous ces Lebedev, Karamazov, Ivolguine, Segrev, cet incroyable cortège, c'est une humanité plus fantastique que celle qui peuple *La Ronde de Nuit* de Rembrandt."[2] Lorsque Proust mentionne les romans de Dostoïevski, il en ignore les aspects sociaux (ce que ne fait pas Mahler), notamment au profit d'un substrat plus fantastique. Dans l'article qu'elle consacre à Mahler et Dostoïevski, Inna Barssowa relève fort à propos ce que Bakhtine évoque par ailleurs, c'est-à-dire la connaissance de l'œuvre d'E.T.A. Hoffmann par le jeune Dostoïevski[3], et l'absorption par ce dernier du romantisme allemand[4].

En amont, Bakhtine brosse les particularités de composition et de genre chez l'auteur russe pour en dégager plusieurs traditions de la prose littéraire européenne remontant à l'Antiquité, qui ont pour parenté interne d'allier le plaisant et le sérieux, opposées en cela à l'épopée, la tragédie, l'histoire et la rhétorique : mimes de Sophron dont Platon avait d'ailleurs bonne connaissance, dialogue socratique, mémoires, pamphlets, poésie buco-

---

[1] A. Henry, *op.cit.*, p.191

[2] *RTP* III, 881

[3] M. Bakhtine, *La Poétique de Dostoïevski*, p.206

[4] I. Barssowa note encore des réminiscences de Voltaire, Pascal, Flaubert (*La Légende de Saint Julien l'Hospitalier*), "Mahler und Dostojewski", *Beiträge '79-81. Gustav Mahler Kolloquium 1979*, Herausgegeben von der Österreichischen Gessellschaft für Musik, Bärenreiter, 1981

lique. Bakhtine insiste particulièrement sur la satire ménippée, son rapport critique à la tradition, ses péripéties audacieuses, son affranchissement des contraintes historiques, de la vraisemblance, notamment par l'introduction d'éléments d'utopie sociale sous forme de rêves ou de voyages dans des univers narratifs irréels permettant de représenter des états psychiques inhabituels, la mise à l'épreuve de l'*idée* ou de la *vérité* de façon non monologique, toutes ces caractéristiques qui autorisent de violents contrastes et extravagances au vif de l'intrigue, l'éclatement de l'unité stylistique par l'utilisation de genres intercalaires tels les dialogues rapportés, lettres, citations caricaturées, emploi de jargons ou dialectes.

Parallèlement, Bakhtine mentionne chez Dostoïevski la résurgence du carnaval, sa dialectique mort-renaissance en une fête du temps destructeur et régénérateur, ambivalence que concrétisent les figures géminées entre contrastes et ressemblances. En restreignant, voire en suspendant les lois et rapports socio-hiérarchiques habituels, en induisant un mode de relations où le contact familier et la promiscuité autorisent momentanément la transgression du sacré, la perception *carnavalesque* persiste dans la parodie et la satire – le genre authentique du roman selon Novalis[1] ou Schlegel –, ressurgit avec l'ironie amère du *Don Quichotte* qui ravit Dostoïevski et, depuis l'enfance[2], Mahler, lequel relit régulièrement Goethe dont la figure de Faust, à l'instar de Don Quichotte, Gargantua ou Eulenspiegel, hérite aussi des légendes carnavalesques au comique équivoque, brûlant "tout ce

---

[1] *Cf.* Novalis, *Le Monde doit être romantisé*, tr. O. Schefer, Paris, Allia, 2001, *Anecdotes*, § 205, p.80

[2] H.-L. de La Grange, *GMI*, p.39 et 163. Il le relira d'ailleurs en 1896 durant la composition de la *Symph. n°3*

qui est ampoulé et raidi, sans consumer la quintessence réellement héroïque de l'image"[1]. Goethe qui dessine, à l'opposé de Dostoïevski selon Bakhtine, "l'image de l'homme en devenir" dont sont perçues "toutes les contradictions existantes en tant que différentes étapes de quelque développement unique"[2] et non pas la pluralité de conscience, présenterait pourtant dans *Les Années d'apprentissage* une perception du monde propre au carnaval"[3] ; Goethe qui recense[4] l'irrationalité et la disparité des poèmes du *Wunderhorn*, base poétique mahlérienne s'il en est, qui relève de ces héritages ménippéens : le merveilleux et le fantastique, incursions de l'absurde, du grotesque et de l'étrange dans le monde réel[5].

Les premiers romantiques avaient repris de Schelling l'idée d'une puissance supérieure de l'imagination par l'intermédiaire de laquelle l'artiste créé un univers intérieur de représentations conçues, notamment chez Jean Paul, par un créateur face à la vacuité du monde qui l'entoure. À ceci s'ajoute que dans le système schlégélien comme chez Jean Paul, *Witz* et ironie déterminent le fantastique : "La Fantaisie (*Phantasie*) cherche de toutes ses forces à s'extérioriser mais, dans la sphère de la nature, le divin ne peut se communiquer ni s'extérioriser qu'indirectement. Voilà pourquoi, de ce qui à l'origine

---

[1] M. Bakhtine, *op.cit.*, p.192

[2] *Id.*, p.64

[3] *Id.*, p.190

[4] J.W. von Goethe, *Sämtliche Werke*, Stuttgart et Berlin, Éd. du Jubilé, t.36, p.247, *in* Th.W. Adorno, *M*, p.116n

[5] T. Todorov, *Introduction à la littérature fantastique*, Paris, Seuil, 1970, p.29. Soit le lecteur considère les événements relatés comme autant d'illusions, soit, avec le merveilleux, il y lit une réalité qu'il ne peut comprendre rationnellement car ses connaissances font défaut pour expliquer ces phénomènes. Cette différenciation est à faire relativement au *Knaben Wunderhorn*

était fantastique, ne subsiste plus dans le monde des phénomènes que ce que nous appelons Witz."[1]

Mathieu Schneider pose la question d'une éventuelle compatibilité entre les conceptions esthétiques de Mahler et les conditions esthétiques qui ont vu renaître le fantastique, en insistant sur les résurgences de la *Naturphilosophie* et du système schellingien chez le compositeur dont le vœu même de "bâtir un monde" engage la problématique aussi bien que sa déclaration consistant à concevoir le créateur comme étant lui-même un "instrument de l'univers", que le sujet composant "ne s'appartient pas à lui-même"[2], phrase dans laquelle ressort l'importance accordée à l'inconscient créateur chez le génie. L'auteur de *Destins croisés* insiste précisément sur la *1ère Symphonie* et les auteurs (Jean Paul, Hoffmann) qui y sont *a posteriori* référencés, puisque ce n'est qu'une fois la symphonie achevée que les titres ont été choisis par le compositeur. Ceci implique d'une part que l'œuvre n'est pas à classer comme programmatique, et, ce faisant, qu'il ne faut pas d'autre part ignorer la pertinence de ces ajouts mais envisager une parenté moins de *contenu* que de *forme* entre le discours musical et lesdites références[3].

---

[1] F. Schlegel, *Gespräch über die Poesie*, dans la trad. d'A.-M. Lang, Ph. Lacoue-Labarthe, J.-L. Nancy, *L'absolu littéraire. Théorie de la littérature du romantisme allemand*, Paris, Seuil, 1978, p.326

[2] Déclarations faites à Anna von Mildenburg en juin 1896, *in* H.-L. de La Grange, *GM* I, p.565, reprises en substance avec N. Bauer-Lechner quatre ans plus tard : "On ne compose pas, on est composé" ("Man komponiert nicht, man wird komponiert"), N.Bauer-Lechner, *Souvenirs*, tr. I. Werck, Paris, L'Harmattan, 1999, p.212

[3] "Cette association s'est cristallisée autour de principes esthétiques déterminant des archétypes formels, lesquels existaient en littérature dès le début du XIXe et ont été repris ensuite par certains musiciens dans leur "vocabulaire" de formes musicales. Ces principes relèvent à notre sens du fantastique", M. Schneider, *op.cit.*, p.287

L'analyse se porte au reste sur le final de la *2ème Symphonie* en prenant appui sur les analyses du musicologue tchèque Vladimir Karbusicky[1], pour montrer comment l'attribut traditionnel d'une imagerie, tel que le cor solo qui renvoie au rêve et à l'irréel, ce cor solo donc, sédiment d'une vision de la nature elle-même rendue au travers d'un artefact, passe, chez Mahler, au travers d'un prisme déformant, un emprunt, une recontextualisation de ce sédiment, comme une seconde interaction entre nature et esprit, par laquelle l'intériorité confère à cette image une tournure incongrue. "Détachée du monde réel" comme l'écrit Jean Paul, cette nouvelle image n'appartient ni à la réalité objective, ni à la pure intériorité du sujet puisqu'intégrant une part du réel, mais se situe dans ce lieu intermédiaire que l'art entend créer.

Or cette conception ne suffit pas pour expliquer certains rejets par le public de la présence du fantastique, accepté depuis longtemps en littérature, dans l'œuvre du compositeur. L'ironie mahlérienne "a totalement déconcerté et souvent même scandalisé les premiers auditeurs des *Symphonies* de Mahler et de ses *Humoresken*". Ce passage du sublime au grotesque, de la parodie à l'émotion sincère, "caractérisent la musique de Mahler autant que les humeurs fantasques du Kapellmeister Kreisler[2]."[3]

Cette rapide et absolue réversibilité entre tragique et comique n'est que la lointaine dot de la satire ménippée et des genres carnavalesques, poursuivis en des variantes

---

[1] V. Karbusicky, *Gustav Mahler und seine Umwelt*, Darmstadt, Wissenschaftliche Buchgesellschaft, 1978

[2] Une ressemblance avec ce personnage de Hoffmann a souvent été évoquée à propos de Mahler : par Max Steinizer, critique musical et musicologue, par Alfred Bruneau dans *À l'ombre d'un grand cœur*

[3] H.-L. de La Grange, *GMI*, p.162. Le nom de *Humoresken* est d'ailleurs en 1892 le titre original de cinq mélodies du *Wunderhorn*

telles que la nouvelle philosophique ou le conte fantastique. L'objet d'une discorde entre Hugo Wolf et Mahler fut d'ailleurs la légende du personnage des monts de Silésie, Rübezahl[1], qui fait quelques apparitions chez Grimm ou Hoffmann et prend diverses formes pour défendre le Bien contre le Mal et se venger de ceux qui l'ont moqué. Wolf découvre le premier cette légende pour en faire un drame musical, à quoi Mahler répond que le sujet ne peut être exploité qu'à des fins humoristiques. Il s'ensuit que le premier livret est achevé en huit jours par Mahler alors que celui de Wolf n'est pas encore commencé. Colère de Wolf. Mais on doit à Natalie Bauer-Lechner de nous éclairer sur ce qui sépare Wolf de Mahler et son projet d'opéra féerique, un *Märchenspiel* travaillé durant l'hiver 1879 puis abandonné. "Chez Mahler, la parodie, le grotesque à la Hoffmann se sont exprimés totalement dans le sujet de *Rübezahl*, alors que la nature rêveuse et romantique de Wolf n'avait vu là, sans doute, que du merveilleux."[2] Mais n'est-ce pas l'un des propres du conte que de faire passer le récit par un enchantement libérateur qui conjure la détresse que le mythe, expression que refoule l'ironie mahlérienne, fait peser sur l'humanité[3]?

Relevé entre autres dans les *Contes* d'Hoffmann et chez Grillparzer, entré dans la littérature par l'intermédiaire, notamment, de la satire ménippée, le rêve figure également la possibilité d'une vie libérée des normes

---

[1] Les légendes du *Rübezahl* qui circulaient en Allemagne depuis le Moyen-Âge ont été transcrites et publiées entre 1782 et 1787 par J.F. Musaeus dans *Legenden von Rübezahl*. Ce recueil est la source principale de Mahler

[2] H.-L. de La Grange, *GMI*, p.116. Commentaires et analyses p.923-926

[3] W. Benjamin, *Oeuvres III*, *Le Conteur*, p.141s

terrestres. Les visions oniriques de la littérature médiévale, dans le théâtre de Calderon, de Shakespeare, symboliques chez certains romantiques, peuvent confiner au *rêve-crise*, transfiguration narrative d'un dilemme moral comme l'illustre la conversation d'Ivan avec le diable dans *Les Frères Karamazov*, ce modèle du dialogue entre le compositeur Leverkuhn – maître du style carnavalesque subissant dans sa jeunesse "l'influence de Gustav Mahler"[1]– et son visiteur dans le *Docteur Faustus* de Thomas Mann, écrit en collaboration avant Adorno et devant contenir "davantage de plaisanteries, de grimaces de la part du biographe, autrement dit, de persiflage de soi-même pour ne pas tomber dans l'emphase", car pour l'auteur, s'il faut parler de style, il "n'accepte en fait que la parodie."[2]

Le "ménippéisme" de ce roman est donc en partie nourri des *Frères Karamazov* dont Mahler pressent aussi la nature carnavalesque dans le dialogue théologique d'Ivan l'athée et Aliocha le moine à l'auberge *La Capitale.* Cette conjonction entre le vulgaire et le tragique, inscrite chez Mahler sous les traits d'un événement fondateur (une altercation parentale, selon Freud qui rencontre le compositeur en 1910), entraînerait une interdépendance de ces états, un transfert qui apparaît aussi dans *La Recherche* grâce à une analogie entre un moment de la vie de Swann et la phrase de Vinteuil dont la

---

[1] Th. Mann, *Le Docteur Faustus*, p.207s. Si l'auteur mentionne que la méthode du dodécaphonique sériel exposée au chapitre XXII "est la propriété intellectuelle" d'Arnold Schönberg, le portrait de Leverkuhn semble bien se rapporter à Mahler, à une époque où le *Mahler* d'Adorno n'est pas encore écrit. On peut se poser la question du rapprochement qu'aurait pu faire Adorno entre Dostoïevski et Mahler
[2] Th. Mann, *Histoire du "Docteur Faustus" le roman d'un roman, in* M. Bakhtine, *La Poétique de Dostoïevski*, p.235n

recollection associe métaphoriquement les attributs passés d'Odette. L'esthète se décide pourtant à épouser l'ancienne cocotte en aimant en elle moins la femme qu'il ne désire plus qu'une œuvre d'art "dont la jeune femme figure désormais la métaphore ou plus exactement la métamorphose"[1] sacralisant la plus profane. Il ne sera d'ailleurs pas fortuit que les lignes consacrées aux portraits de femmes dostoïevskiennes s'inscrivent dans un dialogue avec Albertine qui supporte de la part du héros ses projections de la relation Odette-Swann, les deux liaisons amalgamant l'art et le vice de façon sacrilège.

Mais marier le sublime au vulgaire, c'est aussi donner corps aux critiques envers les traits les plus hiératiques de la tradition, grâce à la multiplicité de tons propre au comico-sérieux que relève I. Barssowa[2] chez Mahler, au travers de l'usage de la parole d'un autrui, fait probant chez Dostoïevski, et dont cette qualité s'évalue dans *La Recherche* par cet art kaléidoscopique du portrait d'êtres déroulés dans son vaste espace narratif, avec "ces collages culturels, ce dédain même de plaire par la rapidité et la légèreté"[3].

Le drame dostoïevskien. De nouvelles dispositions temporelles

Jusqu'où la multiplication des artifices et des jeux avec le temps peut entraîner la fin du raconter ? Bakhtine reconnaît à l'esthétique de Dostoïevski la rupture avec certaines règles unificatrices conduisant à l'altération de la trame narrative. La tendance à tout *voir* dans la simultanéité, "comme occupant un espace et non un

---

[1] J. Kristeva, *op.cit.*, p.378
[2] I. Barssowa, *op.cit.*, p.72
[3] A. Henry, *op.cit.*, p.21

temps", amène le romancier à dramatiser l'intériorité du sujet selon cette forme, en faisant parler ses personnages avec leur double, le diable, leur *alter ego*, leur caricature"[1], bloquant tout devenir. Pourtant le récit fragmenté, disloqué, déchronologisé, dont les modalités temporelles sont altérées, de la ménippée au roman moderne, ne détruit pas le temps de la fiction[2], ce faisant, il requiert une discipline formelle visant globalement à synthétiser l'hétérogène. Or, un tel résultat dépend des conditions d'artisanat de la composition et de la réception de l'œuvre.

Chez Proust, car il est question d'une génétique par fragments dont la mise en œuvre de leur cohabitation est le fondement d'une structure laissant apparaître la ligne segmentée du successif, l'effort pour conférer une durée homogène donne simultanément un supplément de plasticité au temps configuré qui répond aux attentes, concernant le temps – attentes du lecteur et de l'auditeur – plus complexes que celles répondant à l'ordre du successif linéaire.

Il ne s'agit pas de confronter une esthétique selon "que la partie soit faite pour le tout" contre une autre où "le tout est fait pour la partie"[3] en vue de condamner l'intérêt porté au matériau, mais de montrer que l'idée de développement indivisible ne satisfait, comme l'écrit Adorno, "que là où elle résulte des qualités propres,

---

[1] M. Bakhtine, *op.cit.*, p.65

[2] P. Ricœur, *Temps et récit II,* p.51

[3] "Non seulement la page, comme dit Paul Bourget, devient indépendante, mais elle acquiert plus d'importance que le livre, le paragraphe que la page, la phrase que le paragraphe, et, dans la phrase même, c'est le mot qui l'emporte, qui saillit. Le mot, voilà le tyran des littérateurs de décadence : son culte remplace celui de l'idée", J.-M. Guyau, *op.cit.*, p.363

irremplaçables, des détails"[1] qui réclament d'autant plus une forme pour les accueillir qu'il leur est accordée une importance, sans que cette forme soit elle-même prédéterminée. Au-delà du détail donc, si vanté par Guyau qu'il en néglige d'observer son rapport au renouvellement formel, la question se pose de savoir comment, les schémas préalables écartés, le détail "va prendre forme et inaugurer lui-même des unités autonomes"[2]. Cet impératif structurel, Guyau néanmoins le porte, dans la composition romanesque, au crédit d'un embrassement de "la vie psychologique", la vitesse de son déroulement, la présence de causes perturbatrices porteuses d'inachèvement[3], description sommaire qui prononce implicitement l'intérêt à venir pour la diversité des niveaux de conscience qui occasionneront un accroissement du champ de l'intrigue à proportion du champ de l'action, car sont encore action les changements intérieurs affectant le cours temporel des sensations.

Il est remarquable que dans *La Prisonnière*, Proust, qui projeta en 1921 une étude sur Dostoïevski, effleure chez l'auteur russe[4] la singularité des dispositions temporelles ainsi que la subversion de l'univers monologique dont *La Recherche* donne un exemple particulier : intransigeante différence des représentations individuelles, collision des voix entre narrateur, héros et auteur. Par surcroît, la cristallisation des commentaires sur Dostoïevski a pour cadre la conversation sur l'œuvre d'art, dont il

---

[1] Th.W. Adorno, *M*, p.35

[2] *Id.*, p.125

[3] J.-M. Guyau, *op.cit.*, p.121

[4] Ce fragment est une reprise développée du f°71 du Cahier 59, passage provenant d'un autre cahier donc, pour la construction de cette scène

faut rejoindre les unes aux autres "les lignes fragmentaires et interrompues de la construction"[1], et l'essence intemporelle de l'artiste. Proust tisse alors soigneusement le portrait d'Albertine. La finesse de la description fait de la jeune fille *une œuvre d'art* jusqu'à ce que cette idée soit démentie[2] : elle est l'inaccessible par la diversité de ses apparitions au travers de la "forme successive des heures" ; elle oppose aux moi successifs du héros les siens propres, contrastés, secrets, et ce pour la plus grande inquiétude de son amant : sa beauté qui développe "sur tant de plans", "de jours écoulés"[3], les reliefs changeants et disséminés de l'Autre, démontre la déchirure existant entre le vivant et l'œuvre d'art.

L'échange propose alors un singulier effet de miroir qui entrelace Albertine avec les figures féminines du romancier russe, puis avec Dostoïevski lui-même. Le dialogue s'oriente sur la fascination qu'exerce le crime sur l'auteur russe, avec la légèreté d'une conversation galante qu'infiltre la voix de l'auteur :

> " - Je ne suis pas romancier, il est possible que les créateurs soient tentés par certaines formes de vie qu'ils n'ont pas personnellement éprouvées. [...] Je reconnais tout de même que chez Dostoïevski cette préoccupation de l'assassinat a quelque chose d'extraordinaire et qui me le rend très étranger. Je suis déjà stupéfait quand j'entends Baudelaire dire :
> *Si le viol, le poison, le poignard, l'incendie, etc.*
> *C'est que notre âme, hélas ! n'est pas assez hardie*[4].

---

[1] *RTP* III, 874
[2] *Id.*, 885
[3] *Id.*, 888
[4] Si le viol, le poison, le poignard, l'incendie
N'ont pas encor brodé de leurs plaisants dessins
Le canevas banal de nos piteux destins,

Mais je peux au moins croire que Baudelaire n'est pas sincère. Tandis que Dostoïevski... Tout cela me semble aussi loin de moi que possible, à moins que j'aie en moi des parties que j'ignore, car on ne se réalise que successivement."[1]

Comment évaluer la duplicité du personnage, le lieu de la feinte ? Cette conversation qui succède aux commentaires sur le génie dont l'art diffuse l'émotion unique d'une vision particulière, a également pour objet de montrer que la permanence de l'œuvre dostoïevskienne s'illustre aussi par la ressemblance entre ses figures féminines, que dessine la condensation dramatique : la femme toujours même et cependant absolument changeante[2]. Le héros (Proust peut-être) fait remarquer que l'auteur russe n'aurait pas su que ces visages doubles, "à brusques détentes d'orgueil", font paraître la femme – "Tu n'es pas telle", dit Muichkine à Nastasia" dans l'*Idiot*[3] – autre qu'elle n'est : "tout individu promène sous la cohérence apparente de sa physionomie un être de surface"[4] – les belles jambes et les cheveux noirs d'Albertine – "et un sujet inconscient où se mêlent apport génétique et pulsions fondamentales bien abritées dans l'indétermination des ténèbres"[5].

Dostoïevski transmet aussi la vision carnavalesque par le dédain des convenances qui caractérise ses personnages, leur ambivalence, la démesure de leurs actes

---

C'est que notre âme, hélas, n'est pas assez hardie.

Les Fleurs du mal. Préface

[1] *RTP* III, 881
[2] *Id.*, 879
[3] *RTP* III, 879
[4] A. Henry, *op.cit*, p.175
[5] *Ibid.*

que cite Adorno afin de reconsidérer les qualités dramatiques de Mahler, sa *courbe romanesque*, "cette façon de s'élever jusqu'à des situations exceptionnelles et de s'effondrer", lui comparant le geste de Nastasia jetant les billets de banque au feu[1]. I. Barssowa relève ce trait entre Mahler et Dostoïevski[2] chez qui Bakhtine note qu'il ramasse l'action aux points de crises[3], respectant ainsi le principe théâtral de l'unité de temps[4]. C'est à cette sorte d'*événement* que pense Adorno lorsqu'il parle d'accomplissement éphémère compensateur et cite à cet égard le finale de la *6ème Symphonie* pour décrire, grâce à une autre métaphore, la rapidité catastrophique d'un mouvement ascensionnel irrésistible portant téléologiquement sa propre ruine, telle la fortune du joueur (référence implicite à Dostoïevski)[5] dont le temps répond d'un affrontement d'états contraires.

Cette conscience d'un temps de la coexistence dans la concomitance est au for des interrogations et expériences du narrateur proustien[6] : le moi est fait de la superposition d'états successifs, un être multiple se rencontre successivement, chacune de ses présentations disparaissant quand la suivante prend consistance dans ce moment actuel qui consomme sa victoire sur le passé, expérience d'un surgissement du passé en dépit du

[1] Th.W. Adorno, *M*, p.107. *Cf.* F. Dostoïevski, *L'Idiot*, à la fin de la 1ère partie

[2] I. Barssowa, *op.cit.*, l'auteur cite le finale de la *Symph. n°1*, la "réminiscence" du drame, la "crise" du thème en *fa* mineur, son apothéose

[3] M. Bakhtine, *La Poétique de Dostoïevski*, p.214

[4] *Id.*, p.65s

[5] Th.W. Adorno, *M*, p.107s

[6] La lanterne magique qui juxtapose des images projetées sur un mur qu'elles couvrent sans voiler, et le vitrail dans lequel les morceaux sont juxtaposés mais non substitués

présent[1] plus que d'un ensevelissement du passé sous le présent. Partant, l'idée de vaincre l'opacité des êtres et des moments est celle de la transparence grâce à laquelle doit se laisser voir le multiple d'une même existence.

Là réside peut-être le paradoxe proustien de la présence dans l'actuel de cet autre présent qu'est le passé[2], la pensée (ou la rêverie) distribuant le triple-présent successivement, isolément et néanmoins simultanément : quand "nous cherchons, pour revenir sur le passé, à ralentir, à suspendre le mouvement perpétuel où nous sommes entraînés, peu à peu nous revoyons apparaître, juxtaposés mais entièrement distinctes les unes des autres, les teintes qu'au cours de notre existence nous présenta successivement un même nom."[3] Dans la juxtaposition, aucune distance n'est franchie, aucun mouvement n'est opéré, les relations du monde à son contenu s'envisagent *sous l'angle d'un moment unique* transposable en éternité, une suspension du temps, et non des étapes successives écrit Bakhtine pour Dostoïevski[4]. Proust lui aussi s'attache moins à une vie dans son devenir qu'à l'instantanéité de la posture d'un autrui restitué par l'empire scrutateur du narrateur, dont la centralité du regard n'est que d'apparence.

POLYPHONISME ET DIALOGISME

L'altérité se présente selon plusieurs niveaux, suggérée par l'imitation qui révèle la qualité différentielle d'une vision individuelle, ou par le dialogue, tourné vers l'autre. Initialement postulat psychologique, le dialogisme

---

[1] G. Poulet, *op.cit.*, p.114
[2] *Id.*, p.116s
[3] *RTP* II, 312
[4] M. Bakhtine, *op.cit.*, p.65s

est aussi un principe formel inhérent au langage et se définit comme relation, *tension entre*, et *à l'intérieur* des discours : le mot, porteur d'une intersubjectivité, est porteur d'un *pour-autrui*, se destine à *autrui*[1], et de cette notion prise dans sa totalité et théorisée par Bakhtine ressort la notion englobante de *polyphonie*, dérivée de l'étude de Paul Bekker *Die Symphonie von Beethoven bis Mahler* afin de concevoir toute analyse esthétique d'une œuvre comme tenant compte du destinateur, dès lors constitutif de la définition du genre. Bakhtine nuancera les idées de certains critiques comparant Dostoïevski à un compositeur qui appliquerait au roman le développement thématique et contrapuntique, pour rappeler que le terme polyphonie ne peut être qu'une figure analogique (qu'emploie également Th. Mann) qui indique seulement les nouveaux problèmes surgissant lorsque la structure du roman sort de l'unité monologique. Et, si dans l'histoire musicale des problèmes se firent jour lorsqu'on eût dépassé la monodie, musique et roman restent trop matériellement différents pour qu'il puisse s'agir d'autre chose qu'une comparaison approximative. Cependant l'expression *polyphonique* se trouve être la plus adéquate, à condition de ne pas en oublier la dérivation métaphorique originelle.

Héritier de la poétique historique et du formalisme russe[2], Bakhtine réserve au roman de Dostoïevski l'origine et l'exclusivité du concept tout en admettant la pré-

---

[1] S. Japrisot, "Dialogisme et roman policier", *via* profs.cegepsth.qc.ca/ffavreau/projetspersonnels/Japrisot-dialogisme-roman-policier.htm. Communication d'une midi-conférence, Dpt d'Études françaises de l'Université de Montréal, 30/03/2003

[2] Le Cercle Bakhtine comme le nomme Todorov, critique le formalisme mais reconnaît que la structure d'un texte et le genre littéraire sont des reflets d'une façon d'appréhender le monde

sence du *polyphonisme* dans les genres antérieurs du dialogue socratique et de la ménippée, le premier car il présente la nature dialogique de la vérité et de la pensée qui la cherche, opposé en cela au "monologisme officiel" et à la "prétention naïve" de ceux qui croient savoir[1] ; la seconde pour les raisons déjà évoquées. En décelant des illustrations partielles de *polyphonisme* chez d'autres auteurs tels Shakespeare, Cervantès, Grimmelshausen, Flaubert ou Balzac, Bakhtine développe et étend sa thèse vers une triple *polyphonie* touchant l'auteur, le texte, sa réception. Et c'est à ce titre que le concept peut réinvestir le champ musical pour ensuite l'observer, tant chez Proust que Mahler, toujours à l'aune métaphorique.

De la polyphonie bakhtinienne

Dostoïevski ferait émerger une nouvelle conception de la littérature où la position auctoriale différerait radicalement de celle qui se manifeste dans le roman monologique. Or, pour Bakhtine, la difficulté est précisément de formuler une théorie qui ne soit pas monologique, le discours ne pouvant s'observer indépendamment de sa situation d'énonciation car il suppose plusieurs niveaux de relation entre interlocuteurs, des valeurs sociales aux usages de la langue. Tout énoncé est donc non reproductible[2] et implique plus, toujours d'après Bakhtine, l'idée de variation que celle d'invariant. Ainsi les analyses linguistiques faisant abstraction du dialogisme inhérent au discours[3] sont-elles récusées par Bakhtine qui envisage une pragmatique, une *translinguistique* ayant pour objet

[1] M. Bakhtine, *La Poétique de Dostoïevski*, p.164
[2] M. Bakhtine, *Esthétique de la création verbale*, p.313
[3] *Id.*, p.327

les rapports dialogiques du locuteur avec son propre énoncé.

En amont, le multivocalisme spécifique de Dostoïevski tirerait son origine des contextes historiques et sociaux contradictoires de l'époque, et chez l'auteur lui-même, des hésitations entre un socialisme matérialiste révolutionnaire et une philosophie religieuse conservatrice. Il s'agit donc de prendre en considération la "division de la personnalité de l'auteur" que Freud déduit encore en quatre faces : l'écrivain, le névrosé, le moraliste et le pécheur[1]. Sous cet angle, il n'est pas question de lire dans le personnage dostoïevskien, prototype ou instance de parole[2] engendrée par cette division, une thèse auctoriale ou une fonction/objet, mais un *moi*[3] porteur d'une vision du monde, initié par identification à l'Autre préalablement à un retour au *soi* auctorial. Au-delà du double processus d'*identification-intégration* essentiel à la création d'une œuvre, monologique comme *polyphonique*, le personnage proustien diffère du dostoïevskien car sa définition est filtrée par le narrateur dont on sait pourtant qu'il est partiellement irréductible à Proust, "forcé de peindre les erreurs", sans croire devoir dire qu'il les tient "pour des erreurs", et "tant pis pour moi si le lecteur croit que je les tiens pour la vérité"[4]. Une telle facettisation défective produite par l'œil du narrateur ne vaudrait que parce que l'auteur, selon le témoignage de Fernand Gregh, jetait un

---

[1] Ph. Sollers, "Freud, Dostoïevski, la roulette", *Magazine Littéraire - Freud et ses héritiers. L'aventure de la psychanalyse*, Paris, Hors Série n°1, 1er trimestre 2000, p.48-53

[2] J. Kristeva, *Une poétique ruinée*, préf. à M. Bakhtine, *La Poétique de Dostoïevski*, p.20

[3] M. Bakhtine, *op.cit.*, p.108

[4] Proust à Jacques Rivière, *Corr. 1914-1922*, Paris, Gallimard, 1976, p.28

regard "polygonal" sur la vie[1]. Et il est bien question dans *La Recherche* de *vision*, prismatique, parcellaire, mobile, réfractrice, qui opacifie toute conception du monde : le narrateur définit ce qu'il perçoit comme spectacle, non seulement qui se donne, mais également l'espace dans lequel il a lieu[2].

Tandis que le personnage dostoïevskien, individualisé, détient son point de vue, le narrateur de *La Recherche* hérite du regard multiple de son auteur qui fut d'autre part sensible aux romans, intégralement *vus* par un seul personnage, d'Henry James. Le narrateur portant ces deux procédés, les personnages qui gravitent autour de lui voient toujours leurs considérations rapportées, interprétées selon son discours, un observatoire qualitativement privilégié qui "constitue le centre de gravité de l'œuvre entière"[3]. Du reste, leur manifestation passe par divers procédés *polyphoniques* tels que dialogues, monologues et narrations, sans oublier les manifestations de la *polyphonie* au niveau même du langage[4] : le *polylinguisme*, qui dissimule l'intention de l'auteur derrière l'utilisation par le personnage de registres de langage qui sont autant de styles empruntés, proche du *plurilinguisme* qui manifeste un statut social par un langage plus ou moins distant de l'instance sémantique dernière de l'auteur, autorisant

---

[1] F. Gregh, *NRF*, Paris, Gallimard, janvier 1923, p.43

[2] P. Kadivar, *Marcel Proust ou esthétique de l'entre-deux. Poétique de la représentation dans* À la recherche du temps perdu, Paris, L'Harmattan, 2004, p.50s. Des travaux préliminaires du roman offrent des réflexions de l'auteur sur *theatrum mundi*, essentiellement pour le *Temps retrouvé* (le bal des têtes), *cf.* V. Roloff, "Theater une Theatralisierung des Romans in Prousts *A la recherche...*", *Proustiana, Mitteilungsblatt der Marcel Proust Gesellschaft* 12-13, 1993

[3] *Id.*, p.57s

[4] M. Bakhtine, *Esthétique et théorie du roman*, Paris, Gallimard, tr. D. Olivier, 1978, p.116

ainsi l'effacement de la lecture psychologique derrière la lecture sociologique.

C'est ainsi qu'en s'intéressant à Dostoïevski, Bakhtine évalue la position auctoriale comme *équipollente* à celles des personnages car l'auteur, lui-même porteur de contradictions, les laisse s'affronter au gré des énoncés sans chercher une synthèse qui engendrerait des personnages à *conscience achevée*. Faussement monologique d'ailleurs est le récit intérieur qui n'exclut pas l'attitude dialogique du sujet vis-à-vis de son propre énoncé pour exprimer son clivage, exemplairement rendu par la figure de Goliadkine qui, dans *Le Double*, construit son *moi* comme *autre* sans que puisse advenir une quelconque coïncidence entre ses voix, mais trahit une division conflictuelle qui révèle *in fine* deux absences : celle d'une solution autorisant la complétude du sujet, celle découlant de ce qu'aucune de ses voix ne vient combler cette absence d'un autre véritable et externe. La parataxe de ces inconciliables rend toute évolution impossible, alors que la seule confrontation des points de vue successifs du narrateur de *La Recherche*, "chacun remplaçant imperceptiblement l'autre"[1], n'est pas en l'espèce ce qui fonde l'économie du roman. C'est le passage d'un point de vue à l'autre qui interpelle le narrateur[2], et dont il s'agit de mettre en évidence la dimension fonctionnelle, médiatrice, aiguisant la différence qualitative des points de vues jusqu'à révéler ce qui les oppose, ce vide interstitiel dans lequel déambule patiemment le narrateur. En cela le changement de point de vue confère d'autant mieux à

[1] G. Brée, *Du temps perdu au temps retrouvé*, Paris, Les Belles Lettres, 1950, *in* J.-Y., Tadié, *Proust et le roman*, Paris, Gallimard, 1971, p.39

[2] P. Kadivar, *op.cit.*, p.59

l'œuvre une dynamique permanente qu'il structure le récit sans abolir les divisions entre ces angles variables. Pour le dire autrement : le réel fragmenté approche de la cohérence par la médiation de l'œil du narrateur "qui constate et opère de toute sa subjectivité cette fragmentation"[1].

Bien que la rencontre entre le monde de l'œuvre polyphonique et le monde du lecteur[2] soit moins développée par Bakhtine, le rôle du lecteur autant que de l'auditeur, dans l'*Esthétique de la création verbale*, admet d'être reconsidéré à l'égard de la *polyphonie*. Il ne s'agit rien de moins qu'une lecture ou écoute *active* plaçant au centre du processus – exotopique – de réception de l'œuvre la culture intime du récepteur. Proust en joue d'ailleurs en faisant relater par le narrateur son projet à l'égard des futurs et fictifs lecteurs de la future et fictive œuvre. Le lecteur (réel) est intimement sollicité pour comprendre que les lecteurs fictifs "ne seraient pas, selon moi, mes lecteurs, mais les propres lecteurs d'eux-mêmes"[3].

---

[1] *Id.*, p.49

[2] Dans "Polyphonisme, de Bakhtine à Ricœur" (*via* fabula.org/), A. Dessingué met en rapport la *polyphonie* bakhtinienne et la conception herméneutique de la littérature telle que P. Ricœur l'énonce dans *Temps et récit*, dont l'hypothèse est que le temps devient temps humain s'il s'articule sur un mode narratif, et que le récit atteint sa pleine signification quand il devient une condition de l'existence temporelle, la gageure étant qu'aux fins de la réflexion, le recours aux trois moments de la mise en intrigue, la triple *mimèsis* renvoie à la conception aristotélicienne de cette dernière : *mimèsis* I-composition de l'intrigue, préfiguration, *mimèsis* II-monde de la fiction et donc configuration textuelle qui met au jour les caractères temporels propres de l'intrigue, et *mimèsis* III-intersection entre mondes du texte et du lecteur et donc refiguration. Le lecteur reçoit le sens de l'œuvre et à travers son sens, l'expérience, le monde et la temporalité qu'elle porte au langage. P. Ricœur, *Temps et récit I*, p.148

[3] *RTP* IV, 610

Relativement au critère d'exotopie, la réception active et responsive présente une similitude terminologique avec le concept adornien d'*écoute responsable*, critique, structurelle, qui "présuppose la présence d'un système catégoriel antérieur tant à l'œuvre qu'à l'écoute", et que partagent l'auteur comme le récepteur, c'est-à-dire une *compétence* qui leur est *commune*[1] mais variable car l'exotopie reste tributaire de la distance séparant le contexte de l'acte de création de celui de sa réception, écart qui annule toute circularité[2] dans l'analyse pour enrichir l'interprétation de l'œuvre. On peut alors s'autoriser à dire de cette interrelation qu'elle est un phénomène proche d'un *polysémantisme interprétatif*[3]. À ce stade de la réflexion, A. Dessingué insiste très justement sur un emploi précautionneux des concepts de Bakhtine.

Jean-Yves Tadié a bien souligné le processus dans *La Recherche*. Puisque la fracture au sein de la perception d'une même chose ou d'un même être dans l'espace qui lui est assigné peut façonner un procédé mettant en relief leur image, le lecteur se voit proposer dans "l'histoire racontée" plusieurs représentations d'un même objet, dont il résulte la nécessité d'en recomposer une. En conséquence, ce réajustement interprétatif contrarie toute lecture psychologique et synthétique car le personnage se définit et n'est représenté que selon le point de vue, notion qui sera reprise pour l'œuvre de Mahler.

Ainsi le langage musical purement instrumental s'accorde-t-il difficilement d'une telle visée sous-enten-

---

[1] S. Zurletti, "Musique comme mémoire du pas-encore-été", *Mémoire et Musique*, transcription de la communication du 17/04/2000, *via* artweb.univ-paris8.fr/musique/mémoiremusique/sarazurletti.htm, p.2

[2] Un "cercle vicieux" dans la traversée de la préfiguration à la refiguration, P. Ricœur, *op.cit.*, p.140s, 144

[3] A. Dessingué, *op.cit*

dant une permanence des contraintes structurelles à laquelle répond la langue, alors que la musique n'a pas cette obligation mais peut malgré cela prétendre à plusieurs types de manifestations métaphoriquement *polyphoniques* ; il ne s'agit que de rappeler l'éventuelle présence du verbe qui peut dans divers genres faire *contrepoint* au langage musical.

Le dialogisme, le mot, la durée

Les Lieder sont donc des lieux privilégiés pour observer dialogisme et *polyphonisme*, spécialement dans *Le Chant de la terre* dont Adorno compare le monologue intérieur de la voix soliste au monologue proustien[1]. Or, le dernier Lied présente d'emblée une multiplication des pronoms personnels, et redonne en l'espèce matière à discuter de l'imitation créatrice. En effet, un article paru en 1966[2] qualifia Mahler d'"usurpateur" relativement à son usage du support littéraire, lui reprochant entre autres choses de modifier les textes empruntés, mais encore de s'adonner à l'éclectisme en associant des textes entre eux, qui n'étaient pas destinés à l'être. L'exemple paradigmatique de ce fait est précisément observable dans l'*Abschied* où le compositeur réunit deux poèmes du recueil de Hans Bethge, *La flûte chinoise* (*Die chinesische Flöte*), *In Erwartung des Freundes* (*En attendant l'ami*), à l'origine de Mong Kao Jen et *Der Abschied des Freundes* (*L'adieu à l'ami*), initialement de Wang Wei. Afin d'obtenir un poème plus unitaire où seraient facilitées la déclamation et la mise en musique, Mahler a substantiellement (un tiers

---

[1] Th.W. Adorno, *M*, p.222

[2] H. Mayer, "Musik und Literatur", *Gustav Mahler*, réunion de textes, Tübingen, R. Wunderlich, 1966, p.145

des textes) remanié les deux poèmes dans la version de Bethge, par exemples les articles dans le premier :

> V. 18
> "Debout ici, j'attends *mon* ~~l'~~ami
> *Je l'attends pour un ultime adieu* ~~qui avait promis de m'attendre~~
> V. 23
> Je vais et je viens avec *mon* ~~le~~ luth
> Sur les chemins gonflés d'herbe moelleuse, –
> *Ô beauté, ô monde enivré de vie et d'amour éternel !*
> ~~Ô viendrais tu, viendrais tu, infidèle ami~~ ![1]

Suit *L'adieu à l'ami* :

> *Il* ~~Je~~ descendit du cheval et lui tendit le breuvage
> De l'adieu. *Il* ~~Je~~ lui demand~~ai~~ où il allait
> Et aussi pourquoi, *pourquoi cela devait être* ~~pourquoi il voulait partir~~.
> Il parla, *sa voix était voilée* ~~d'une voix voilée~~ :
> Toi mon ami,
> Dans ce monde, la chance ne m'a pas souri !
> Où je vais ?
> *Je vais*, je marche vers les montagnes
> Je cherche le repos, *le repos* pour mon cœur solitaire
> *Je marche vers mon pays, ma demeure !*
> Jamais plus je n'errerai au loin
> *Mon cœur est paisible et attend son heure*

---

[1] Biffés pour la version initiale, en italique pour les transformations opérées par Mahler. Version définitive :
Ich stehe hier und harre meines Freundes ;
Ich harre sein zum letzten Lebewohl.
[...]
Ich wandle auf und nieder mit meiner Laute
Auf wegen, die vom weichen Grase schwellen.
O Schönheit ! O ewigen Liebens – Lebens – trunk'ne Welt!

~~Mon pied fatigue et mon âme fatigue~~
Partout la terre bien aimée
Refleurit au printemps et verdit à nouveau ~~La terre est partout la même~~
Partout et éternellement, éternellement
Des lueurs bleuâtres à l'horizon.
~~Et éternels, éternels sont les nuages blancs~~
Éternellement, éternellement[1]

Dans le second poème, les métamorphoses relèvent avant tout de mots et locutions répétés, comme *ich wand're* (v. 8), qui a pour effet d'anticiper dans le même vers sur la formulation initiale *ich geh'*, de reprendre au suivant le substantif *Ruhe* et d'inscrire le mot *ewig* dans la répétition. Les modifications plus radicales du poème original ont pour conséquence majeure d'en modifier le sens et de faire des deux poèmes un seul texte en les liant sémantiquement, notamment grâce à la mention, dans le premier, de termes présents dans l'original du second (*Abschied* ajouté v. 19, *ewig* v. 25) qui subit plus de transformations, principalement en raison de l'accroissement des répétitions ayant pour objectif de reprendre la musique du premier poème dans le second. Tous ces

---

[1] Er stieg vom Pferd und rechite ihm den Trunk
Des Abschied dar. Er fragte ihn, wohin
Er hühre und auch warum, warum es müßte sein.
Er sprach, seine Stimme war umflort. Du, mein Freund,
Mir war auf dieser Welt das Glück nicht hold !
Wohin ich geh' ? Ich geh', ich wandre in die Berge.
Ich suche Ruhe, Ruhe für mein einsam Herz.
Ich wandle nach der Heimat ! Meiner Stätte.
Ich werde niemals in die Ferne schweifen.
Still ist mein Herz und herret seiner Stunde !
Die liebe Erde allüberall blüht auf im Lenz und grünt
Aufs neu ! Allüberall und ewig blauen licht die Fernen !
Ewig... Ewig...

ajouts, qui provoquèrent le blâme, relèvent néanmoins du collage créatif que vient consolider un discret appel au principe cyclique, puisque des thèmes absents des deux poèmes originaux sont insérés, qui sont l'objet des autres Lieder du *Chant de la terre* (la jeunesse, thème du troisième Lied, et la beauté, sujet du quatrième).

L'autre constat est majeur quant au multivocalisme, car le dernier poème est l'objet d'interversions des pronoms personnels. La partie centrale du Lied, qui supporte les derniers vers du premier poème, est dévolue au *Ich* d'un narrateur, puis au *du* de l'ami et le dernier récitatif présente, *erzählend und ohne Espressivo*, le second poème, ses *er*, puis referme le champ sur la question *Wohin ich geh'* en une mesure surnuméraire ouvrant un moment suspensif[1]. Au premier abord, là ou Bethge pose le *ich*, Mahler lui substitue *er*. Hermann Danuser a présenté une interprétation fonctionnelle incitant à une lecture réaliste[2] de l'intrigue résultant de cette fusion, destinée selon lui à consolider la continuité entre les deux textes. L'hypothèse antérieure de Arthur B. Wenk[3] suggère en revanche de distinguer trois voix : les deux amis ainsi qu'un narrateur. Une telle confusion dans l'appréhension de la *polyphonie* puis l'identification des voix est due, outre la substitution pronominale, à ce qui semble se présenter en ce début de second poème comme une ébauche de dialogue soutenue par l'utilisation de trois

---

[1] Ch.53

[2] Un même personnage, suivant la logique temporelle de l'action, ne peut être debout dans le premier poème, et descendant de cheval dans le second. *Cf.* H. Danuser, *Gustav Mahler. Das Lied von der Erde*, Munich, W. Fink, 1986, p.104

[3] A. B. Wenk, "The Composer as Poet in *Das Lied von der Erde*", *19th Century Music I/1*, juillet 1977, p.33-47, *in* M. Schneider, *op.cit.*, p.516

pronoms eux-mêmes attribuables à plusieurs identités, par exemple pour les différents *er* : *Er fragte ihn, wohin er führe und auch warum es müßte sein. Er sprach, seine Stimme war umflort : Du mein Freund.* Ici, *Du mein Freund* paraît émaner du *ich* principal, et fait comprendre que le *er* est paradoxalement attribuable à ce *ich.* De même, la confusion persiste dans la réponse à la question *Wohin ich geh' ? Ich geh', ich wandre in die Berge* et fait ressortir les identités multiples des pronoms.

Circonscrire un narrateur unique a pour inconvénient de réduire le problème selon des niveaux difficilement visibles et, suggère Mathieu Schneider, "la présence d'un narrateur implicite dans la description du paysage crépusculaire ne justifie pas forcément sa présence dans le deuxième texte. Le narrateur peut intervenir ponctuellement sans nécessairement avoir besoin d'être présent dans l'intégralité du poème."[1] Aussi est-il plus pertinent de se rallier à l'hypothèse de Donald Mitchell[2] selon laquelle le remplacement de *ich* par *er* transpose le second poème au discours indirect. L'idée retenue est que la scène décrite serait la narration, par le personnage du premier poème, d'une scène fictive d'adieu "dont l'image serait floue au point que les personnages ne soient désignés que par des pronoms et ne soient pas mis en relation avec ceux du premier poème"[3]. Notons encore que les deux formulations interrogatives du poème appellent des réponses faisant apparaître le même pronom que dans la question, la première étant *Wo bleibst du ? Du läßt mich lang allein !*, et montrent que le processus

---

[1] M. Schneider, *op.cit.*, p.516s

[2] D. Mitchell, *Gustav Mahler. III. Songs and Symphonies of Life and Death*, London, Faber & Faber, 1985, p.431

[3] M. Schneider, *op.cit.*, p.517

apparent du dialogue répond plus de l'auto-expression (sous forme de discours indirect) qui marque un échec de l'échange, l'absence d'un autre véritable, la mort de l'un des interlocuteurs et le rachat de son absence par le rêve du dialogue.

L'hypothèse de la scène d'un adieu raconté corroborerait du reste l'emploi du prétérit dans le second poème, rendant le temps raconté du second poème antérieur à celui du premier (au présent) : il y a achronie du récit du souvenir dont la cause et les moyens de faire surgir celui-ci apparaissent avec le premier poème dans lequel Mahler insiste sur deux thématiques révélatrices aidant l'interprétation, la mort et le rêve (auxquelles on ajoutera la terre), qui ne figurent que partiellement dans la version où Bethge métaphorisait la mort par le seul sommeil :

> *La terre respire, livrée* au silence et au sommeil
> *Tous les désirs, maintenant, aspirent au rêve.*
> Les hommes las rentrent chez eux
> Pour réapprendre dans le sommeil
> *La jeunesse et le bonheur oublié* ~~emplis du désir de dormir~~[1]

La conséquence des transformations pronominales et de l'emploi de deux temps verbaux serait une "résurrection" de l'ami par le souvenir, lequel est narré dans le second poème. Pour Mathieu Schneider, cette

---

[1] V. 10-14 :
Die Erde atmet voll von Ruh' und Schlaf.
Alle Sehnsucht will nun traümen,
Die müden Menschen geh'n heimwärts,
Um im Schlaf vergess'nes Glück
Und Jugend neu zu lernen !

vision fictive de l'ami est le rêve, annoncé dans le premier poème. Ainsi le second serait le songe d'un adieu et l'objet de "tous les désirs" qui "maintenant, aspirent au rêve" qu'encourage le paysage crépusculaire de la terre "livrée au silence et au sommeil" du premier poème pour devenir le paysage dans lequel se trouve l'ami défunt, une terre refleurissant au printemps, éternellement, parée (ou donnant à admirer ?) à l'horizon de lueurs bleues. Mahler réinvestit ici un thème proprement romantique, la correspondance entre paysage intérieur et paysage extérieur : "les représentations du sujet se projettent à l'extérieur et modifient la perception du paysage"[1]. Mais quel paysage peint Mahler ? Si la mobilité est si forte entre les voix du discours par le fait que ce dernier use de substitutions et joue des temps verbaux, un tel mouvement a-t-il son équivalent dans le paysage auquel il se devrait de correspondre ?

Le dernier *ich* cède à la Terre, une harmonie stabilisée, un abandon rythmique. Puis vient l'éternité[2]. Il apparaît donc qu'une seule ligne vocale se donne plusieurs identités, et, leur correspondant, divers points de vue en vertu de ces changements d'identité pour (et par) un pronom, le tout émanant d'une voix unique, la voix auctoriale. Se révèle alors la plurivocalité intrinsèque de la parole, au sens où ce dialogisme ne procède pas uniquement de simples variations pronominales. Mahler n'a pas fait le choix de refondre "ses textes" en une seule voix narrative nettement identifiable, pas plus qu'il n'a choisi la répartition en différentes voix physiques, préférant distribuer des énoncés à identités et provenances multiples

---

[1] M. Schneider, *op.cit.*, p.518

[2] Métaphorisée par le célesta 5 mes. avant ch.62 et la disparition des basses

dans un cadre d'énonciation musicale homogène opérant par retours variés.

Mahler obscurcit les distances séparant l'individu, le collectif, le monde, et marque également grâce au monologue plurivocal l'absence de clôture que matérialise encore le délitement progressif du discours musical. Adorno n'aborde que très indirectement ce qui offre ici la possibilité d'établir la distinction entre narrateur et héros. "Les romans mahlériens n'ont pas de héros et n'ont aucun culte pour eux"[1] suggère-t-il, mais la suite n'explique malheureusement pas l'assertion. Il n'est qu'un point, conclusif, sur lequel Adorno offre prise à compréhension, en affirmant que la musique elle-même trace "sa propre parabole, et non une humanité signifiée par elle, encore moins un individu"[2]. Toutefois, ceci ne s'envisage encore que pour démontrer l'abandon progressif par Mahler de la catégorie dramatique, ce qui du reste concorde avec la fin de l'*Abschied.* Quant à l'inexistence de héros, elle se discute en appréciant la distribution pronominale de ce "roman" de Mahler. Confirmons, à la décharge d'Adorno, qu'il n'est pas rare dans les romans que narrateur et héros soient différenciés : *Doctor Faustus* est la biographie d'un compositeur fictif, racontée par un narrateur non moins fictif qui proclame héros le sujet de son récit. La distinction opère différemment dans *La Recherche*, clairement dans *Un amour de Swann* que G. Genette qualifie de doublement *métadiégétique* : les détails sur les amours de Swann et Odette ont été rapportés au héros par un tiers, puis Marcel se remémore ces détails[3]. Au surplus, l'épisode rend compte du regard de Swann, ce qui laisse

---

[1] Th.W. Adorno, *M*, p.186
[2] *Ibid.*
[3] G. Genette, *Figures III*, Paris, Seuil, 1972, p.250-260

envisager la démultiplication du narrateur, le héros-narrateur de l'ensemble du roman étant absent en certains moments d'*Un amour de Swann*, parce que simplement pas encore né, effacé derrière une troisième personne non nommée, qui ne dit pas *je*, ce qui indique, comme le conclut Pedro Kadivar, que le point de vue devient narrateur[1], notion ressortant dans *Abschied.*

Alors que ce Lied débute par une description au présent par un narrateur non identifiable (l'auteur ?) selon un angle très circonscrit (une heure particulière du jour, un espace précis rapidement élargi), le poème se poursuit par le *je* d'un premier narrateur. Or, il n'y a pas de guillemets pour annoncer la fin de la réponse supposée de l'ami (au passé), dont la voix débute par "O mon ami" pour devenir un éventuel narrateur. À partir de la terre bien aimée disparaissent les pronoms personnels identifiants, quasi-absence qui renforce l'idée d'un point de vue narrateur, s'élargissant du paysage à l'horizon, du temps terrestre des saisons à l'éternité : plus que la mort de l'ami se pose ici la modalité de l'inconclusion du poème par l'évanouissement de tout point de vue, spatial et temporel, en vertu de sa mobilité même. Au reste, l'ami n'est-il pas lui-même errant ?

Du *Chant de la terre* à la *9ème Symphonie*, le dialogisme se transmettrait vers la musique pure si l'on suit Adorno pour qui les bribes de phrases du premier mouvement de la symphonie sont elles-mêmes dialogiques, par le croisement incessant des voix, la confrontation modale, et sous-entendent également la virtualité de la réponse[2]. Adorno confère à cette œuvre purement instrumentale l'expression de *dialogue symphonique*

---

[1] P. Kadivar, *op.cit.*, p.64
[2] Th.W. Adorno, *M*, p.228

reprise à Wagner pour qualifier un projet postérieur à *Parsifal*, Wagner, pour qui seul le drame, devant le vers, peut déterminer la musique, laquelle peut ainsi contenir la quintessence du drame[1]. C'est du moins ce qu'il conçoit à l'époque de *Beethoven* tandis que sa perspective différait auparavant, notamment dans *Opera et drame* et sa métaphore biologico-anthropomorphique selon laquelle la musique est une femme qui doit être fécondée par la poésie afin d'engendrer le drame[2], conception qui attisait d'ailleurs le manque d'estime de Schopenhauer à l'égard de ses opéras, la musique devant selon lui exprimer par elle-même l'essence du monde et des idées, et non, ce qui est néfaste et chimérique, décrire quelque chose[3].

Obéissant encore aux schémas périodiques et au respect de la carrure dans *Le Vaisseau Fantôme* (1841), Wagner, qui part de l'accent verbal, seul apte à organiser le vers pour faire coïncider la musique aux inflexions du texte, parviendra avec la *Tétralogie* (1852-1874) à abolir la syntaxe musicale classique. L'idée étant de créer un *continuum* temporel où le dessein de la versification est d'intégrer le temps musical, Wagner renonce aux formes versifiées traditionnelles à la déclamation selon lui anti-physiologique, remplace les rimes finales par des allitérations internes (*Strabreimvers*), groupe les racines homogènes (entre vers voisins ou à l'intérieur d'un même vers) de façon à frapper l'audition par la similitude, notion pourtant trompeuse puisqu'elle néglige l'importance du rythme. Ce projet est sous-tendu par la croyance en un

---

[1] C. Merlin, "Richard Wagner et le dialogue théâtral", *Analyse musicale n°43*, Paris, 2ème trimestre 2002, p.6

[2] Fin de la partie I

[3] A. Schopenhauer, *Le Monde comme volonté et comme représentation*, tr. A. Burdeau, revue et corrigée par R. Roos, Paris, PUF, 1966, III, p.328

rapport intime et triangulaire entre monème, représentation et sentiment, le compositeur estimant que les racines des mots sont formées d'après l'affect ressenti en présence de l'objet à désigner. Wagner suppose donc l'existence d'une langue originelle dans laquelle le mot adhère immédiatement à la chose, et reprend ainsi de Rousseau l'idée d'une origine commune au chant et à la parole. La poésie étant donc une "proto-musique", le débit vocal doit s'approcher au plus près de celui de la parole, la durée musicale se rapporter à celle des mots, "restes indubitables de l'ancien récitatif"[1], qui s'accompagne en cette fin de siècle d'un allongement de la durée même de l'œuvre alors que la matière littéraire n'augmente pas.

SIGNES EXTÉRIEURS DE THÉÂTRE

Le dialogue dramatique

Dans son approche du drame, Wagner abandonne progressivement au profit du dialogue les ensembles dans lesquels les personnages chantent simultanément, jusqu'à différencier le langage musical entre lignes vocales, comme dans *Siegfried*, dont le dernier duo de l'acte II approfondit symboliquement le dialogisme en présentant le héros rendu capable d'entendre la vérité dans les propos mensongers de Mime, de la répéter et de la révéler. En cela, le dire wagnérien rejoint celui des romans dostoïevskiens par sa mise à l'épreuve de la vérité. Et le dialogue dramatique entre Mime et Siegfried de présenter deux monologues dont le second n'est que le redoublement du premier, mettant exemplairement en lumière l'altérité absolue et la capacité de chaque voix à être le lieu de son

[1] P. Boulez, "Chemins vers Parsifal", *Points de repère*, Paris, Bourgois, 1981, p.275

propre dédoublement. "Dans le drame musical wagnérien, tout est dialogue. C'est sans doute pourquoi Wagner a pu affirmer fièrement, lors d'une lecture publique du *Crépuscule des Dieux* donnée à Berlin en 1873 qu'il avait élevé le dialogue dramatique lui-même pour en faire l'objet principal de la représentation dramatique."[1]

Mais chez Dostoïevski, la concrétisation scripturale de l'opposition dialogique engendre à l'inverse une forme romanesque novatrice inconciliable avec le théâtre. Quand Leonid Grossman considère dans *L'Artiste Dostoïevski* que tout dialogue répond chez le romancier d'une forme dramatique, théâtrale, Bakhtine met en évidence les raisons pour lesquelles il est impossible de souscrire entièrement à cette thèse, dénonçant dans le dialogue théâtral comme dans le dialogue dramatisé des genres narratifs, un cadre monologique rigide, entrevu et contredit par Wagner.

> "Les répliques du dialogue dramatique ne disloquent pas l'univers représenté, ne le rendent pas multidimensionnel ; au contraire, pour être vraiment dramatiques elles ont besoin d'un univers le plus monolithique possible [...]. Tout affaiblissement de ce monolithisme amène l'affaiblissement de l'intensité dramatique. Les personnages se rejoignent en dialoguant, dans la vision unique de l'auteur, du metteur en scène, du spectateur, sur un fond net et homogène."[2]

Ainsi revient au premier plan l'hétérogénéité des matériaux : le *polylinguisme*, dont on peut dire que Wagner le met en scène dans le dernier dialogue de l'acte II de *Siegfried*, et le *plurilinguisme*. Mais une première

---

[1] C. Merlin, *op.cit.*, p.6
[2] M. Bakhtine, *La Poétique de Dostoïevski*, p.49s

différence s'établit ici entre dialogisme wagnérien et dialogisme dostoïevskien. Si ces deux créateurs visent à écarter le monologisme inhérent au dialogue dramatique traditionnel, Dostoïevski, avec d'autres romanciers, propose, comme Mahler et plus que Wagner, un matériau hétéroclite qui confronte les différents les points de vue pour s'associer dans une unité supérieure. Le Wagner tardif montre à l'évidence la préférence d'une bivocalité résistant au multiplanaire : ne sont pas visées la langue ou la disjonction de genres, mais la vérité, alors que la composition de l'auteur russe établit des modulations ou des oppositions[1] de genres. De plus, insiste Bakhtine, une telle hétérogénéité est impensable dans une pièce, une multiplication de plans étant préjudiciable à sa cohérence. Il reste donc que la conception d'une action dramatique apportant une solution à toute opposition dialogique est monologique. Additionner les espaces reviendrait à déliter l'intrigue : "la combinaison de conceptions du monde autonomes, à l'intérieur d'une unité supraconceptuelle, est impossible, la structure dramatique ne fournissant pas de base pour une telle unité. Par conséquent, dans le roman polyphonique de Dostoïevski, le dialogue dramatique (au sens théâtral) ne peut jouer qu'un rôle tout à fait secondaire."[2]

Ces affirmations permettent-elles d'apporter un argument supplétif relativement à l'abandon de l'opéra par Mahler ? Car il est bien question d'abandon plus que de refus. Hormis des musiques d'accompagnement,

---

[1] *Sous-sol* dont le chapitre I était un monologue polémique et philosophique, le II un épisode dramatique préparant le dénouement catastrophique du III. L'écrivain s'est posé la question d'une publication séparée

[2] M. Bakhtine, *op.cit.*, p.50

œuvres de circonstances telles *Der Trompeter von Säkkingen*[1] et *Das Volkslied*[2], on a connaissance de plusieurs opéras de jeunesse, *Ernst von Schwaben*[3], *Die Argonauten*[4] dont le livret, selon Guido Adler, était rédigé en vers allitératifs et doté d'une intrigue et d'une configuration proches de la légende des Nibelungen. Mais Mahler, tôt confronté dans sa carrière à l'organisation de l'opéra, doute de l'institution et s'investit pour offrir au public des versions intégrales d'opéras de Wagner[5] ou diffuser l'œuvre de Strauss contre bien des difficultés administratives. L'un de ses constats est aussi l'omniprésence de Wagner "qui absorbe toutes les forces des artistes et tout l'intérêt du public"[6]. Ce statut privilégié de l'opéra wagnérien dont Mahler a intégré une part du dessein esthétique dans ses propres projets compositionnels de jeunesse, à une époque où Wagner est encore vivant, dévoile une autre raison de son rapide effacement en tant que compositeur dramatique, celle que la modernité de l'esthétique wagnérienne n'est pas encore suffisamment assimilée pour qu'aucun compositeur n'ini-

---

[1] 1884, d'après le poème de J.V. von Scheffel

[2] 1885 ? Arrangement et orchestration de chansons populaires (*Gedichte mit Liedern, Chören und lebenden Bildern* de S.H. Mosenthal)

[3] Josef Steiner, ami d'enfance de Mahler, a l'idée en 1874 d'adapter pour la scène lyrique le drame en vers de Uhland. L'année suivante, Mahler joue à un parent du père de Josef des extraits d'un projet d'opéra (extrait du livret de Josef ?). En revanche, d'après G. Adler, *Ernst von Schwaben* daterait de 1877-1879

[4] Le livret serait basé sur la seconde pièce de la trilogie *Das goldene Vliess* de Grillparzer. Une partie de la musique était déjà composée en 1880, le prélude probablement dès 1878

[5] Mahler, récemment arrivé à Hambourg écrit en octobre 1891 qu'il a pu imposer une exécution sans coupures des *Maîtres-Chanteurs*, G. Mahler et R. Strauss, *Corr.*, p.15

[6] Lettre à R. Strauss du 26 février 1894, *op.cit.*, p.30

tie une œuvre se démarquant à la fois de la tradition et de Bayreuth. Du reste, d'autres œuvres du passé ont encore suffisamment de succès à moindres frais pour ralentir la diffusion d'opéras contemporains, plus coûteux et longs à monter.

On peut alors supposer, avec Adorno, que Mahler investit en contrepartie la symphonie et lui offre la capacité de comprendre le drame, palliant en quelque sorte l'absence du genre, et insiste sur le statut du texte comme révélateur et agent de la compréhension du contenu musical. Car, pour le Mahler de 1891, la grande et vraie œuvre d'art est celle qui les unit, suivant en cela Goethe, qui avait envisagé la limite des arts isolés. À cette époque où Mahler cherche pour sa *2ème Symphonie* "toutes les littératures du monde"[1], il considère que la *9ème Symphonie* de Beethoven a opéré une avancée : le mot fournit la "révélation nécessaire" d'un contenu plus profond, plus inatteignable qu'est celui indiciblement exfiltré par la musique[2]. Le lecteur du *Monde comme volonté* n'a pas manqué d'approuver que la musique était "capable de rendre par ses propres moyens chaque mouvement de la volonté, chaque sentiment", que le verbe lui fournissait "les objets même de ces sentiments, les motifs d'où ils naissent"[3]. Mais rapidement le compositeur ne reçoit plus la fraternité des arts, et la musique devient première devant la poésie : "aussi longtemps qu'il me sera possible d'exprimer en paroles ce que j'ai éprouvé [*mein*

---

[1] *MBR* n°209 à Arthur Seidl, *in* H.-L. de La Grange, *GMI*, p.423

[2] Le texte donne "une indication du contenu plus profond qu'il faut extraire [de la musique]", été 1893, N. Bauer-Lechner, *Souvenirs*, p.35

[3] A. Schopenhauer, *op.cit.*, Supp. III, p.1190

Erlebnis], je ne ferai jamais de musique"[1], affirme-t-il en 1896.

On peut encore envisager les causes de ce choix sous une dimension technique, la mobilisation de l'attention autour du drame pouvant porter préjudice à celle nécessaire à une écoute active et minutieuse de l'orchestre. Toutefois, cette supposition reste telle en raison d'arguments préalablement émis concernant l'allongement de la durée du discours musical censé dispenser des zones libérées du verbe. Si recevables soient-elles, toutes ces hypothèses ne suffisent pas prises indépendamment les unes des autres et justifieraient l'abandon par leur addition, à quoi s'ajoute ce qui a justement pour enjeu d'écarter le monologisme au profit de la qualité intrinsèquement *polyphonique* de la parole, comme le montre l'*Abschied.* Cette œuvre est certes de la maturité du compositeur qui a oublié depuis longtemps le projet d'opéra, pourtant les indices de *polyphonisme* émergent précocement dans *Das Klagende Lied*, œuvre tout aussi symptomatique de cet abandon.

L'une des origines de cette initiative serait un poème narratif maintes fois révisé – en outre mis en musique par d'autres compositeurs – de Martin Greif, *Das Klagende Lied*, exécuté par les élèves des cours dramatiques du Conservatoire de Vienne en 1876, alors que Mahler y fait ses études. Selon les biographes Hans Ferdinand Redlich, Paul Stefan, Guido Adler, Mahler aurait d'abord envisagé *Das Klagende Lied* pour la scène[2]. La substance littéraire probablement extraite de contes de Grimm (*Joringe und Joringel, Der singende Knochen*,

---

[1] *MBR* n°178, *in* H.-L. de La Grange, *GMI*, p.548

[2] D'après le témoignage d'Ernst Decsey, *in* H.-L. de La Grange, *GMI*, p.947

Von dem Machandelboom) permet le genre : une découpe en trois parties, *Waldmärchen* (Légende de la forêt), *Der Spielmann* (Le ménestrel), *Hochzeitsstück* (Noces) et une intrigue hamletienne insérant la musique au for du drame : le ménestrel joue d'une flûte taillée dans l'os du chevalier tué par son frère afin d'épouser la reine, mais l'instrument chantera de la voix de la victime, permettant de démasquer l'assassin. Mahler approcherait ici du projet berliozien d'une flûte parlante[1] : l'orchestre chante le texte et la partie vocale devient instrumentale, idée permise par le conte même.

Mahler, comme Wagner, conçoit l'idée schopenhauerienne qu'une musique composée en vue du drame en est l'âme et devient l'expression de la signification intime de l'intrigue, mais Wagner souligne que la musique d'opéra possède une existence indépendante des événements et des personnages pour suivre ses règles propres... et son œuvre n'aura pour précepte que de démentir Schopenhauer sur l'immuable pompe musicale indifférente à l'action des opéras de ses contemporains, qu'ils expriment "l'orage des passions" ou "le pathétique des sentiment"[2]. Mahler, qui pense aussi l'inter-adhérence entre verbe et musique, renonce précocement au drame tel que Wagner l'entend. Si le lien entre la durée des mots et la durée musicale est probant à la fin de l'*Abschied* comme dans les derniers opéras de Wagner, avant même 1878 le projet d'un opéra pour *Das Klagende Lied* disparaît. Le poème qu'écrit Mahler cette année-là est exempt de tout impératif d'un livret d'opéra et chaque manuscrit (cinq entre 1880 et 1898) a cette constante de

---

[1] W. Rosenberg, *Gustav Mahlers Klagende Lied. Versuch einer Deutung*, Musica, 1972, p.119

[2] A. Schopenhauer, *op.cit.*, Supp. III, p.1191

n'être jamais destiné à la scène. Ceci n'est d'ailleurs guère possible puisque premièrement, Fritz Egon Pamer l'a tôt relevé[1], le poème s'apparente aux ballades populaires. Comme elles, l'œuvre de Mahler n'a pas d'unité de lieu ni de délimitation stricte d'un cadre d'action. Il en résulte un conte féerique alliant, selon le genre de la ballade populaire, soli narratifs épiques et commentaires chorals plus dramatiques, sans numéros séparés, ce qui fait conclure Fritz Egon Pamer, et c'est le second point, au genre d'une cantate *durchkomponiert*.

Un troisième aspect intéresse la problématique du *polyphonisme* par désincarnation du personnage. Le nombre de solistes vocaux ne suppose pas l'idée de figures personnalisées en vertu du contenu de l'intrigue : aucun personnage n'est incarné par un des solistes, ni même par une voix particulière dont le choix est déterminé par des considérations purement musicales. Pour Wolf Rosenberg, *Das Klagende Lied* ne présente pas la matière instrumentale comme dépendante de l'énoncé ou comme simple commentaire du drame, et ce car le conte de l'os chantant propose dans l'intrigue la fusion entre langage et musique, indifférenciés par une approche dramatique que Mahler met à distance en privilégiant le récit contre la scène. L'architecture obtenue procure à l'œuvre une autre proximité avec l'épopée par ses chanteurs conteurs, protagonistes apparents mais effacés par l'entité principale : *Je* de l'os chantant, seul instrument du dévoilement de la vérité.

Intégré à *La Recherche*, l'interdit scénique se déploie selon plusieurs axes. *Intégré à*, car il atteint tout

---

[1] *Gustav Mahlers Lieder. Eine Stilkritische Studie*, thèse de l'Université de Vienne, 1922, *in* H.-L. de La Grange, *GMI*, p.948

d'abord le héros pour inaugurer le double mouvement d'enthousiasme puis de déception qui suscitera la réflexion sur l'interprétation, l'analogie des arts, "ces réalités plus solides" existant "d'une façon absolue" – *Phèdre* par la Berma – face à l'insignifiance de son existence, tout en ouvrant dans le roman même le regard et la perception d'un narrateur, spectateur distant face à la scène mondaine dans laquelle il se promène.

Or, cette distance n'est pas le seul espace entourant le héros, la privation même du théâtre modèle sa fascination, un imaginaire se mettant ainsi en œuvre, distribué en signes extérieurs disparates que sont conversations, lectures, affiches, qui façonnent une *représentation* du théâtre[1]. Il ne faut pas sous-estimer cette prime relation "car la réception et l'organisation mêmes de ces signes sont en étroite relation avec le théâtre que va confronter plus tard le narrateur"[2]. L'approche s'opère effectivement en deux temps essentiellement distincts par la mondanité et le spectacle. Certes, le narrateur découvre le théâtre au travers de ses manifestations indirectes, mais encore par le texte mémorisé grâce à la lecture vécue dans l'espace intime. Le second temps, qui ouvrira la réflexion, la joie et la désillusion sur l'interprétation et l'appréciation du point de vue dans la spatialité concrète du théâtre comme architecture, est consacré par la sortie au spectacle, dont est espérée une révélation jusque-là refusée par la seule lecture qui faisait du spectacle une invisibilité instigatrice d'une conception du théâtre comme Art absolu en vertu de cette inaccessibilité.

Il résulte que l'intérêt pour le théâtre se définit plus d'après le jeu de l'acteur qui procure ce surcroît de réalité

---

[1] P. Kadivar, *op.cit.*, p.212
[2] *Id.*, p.213

grâce à son exposition (sa corporéité s'évanouissant par ailleurs lorsqu'il est hors de scène[1], privé de son aura), que par une réflexion critique. La distance au réel et sa relation au théâtre est donc démultipliée dans *La Recherche* : théâtre imaginaire construit sur l'interdit, interrogations sur l'espace architectural. En effet, quelle est la bonne distance pour atteindre cette réalité tant recherchée dans le jeu : le trop loin des dernières galeries ou l'artificialité de l'observation par un instrument d'optique qu'est la lorgnette ? La présence de l'acteur, qui, suite à la déception, sera le médiateur privilégié du texte, est-elle réductible à un intervalle spatial ?

À ces diverses distances appréciées, Proust ajoute dans le roman la cohabitation entre personnages fictifs et historiques : la Berma, aux côtés de Sarah Bernhardt ou Madeleine Brohan, centralise l'intérêt, plus réelle encore que ces concurrentes fictives qui ont, elles, véritablement existées. Ce surcroît de concret qui la singularise est précisément le facteur le moins visible de cette corporéité qui égare et affaiblit l'acteur dans le monde du commun : sa voix "admirable qui la sert et dont elle joue à ravir" récite Norpois[2]. Cette parole au débit rapide et à la monotonie volontaire[3] qui sacrifie la "théâtralisation qu'appelle et entretient le souci de plaire"[4], abandonne le corps au profit du texte enfin pourvu d'une aura médiatisée par la discrétion du jeu : cette supériorité sur le spectacle invalideront la déception du héros. Mais ce moment préféré pour la réconciliation n'est-il pas celui d'une *Phèdre* fragmentée dans une époque qui fait du

---

[1] L'acteur Maubant en quelque sorte désincarné dans l'espace urbain
[2] *RTP* I, 449
[3] *Id.*, 441
[4] S. Gaubert, *op.cit.*, p.43

spectacle une suite de numéros où chaque acteur n'engage sa responsabilité que le temps de son texte, et l'enthousiasme de Proust pour Wagner n'est-il pas lui aussi le fruit, non d'un voyage à Bayreuth, mais d'une découverte faite dans un Paris qui choisit de diffuser l'œuvre du compositeur sous forme de scènes choisies ?

La voix de l'acteur, radicalement opposée au commentaire sur le théâtre, la vanité qui s'y dissimule avec l'aide du mot-outil de persuasion (on pense à Norpois et Bergotte lorsque le héros, déçu le première fois, réclame l'autorité de ces maîtres), permet de renouer avec la lecture et le postulat initial de l'esthétique proustienne qu'elle sous-tend, "l'autonomie radicale de la littérature, en tant que pratique de représentation écrite, par rapport aux pratiques courantes du langage et, tout spécialement, par rapport à la pratique de la conversation"[1] qui n'est que "ce qu'on donne à l'intimité"[2]. En appelant la suprématie de la littérature, notamment dans *Contre Sainte-Beuve*, Proust isole le dialogue, concrétisé dans l'oralité, de la littérature qui offre au public ce qui est écrit "pour soi". Le roman exclut de fait le théâtre de cette assertion car si l'acteur se présente bien comme l'intermédiaire entre le texte et l'auditeur, Proust rappelle, et son héros comprend, que la littérature est première devant le spectacle, que la lecture impose la diversité de la compréhension que contrarie un tiers interprétant, parce qu'elle est le révélateur d'une réalité invisible, le créateur d'un "double dans l'imagination"[3]. De cette manière, Proust ne s'autorise du théâtre que sa *représentation* dans le roman, qui se montre encore comme le trajet d'une

---

[1] *Id.*, p.45
[2] *CSB*, *La méthode Sainte-Beuve*, p.131
[3] *RTP* I, 386

imagination déçue concluant la description littéraire de l'expérience du théâtre par autrui (Bergotte) vers l'expérience littéraire de la littérature théâtrale incarnée par un double du texte (l'actrice).

Dans la chronologie du temps raconté, la conversion du narrateur se fait contre le jeu dissimulateur que l'acteur exerce au préjudice de l'écrit, contre l'outrance, l'intonation commandée, les connexités musculaires[1] – d'où la préférence accordée à la déclamation monotone d'une Berma métamorphosée en texte parlant – et, sur le plan de la représentation sociale, face aux pratiques de la conversation : l'art solitaire moins mensonger que l'abondance d'interprétations gravitant autour de nous...

L'absence scénique ordonne d'en incarner l'espace dans le texte, augmentant par là même la part du point de vue. En refusant le cadre dramatique, les romanciers *polyphoniques* – qui attestent de l'impossibilité d'éliminer la voix narrative – présentent moins des personnages que des facettes, entités ou idées, disloquant par ce polyphonisme, qui chez Mahler affecte tant le discours musical que la parole, l'univers figuré. La voix du narrateur-auteur solitairement établie s'efface devant une pluralité de centres irréductibles à un dénominateur commun. Chez Proust, cette parcellisation et le questionnement sur la représentation par l'immixtion de la problématique de la vision s'ajoutent à la distance physique (qui transparaît aussi dans *Abschied*) et à la société qui met en scène ces mêmes questions, forcent le lecteur à suivre cette aporie de la représentation au travers du récit, à démontrer la particularité, voire la vacuité des

[1] *RTP* II, 346

interprétations sur l'art contrastant avec la permanence à soi de l'artiste (une même œuvre écoutée ou vue par Swann, par le narrateur).

Se pose alors une nouvelle appréciation du temps : la coexistence des voix peut se substituer à la configuration temporelle de l'action, être un facteur d'incomplétude affectant les instances de parole comme le monde représenté, et la composition peut se voir tenue en suspens, sinon inachevée[1]. Ici réside la relation synonymique entre point de vue et voix, qui pose les questions : *d'où* perçoit-on ce qui est montré par le fait d'être raconté ? *Qui* parle et d'*où* ?

Demeure l'auteur, "forcé de peindre les erreurs", ses projets et opinions contradictoires, toujours distants de la réception de l'œuvre par autrui, mais prouvant en cela une part de la plurivocité essentielle de l'œuvre d'art, son équivocité aussi, car faire entendre la voix de l'Autre, la distance entre énoncé et énonciation, conduit à évaluer la part de la feinte, de l'ironie, de la division du sujet, voire de l'impossibilité du langage à signifier, simultanément à son caractère hypnotique, ce qu'illustre le prédicateur de Mahler *Saint Antoine aux poissons*, subjuguant un auditoire qui ne le comprend pas.

Feindre

"Nous ne savons rien du réel si ce n'est à travers les constructions fictives qui sont celles que le langage permet."[2] Il y a un regard particulier à poser sur la considération de Nietzsche envers Wagner, dont il qualifie

[1] P. Ricœur, *Temps et récit II*, p.182

[2] F. Nietzsche, *La vérité et le mensonge dans le sentiment extramoral*, 1873, *in* F. Gabriel, *Richard Wagner, le chant de l'inconscient*, Paris, Anthropos, 1998, p.30

l'œuvre de mensongère, alors que le compositeur souhaitait effacer le caractère indirect du langage en tentant, grâce à l'œuvre d'art total réunissant dimension cathartique, réalité concrète de la voix et hypnotisme du spectacle visuel, de trouver l'identité de perception entre le perçu et le restitué. Outre que la nécessité d'user du drame marque pour lui le manque d'aptitude figurative de l'opéra wagnérien, Nietzsche, qui voit tout d'abord en Wagner le réinventeur de la tragédie (*Naissance de la tragédie*, 1872), lui reprochera par la suite le recours à la feinte qui en constitue le langage même, "la confusion des valeurs"[1] faisant désormais douter de la sincérité du compositeur : un tragédien, un rhéteur sophiste, "tout entier dans la minute présente"[2] pour le choix opportuniste d'un instant qui fait le triomphe d'une opinion, ou son contraire s'il le faut. La feinte, dont Gaston Bachelard ou Jacques Lacan définissent le tissu temporel comme essentiellement discontinu et lacuneux suppose, pour donner son plein effet au mensonge, un ajustement au temps d'autrui, un synchronisme, caractéristiques qui définissent en partie l'ironie romantique : "La conscience de cette coexistence des contraires, cette lucidité qui voit se former et se dissoudre le mirage universel, perçoit l'agilité maligne ou narquoise de la vie, sa virtuosité d'illusionniste, ses ruses de décorateur, mais frémit en même temps aux appels du divin [...], voilà ce que les romantiques ont appelé l'Ironie. Elle est à la fois négation et affirmation, le sacrifice de toute réalité sur les autels sacrés [...], l'éternelle mobilité des images autour d'un centre inaccessible

---

[1] Longuement développée en rapport avec les considérations de Nietzsche *in* M. Schneider, *Wagner*, Paris, Seuil, 1983

[2] J. Matter, *Wagner l'enchanteur*, Neuchâtel, La Braconnière, 1968, p.60

et flamboyant que l'on ne pourrait étreindre que si l'on consent en même temps à mourir."[1]

Mahler se voit attribuer une pratique de l'ironie grâce à l'*Umwertung aller Werte* (renversement des valeurs[2]), mais bien que le seul Lied reliant Mahler à Nietzsche soit le *Mitternachtlied* de la *Symphonie n°3*, composé à partir du *O Mensch, gib Acht !* extrait de *Also sprach Zarathoustra*, ce sont les *Wunderhornlieder* qui thématisent le mieux la capacité à répudier les valeurs jugées décadentes par le truchement de l'ironie et de tout procédé *polyphonique* métaphorique, "monologue" du soldat et son double dans *Der Schildwache Nachtlied*, emprunt, comme la marche militaire du *Tambourgs'sell*, procédés dont Proust se sert pour attiser l'ambiguïté des valeurs, mais procédés qui instaurent une parole fictive *doublant* ou *doublée de* la méprise possible sur l'interprétation de la voix auctoriale : l'auteur peint des erreurs…

L'IRONIE

Pour les esthéticiens allemands du premier romantisme, l'ironie est le mouvement par lequel la subjectivité se reconnaît et s'abolit[3]. "Négation et affirmation" : le sujet se divise en deux subjectivités ; l'une, dans un mouvement d'externisation et de confrontation,

---

[1] M. Boucher, "Ironie romantique", *Le Romantisme allemand*, A. Béguin dir., Les Cahiers du Sud, 1949, p.29ss, *in* H.-L. de La Grange, "L'envers et l'endroit : ironie, double-sens, ambiguïté dans la musique de Mahler", *Gustav Mahler et l'ironie dans la culture viennoise au tournant du siècle*, Actes du colloque de Montpellier, 16-18 juillet 1996, Montpellier, Climats, 2001, p.79

[2] *Cf.* E. Nikkels, "Mahler and Nietzsche", *Gustav Mahler et l'ironie dans la culture viennoise au tournant du siècle*

[3] G. Lukács, *La théorie du toman*, tr. J. Clairevoye, Paris, Gallimard, 1989, p.69

s'efforce d'imprégner un univers étranger des contenus mêmes de sa propre nostalgie. L'autre découvre la séparation du sujet et de l'objet et, tout en laissant subsister cette dualité, en aperçoit et façonne cependant l'unité par un processus où se conditionnent réciproquement des éléments par essence hétérogènes. L'ironie romantique, qui retient donc la double idée d'une dualité nature/esprit que l'art doit surmonter, et celle qui postule que dans l'œuvre d'art, les objets produits par l'interaction entre réel objectif et esprit sont imprégnés de la nostalgie de l'artiste dont l'œuvre devient l'expression "en négatif de l'idéal"[1], se veut ainsi être un mode d'expression privilégié pour porter au jour le conflit entre le monde et le sujet par une métamorphose de la représentation du réel.

L'ironie, que mentionne le programme de la seconde audition de la *1ère Symphonie*[2] au titre trompeur de *Titan*, – symphonie que Schönberg considère comme la première expression consciente de l'ironie en musique pure – mais encore l'humour, l'un de ses modes particuliers présent chez Jean Paul[3], répertorié chez Mahler et dont *La Recherche* use jusqu'à la cruauté, procède de techniques d'insertion qui peuvent être communes au faire musical et littéraire, puisqu'elle se définit comme un discours nécessitant la recherche de sens, dont le locuteur

---

[1] A. Leduc, "L'esprit de l'ironie dans la *1ère Symphonie* de Gustav Mahler", *Gustav Mahler et l'ironie*, p.145

[2] Bien que l'œuvre en ait eu le titre à sa première exécution de 1889, Mahler s'est toujours défendu d'un quelconque rapport avec *Titan* de Richter, *cf.* une lettre de N. Bauer-Lechner à L. Karpath (H.-L. de La Grange, *GMI*, p.968), et une déclaration d'Alma dans *Mahler*, tr. N. Godard, préface H.-L. de La Grange, notes, commentaires, postface D. Mitchell, Paris, Lattès, 1980, p.104

[3] B. Ränsch-Trill, *Phantasie. Welterkenntnis und Welterschaffung. Zur philosophischen Theorie der Einbildungskraft*, Bonn, Bouvier, 1996, p.196ss, supplément n°3, *in* M. Schneider, *op.cit.*, p.312

laisse l'intention ironique se découvrir dans son énoncé (*in praesentia*) ou non (*in absentia*). Elle instaure donc à divers degrés une distance entre l'émission du discours et sa réception. Et l'apport socratique de se rappeler à nous, l'ironie *interrogeante, conversationnelle*[1] étant employée pour déjouer "le scandale de cette éristique, l'imposture de cet "arrivisme""[2] qu'est la sophistique, plus destinée à persuader qu'à analyser. En effet, *ειρωνεια* est l'action d'interroger en feignant l'ignorance, *dissimulatio* des rhéteurs latins, un déguisement de la pensée que l'on peut tourner contre soi : nier, mettre en doute nos propos, ce qui suppose de dédoubler l'instance entre voix qui énonce et voix qui juge, forme présente au théâtre grâce à la délégation à un personnage, forme qui s'installe dans la voix auctoriale de la littérature moderne ou s'incarne en une situation, un événement qui contredit, dément et entrave les désirs, actions ou propos.

C'est ici que l'ironie peut se scinder en deux classes[3]. L'une, référentielle, exprime une contradiction non uniquement créée par le langage, pour relever des aspects ambigus sous lesquels nous apparaissaient les faits ou les êtres : "l'ironie, mimant les fausses vérités, les oblige à se déployer, à s'approfondir, à détailler leur bagage, à révéler des tares qui, sans elle, passeraient inaperçues ; elle fait éclater leur non-sens, elle induit l'absurdité en auto-réfutation"[4]. L'autre ironie, verbale, réside dans la contradiction entre la pensée et son expression, souvent par le truchement d'une figure de rhétorique

---

[1] R. Haym, *Die romantische Schule*, 1920, p.295, *in* W. Jankélévitch, *L'Ironie*, Paris, Flammarion, 1964, p.10
[2] W. Jankélévitch, *op.cit.*, p.10
[3] C. Kerbrat-Orcchioni, "Problèmes de l'ironie", *Linguistique et Sémiologie* n°2, Lyon, 1978, p.10-46
[4] W. Jankélévitch, *op.cit.*, p.100

requérant un tel effort de la part du récepteur pour toucher la vérité qu'elle comporte le risque d'être inaperçue puisqu'elle est *dissimulatio*, par antiphrase, oxymore, litote et euphémisme, hyperbole, métaphore... silence.

Cependant, l'ironie comme mention[1] échappe à ces descriptions lorsqu'elle s'exprime *à propos de* l'énoncé même. Mais il ne suffit pas que ce dernier soit mentionné pour être ironique car il est des formes intermédiaires entre pure mention et pur emploi. Ainsi les difficultés pour rendre perceptible l'ironie en musique sont multiples, parce qu'elle y est surtout référentielle, parce qu'elle permet d'être mentionnée, parce que la musique possède un arsenal technique favorisant la collision avec le verbe. Il est donc un point indépassable de son déchiffrement, raison pour laquelle son décryptage ne se fera qu'à la faveur de ces pratiques.

Il reste que l'invisibilité peut être recherchée, car le discours indirect permet "de nous adresser les pires injures avec impunité"[2] signale Proust ou, comme l'écrit Jankélévitch, l'ironie évite de "heurter de plein fouet, par un blâme direct, la volonté adverse"[3]. Son obliquité est calquée en cela sur la relation indirecte de l'expression et du signifié : paraître en accord avec la cible révèle que la feinte n'est qu'en vertu de l'opacité de la signification, par

---

[1] *Cf.* D. Sperber, D. Wilson, "Les ironies comme mentions", *Revue Poétique* n°36, Paris, Seuil, 1978, p.399-412. Par emploi, on entend que le locuteur veut exprimer ce qu'il pense, *cf.* B. Basire, "Ironie et Métalangage", *DRLAV, Revue de linguistique* n°32, CNRS & Paris 8, 1985, p.145, *cf.* Ph. Niogret, *Les Figures de l'ironie dans* À la recherche du temps perdu *de Marcel Proust*, Paris, L'Harmattan, 2004

[2] *RTP* II, 654

[3] W. Jankélévitch, *op.cit.*, p.102

fausse naïveté[1], éloge ambigu ou usage de la polysémie, ce qui retourne inévitablement à la *polyphonie* mais encore au jargon, à l'imitation, l'hétérogénéité du matériau, qui induisent un point déjà évoqué, la crise de la représentation.

L'hétérogénéité

L'épisode de la déception – ébauche du thème de la représentation – du héros vis-à-vis de Legrandin montre que l'un des buts de l'ironie est de démasquer les motivations douteuses des personnages, souvent dénoncées par Proust grâce au procédé de l'énumération dans laquelle coexistent le sens suggéré et le sens inversé (ironie *in praesentia*), notamment présentés en une gradation, une hétérogénéité langagière qui impose la chute burlesque. Et le premier degré de l'énumération d'être l'oxymore : "M. Drumont a la prétention de mettre les révisionnistes dans le même sac que les protestants et les juifs. C'est charmant cette promiscuité !"[2] À l'évidence, promiscuité ne renvoie en rien à charmant. Le travers de la comparaison, c'est que le comparant n'illustre plus le comparé mais l'annule. Il est clair que l'art de la mésalliance (d'ailleurs objet de cette citation) qui permet un contre usage est un trait du geste mahlérien, que l'on considère la

---

[1] Proust en use dans le discours prêté au jeune Marcel croisant Legrandin à la sortie de la messe. L'idée de *polyphonie*, ici distorsion entre voix du héros et voix auctoriale, ressort nettement par l'annonce anticipée de la déception du narrateur : "Hélas ! nous devions définitivement changer d'opinion sur Legrandin", qui, "trop bien élevé pour détourner la tête", "fixa de son regard soudain chargé d'une rêverie profonde un point si éloigné de l'horizon qu'il ne put nous voir et n'eut pas à nous saluer." *RTP* I, 122s

[2] Mme Sazerat au père Bloch, *RTP* II, 586

"promiscuité" de la musique savante avec le populaire ou l'inadéquation entre texte poétique et langage musical.

La barbarie d'Hérode ou le sacrifice du bœuf par saint Luc, décrits par une voix enfantine, soulèvent cette distance[1] dans le finale de la *4ème Symphonie*[2]. L'ingénuité du poème *Der Himmel hängt voll Geigen* des *Knaben Wunderhorn*, chant populaire à l'origine *Nach Kreuz und ausgestandenen Leiden* de Peter Marcellin Sturm, s'enrichit par ailleurs d'allusions dont la première est que ce bœuf de saint Luc n'est autre que son symbole traditionnel dans l'iconographie chrétienne. Le Lied, dans sa version mahlérienne, se dote ainsi de strates multiples pour en envisager l'interprétation, dont celle de ces allégories.

Adorno fait observer que le *tumulte du monde* (*weltlich' Getümmel*) du poème clôt ce qu'il convient d'entendre, en considérant l'introduction purement orchestrale et les deux premiers vers, comme une introduction sous-jacente pour laquelle le compositeur demande que la partie vocale soit chantée sans parodie, avant que la reprise du mouvement perpétuel n'engage véritablement le poème sur la voie d'un rapport antinomique entre texte musical et texte poétique. Or, ce basculement montre un double mouvement que l'on peut résumer comme le renversement de deux oxymores successives : l'énoncé du *tumulte* est supporté par le langage

---

[1] Voir de H. Hein, "Zur Ironie des Himmlischen Lebens. Die besondere Stellung von Mahlers Vierter Symphonie in einer Problemgeschichte der Vokalsymphonie", *Gustav Mahler und die Symphonik des 19. Jahrhunderts Referate des Bonner Symposiums 2000*, B. Sponheuer, W. Steinbeck. Frankfurt a.M., Lang, 2001, p.123-140, et S. E. Hefling, "Techniques of Irony in Mahler's Œuvre", *Gustav Mahler et l'ironie*

[2] À compter du ch.5

musical de ballade que revêt l'introduction, et dont le thème s'est vu peu à peu dévoiler au long de la symphonie[1], néanmoins avec la présence ici d'un emprunt au 2nd degré[2] déjà rapidement abordé dans l'introduction orchestrale mais renforcé là par l'insistance sur l'altération de son propre 4ème degré[3], le vers suivant laissant apparaître sur l'exclamation affirmative *Lebt Alles in sanfrester Ruh'!* (*Nous vivons dans une douce paix !*), l'annonce du *perpetuum mobile* qui présente trois aspects jusque là absents : un *continuum* rythmique, le rappel du premier mouvement[4], l'augmentation du tempo. Ces deux vers ont chacun un rapport antinomique au langage musical qui leur est simultané, et l'inversion est double en vertu du rapport contradictoire entre ces deux vers et leur support musical. Peut-on lire encore dans les exclamations employées pour insister sur le bonheur que procure la vie céleste un procédé connu d'ironie, qui souvent d'ailleurs emploie l'inversion sémantique ? "Excellente connaissance ! Charmante relation !"[5], dit le père de Marcel à son fils lui racontant sa rencontre, chez Swann, avec l'écrivain Bergotte. La lecture de l'ironie est aisée dans ce type de formulation, pour autant, la cible demeure floue. Dans l'exemple mahlérien, une seconde difficulté s'ajoute, qui est de lire dans ce poème s'il y a énoncé mentionné ou employé. La requête *ohne Parodie* montre à l'évidence que le compositeur a devancé une interprétation spontanée du passage, ce qui peut faire supposer que cette demande spécifique implique un énoncé du texte qui ne soit pas la

---

[1] *Cf.* P. Bekker, *Gustav Mahler Sinfonien*, Tutzing, H. Schneider, 1969, p.148*ss*

[2] Mes.6 du ch.1

[3] Mes.8 du ch.1

[4] Ch.3

[5] *RTP* I, 563

voix de l'auteur (laquelle réclame une distance de la part de l'interprète), nous autorisant *in fine* l'hypothèse que l'interaction avec le substrat musical fait de la totalité de l'énoncé, un énoncé mentionné.

Il n'est que la suite du mouvement pour se laisser tenter par une lisibilité supplémentaire de l'ironie initialement engagée par ces antinomies. Un "charmant !", "excellent !", "nous vivons dans une douce paix !", "nous menons une vie angélique !" (*Wir führen ein englisches Leben* !) peuvent s'entendre, même si les adjectifs employés ont une valeur axiologique positive, comme l'annulation du sens énoncé par inversion sémantique. Ironie *in absentia*, ce procédé d'annulation, du moins de dévaluation qualitative, est probant dans les énumérations telles que Proust en fait si souvent l'usage, notamment parce qu'il accumule les formules pour qualifier l'objet décrit.

Une semblable série disparate procure l'indice d'une lecture au second degré chez Mahler. On lit en effet dans la louange de *Das himmlische Leben* (après la mention d'Hérode et du sacrifice) un inventaire anarchique de denrées alimentaires présentes dans la vie céleste, le tout étant introduit par le rappel de la gratuité du vin en ces lieux et la fabrication du pain par les anges, ces deux ingrédients étant les éléments de l'Eucharistie, elle-même symbole le plus élevé des précédents sacrifices. Le grotesque de l'énumération est d'autant mis en valeur qu'il avait laissé filtrer la cruauté, au demeurant stoïquement énoncée, d'Hérode, les exclamations répétées laissant une possible place à un éloge ambigu proche de l'inversion sémantique, le tout permettant d'envisager l'ironie du mouvement entier.

L'ironie *in praesentia* telle que la pratique Proust dans ses énumérations mentionne tous les angles de vue sur un même objet dont il réserve souvent la face la plus triviale au dernier des termes[1] : "L'amour désintéressé de l'humanité, le respect attendri pour les hautes classes, qu'exaltait dans les meilleurs régions de son cœur l'espoir des étrennes"[2] dresse l'un des premiers portraits de Françoise. Une telle dévalorisation réglée n'est pas sans s'approcher de la dégradation symbolique des éléments eucharistiques par le catalogue alimentaire du Lied mahlérien.

La singularité des éléments confondus en une unique assertion ne doit pas dissimuler que cette ironie dépend non seulement de cette disparité, mais a également pour enjeu de suggérer qu'il existe un rapport entre ces éléments : l'"homme politique influent, capable, despotique"[3]...

Proust se plaît, pour imposer la chute finale, à attirer l'attention sur le trait peu flatteur (avec une préférence mordante pour l'aspect physique) qui annihile tout le plaisant précédemment énoncé d'un Monsieur Bontemps qui a, "ce qui peut sembler suffire à constituer un ensemble rare et délicat, une barbe blonde et soyeuse, de jolis traits, une voix nasale, l'haleine forte et un œil de verre"[4], ou d'une Mme de Cambremer aux postillons dus à son amour exalté des arts et à son insuffisance dentaire[5].

Alors que Mahler emploie pour la vie céleste l'énumération sans (dé)gradation vers le burlesque, le procédé musical lui correspondant est pourtant appliqué dans la première Nachtmusik de la *7ème Symphonie* pour changer de section. Les "dégringolades" s'imposent par l'inadéquation même des incises qui les ont précédées et

[1] Selon J. Mouton, ce procédé a pu être inspiré par Voltaire et A. France ; *Le Style de Marcel Proust*, Paris, Nizet, 1973, p.156
[2] *RTP* I, 52
[3] *RTP* IV, 523
[4] *RTP* I, 503
[5] *RTP* III, 203

provoquées, et détruisent leur contribution éventuelle à un développement homogène par les usages cumulés de la distribution soliste[1], la superposition contrapuntique inadaptée à l'harmonie, les cadences sèchement ponctuées. Et le *Rondo Burlesque* de la *9ème Symphonie* doit peut-être son titre à ces moments de chute qui induisent une disposition en fragments plus ou moins nettement séparés[2].

Crise de la représentation

La succession d'objets se parasitant, se complétant ou s'ignorant les uns les autres, proposent à l'art la technique de la fragmentation. Mais l'abondance descriptive est aussi, à dessein ironique ou non, le symptôme de l'inadaptation du langage à circonscrire le perçu. Si ironie il y a dans *La vie céleste*, sa relation à la faiblesse du langage n'est pas concrètement réalisée au travers des procédés évoqués. Pourtant, elle montrera sa place au cœur même de l'édification d'une confrontation entre verbe et musique. À cela précisera-t-on que la seule prise en compte du fossé existant entre les deux arts n'enjoint nullement à ne point considérer cette question de la crise de la représentation parce qu'elle filtre précisément de ces œuvres.

Parallèlement à la dévaluation en images atomisées de l'ironie formellement visible se pratique l'ironie *in absentia*. Qu'il y ait métaphore ou non, ce qui est énoncé n'est pas ce qui est suggéré. Alors que le faux éloge laisse

[1] Comme le passage entre ch. 95 et 96

[2] Suite à un éclatement des voix durant les mesures entourant le ch.32, la chute s'effectue à partir de la mes.4 du ch.32. Plus loin, *Sempre l'istesso tempo* conclut sa progression par un "effondrement" qui engage l'ironie mes.12-13 avant ch.33, et reporte *mécaniquement* la possibilité d'une progression du mouvement

entendre que l'embellissement décrit n'est pas justifié et que l'intention ironique s'y décèle soit par une exagération – un signal des plus fréquents –, soit par l'intermédiaire de commentaires d'auteur venant annuler le premier degré de l'interprétation, son négatif est ce que Proust emploie sous forme de métaphores, notamment lorsqu'il assimile sa cible à un animal ou un végétal, jusqu'à l'absurde[1] : la satire, qui dénigrera aussi l'intouchable langage de la tradition, comme Berlioz ébranlant la sacro-sainte fugue. Mais le transfert de caractéristiques d'un monde "supérieur" vers un monde "inférieur" est non moins susceptible de servir l'ironie que le transfert inverse. Ainsi, dès le début de *La Recherche*, Odette est "une femme de la pire société, presque une cocotte"[2], pour être ensuite, aux yeux de Marcel, auréolée d'un "prestige royal"[3]. La haute aristocratie des Guermantes est nantie quant à elle de métaphores divines telles qu'elles donnent à lire chez la duchesse, au travers du regard du héros, les traits d'une figure mythologique s'imposant de toute sa beauté parmi les "blanches déités" réunies dans les baignoires du théâtre pour admirer la Berma du haut de leurs grottes marines. La "grande déesse qui préside de loin aux jeux de divinités inférieures"[4], le Temps faisant d'abord, montrera au héros que cette nature est pareille à celle "des autres" puis, la vieillesse s'insinuant, subira à l'instar de chaque mortel cette décrépitude que le dîner

[1] On connaît le profil d'aigle des Guermantes, mais ce type de métaphore, s'il est tendu vers l'absurde, sert l'exagération du défaut, tel le marquis de Palancy dans la baignoire de la princesse : "et les spectateurs n'auraient pu dire s'il souffrait, dormait, nageait, était en train de pondre ou respirait seulement", *RTP* II, 343

[2] *RTP* I, 20

[3] *Id.*, 411

[4] *RTP* II, 338-341

des têtes met ultimement à nu. Philippe Niogret a analysé dans *La Recherche* ce procédé de division entre voix du héros et voix du narrateur mentionnant les sentiments du premier, qui illustre le dédoublement, souvent rétrospectif, propre à l'auto-ironie. Le roman vise par là les prétentions à vouloir paraître de ce qui n'est que visible en érodant progressivement la naïveté du héros, cette dernière idée étant confortée par Proust brossant l'ambiguïté du sourire d'Odette dans lequel *je* (Marcel) ne voyais que la bienveillance d'une Majesté mais où le narrateur décèlera enfin sa véritable nature qui n'est que la provocation de la cocotte.

L'initiative proustienne a donc cette originalité de déguiser dans la fiction l'austérité du rapport au langage, sa fonction dramatique, la tromperie qu'il instaure sur la relation au monde, sa "puissance d'empêchement, preuve de sa redoutable dictature" qui provoque ces "dégringolades piteuses d'une conscience qui s'empêtre dans ses propres représentations"[1]. Le langage, écrit W. Jankélévitch, "comme l'œil, représente plutôt un obstacle tourné qu'un moyen employé ; les hommes parlent non pas tant pour se faire comprendre que pour se dérober, et le piquant réside en ceci qu'ils doivent être mécompris pour être mieux compris". Obstacle et organe poursuit-il, le langage intercepte, filtre, rétrécit le sens, et cette contradiction résume la tragédie de l'Expression : la pensée doit se limiter pour exister, "toute l'essence dialectique de l'organe-obstacle, c'est d'être un impossible – nécessaire, et Friedrich Schlegel qui, considérant la seule inadéquation de l'idée au réel, supprime l'une des deux moitiés dont la réunion compose l'absurdité du rapport"[2].

---

[1] A. Henry, *op.cit.*, p.93

[2] W. Jankélévitch, *L'Ironie*, p.45

C'est à ce niveau que la problématique de l'impuissance du langage sert chez Mahler à faire de la musique plus qu'un simple auxiliaire de la poésie mais "un art indépendant", "le plus puissant de tous", capable d'atteindre son but par ses propres ressources[1], quand bien même le verbe en fournirait l'objet[2]. Le texte du final de la *4ème Symphonie* progresse de sorte que la musique ait une importance telle que le poème en consacre finalement la supériorité, car elle seule rend sensible l'essence du paradis dont les joies sont décrites de façon à en faire ressortir d'autant plus la trivialité qu'elles se déclinent par référence au monde terrestre. Premier échec du langage à dévoiler l'indicible. Le comique vient de ce que notre attention est brusquement ramenée de l'âme sur le corps nous rappelle Bergson dans le premier chapitre du *Rire*...

Le moment crucial destiné à démontrer la puissance de la musique débute à la strophe 4, singularisée par *mi* majeur, contre la tonalité principale de l'œuvre et du mouvement, *sol* majeur.

> "Aucune musique n'est sur terre
> Comparable à la nôtre.
> Onze mille vierges osent se mettre à danser,
> Sainte Ursule même en rit !
> Aucune musique n'est sur terre
> Comparable à la nôtre.
> Cécile et sa famille
> Sont d'agréables musiciens de cour !
> Les voix des anges encouragent les sens,
> Que tout éveille à la joie"[3]

---

[1] A. Schopenhauer, *op.cit.*, p.251

[2] *Id.*, Supp. III, p.1190

[3] Kein Musik ist ja nicht auf Erden,
die uns'rer verglichen kann werden.

La musique y soutient le poème en représentant la forme suprême de la félicité au moyen de la reprise du thème principal de la symphonie, pleinement accompli pour annoncer *Wir geniessen die himmlischen Freuden.* La vertu conclusive de cette réapparition laisse entendre qu'elle précise le sujet qui la soutient, mais éclaire aussi rétrospectivement la structure de l'œuvre et le sens à donner à l'art musical. En *devenant* au travers d'apparitions intermittentes, ce thème, renforcé par le signifié du poème, présente le projet de la symphonie, définit la musique (ou cette musique) comme l'essence du bonheur céleste[1]. Ensuite, il symbolise et matérialise *dans* l'œuvre la musique dont parle le texte, mais au prix d'une hiérarchisation tacite : ce qui est dit, décrit, cette musique que mentionne le poème, est inatteignable par les mots qui se voient privés de cette capacité à signifier que prend en charge l'exposition finale du thème. Supposé être imposé en vue d'une meilleure appréhension du signifié – "une révélation nécessaire"–, le poème revêt, *est* le travers du langage.

Ainsi la musique se voit-elle confortée dans le privilège que lui accorde *Le Monde comme Volonté* qui proclame que ce que l'artiste s'efforce de représenter, l'objet dont la connaissance précède et engendre l'œuvre,

---

Elf tausend Jungfrauen zu tanzen sich trauen !
Sanct Ursula selbst dazu lacht !
Kein Musik ist ja nicht auf Erden,
die uns'rer verglichen kann werden.
Cäcilia mit ihren Verwandten
Sind trefffliche Hofmusikanten !
Die englischen Stimmen ermuntern die Sinnen,
Dass Alles für Freuden erwacht.

[1] Voir l'analyse de M. Schneider, *op.cit.*, p.478s

est une Idée[1] dont l'expression est le plus haut degré de l'objectif de la volonté. Alors, comme la musique n'est pas une reproduction des Idées mais une reproduction de la volonté au même titre que les Idées elles-mêmes, son influence est plus puissamment pénétrante que celle des autres arts qui n'expriment "que l'ombre, tandis qu'elle parle de l'être"[2]. "Copie d'un modèle qui lui-même ne peut être présenté directement", la musique peut s'installer dans le Lied mahlérien en lieu et place du vide représentatif laissé par le verbe qu'elle n'illustre justement pas, ne laissant aux autres arts, qui sont (ou ne sont que) l'expression de l'Idée de la vie, de l'humanité, de la réalité, que le devoir de "leur donner plus de clarté par la représentation et plus de relief par l'agencement"[3].

Et si l'enjeu de l'écrit n'est pas pour Proust de répondre à ce qui semble être une carence, (raison pour laquelle *Le Temps retrouvé* consacre l'art), le livre doit néanmoins reconduire à la vie. Qu'on ne s'y trompe pas, l'écrivain se situe bien loin des investigations mallarméennes selon lesquelles "le monde est fait pour aboutir à un beau livre", ou des désarticulations syntaxiques, mais conserve péremptoirement derrière le plaisir poétique et le goût du verbe une exigence philosophique qui n'investit pas le niveau lexical du langage d'une suprématie artistique, car le manifeste dont il se revendique provient justement de la schopenhauerienne question de ce qu'est la vie, à quoi toute œuvre d'art est une réponse supplémentaire qui fera conclure l'écrivain par la maxime du roman : la vraie vie, enfin découverte et éclaircie, la seule vie vécue, c'est la littérature…

---

[1] A. Schopenhauer, *op.cit.*, p.300
[2] *Id.*, p.329
[3] *Id.*, p.322

Et l'ironie d'être un outil démontrant les lacunes du verbe chez deux créateurs qui ambitionnent de faire triompher leurs arts respectifs.

Ironie et imitation

Discours mentionné ou rapporté, il s'agit d'ironiser par le truchement de, et sur le dire d'autrui.

Le premier, que facilite le dialogue, gagne en raillerie par l'imitation, avec accumulation, inversion sémantique, exagération[1]. Ce faisant l'ironie peut prendre corps sous forme d'une approbation dont la fausseté, symptôme du jugement, est valorisée par la déformation afin d'insinuer le doute, par exemple en renchérissant sur les propos visés[2] (et l'on pensera à "sur l'amen, une fugue" de *La Damnation de Faust* de Berlioz). Il faut ainsi admettre que deux voix se font entendre qu'il s'agit de distinguer, avant d'identifier l'auteur de l'énoncé mentionné, cible de l'ironie.

Dans le second cas, il n'y a pas *a priori* dissimulation de la voix auctoriale puisque l'énoncé est rapporté, mais il arrive que les conditions de formulation soient telles que le procédé s'apparentera à la mention et l'ambiguïté qu'elle suppose. Constitutive de l'ironie, cette confusion fait courir les risques du malentendu et du premier degré s'il manquent des indices révélateurs, qui sont chez Proust aussi variables que pour les pastiches, et ne sont jamais probants dans l'œuvre mahlérienne, raison pour laquelle il y est souvent question de double-sens,

---

[1] Comme le truculent discours de la mère de la princesse à sa fille, imaginé par le narrateur, *RTP* II, 720s

[2] Lorsque Nissim Bernard vante ses dîners avec Sardou, Labiche, Augier, Bloch père réplique en continuant à l'envi la liste prestigieuse : Molière, Racine, Corneille, auxquels Bloch fils ajoute Plaute, Ménandre, Kalidasa, *RTP* II, 134

humour doux-amer, rendant difficile le décryptage d'une ironie qui joue de l'"exprimer sans signifier" du musical. Puis, faut-il le rappeler, l'imitation n'est pas nécessairement pratiquée dans un but de moquerie.

Lever l'équivoque est donc possible. Un commentaire-indice, plus aisé dans l'écriture romanesque, peut offrir un gain de transparence à la raillerie, comme Proust en donne nombre d'exemples à l'aide de signes marquant l'emprunt, souvent annoncé par un commentaire, métalinguistique, dont le but est de préciser le sens du terme employé ou la personne à qui il est dû[1]. De telles marques de distance entre la pensée auctoriale et la source agissent alors comme signal : Balbec, "un séjour de délices comme disait le prospectus de l'hôtel"[2], rapporte le narrateur qui l'a vécue plus tôt comme un lieu de supplices. La lisibilité de la seconde voix est donc suffisante, mais encore faut-il que l'insert auctorial ne soit pas malice déguisée[3]. Les indices possèdent donc ce potentiel d'équivoque qui les égale à leur absence : un emprunt peut ne fournir aucun signe pour identifier sa présence, nous laissant le soin de détecter le changement d'idiolecte et d'extraire l'ironie.

Certes, avec Mahler ou Proust, le populaire et l'archaïsme[4], l'accent ou le régionalisme, mentionnés,

---

[1] J. Rey-Debove l'appelle "connotation autonymique". Le mot utilisé a un double contenu, l'un rendu par son sens lexical (pour désigner un objet), l'autre par son sens autonyme (pour se désigner lui-même), *Le Métalangage*, éd. Le Robert, coll. L'ordre des mots, p.251-291, 1978

[2] *RTP* II, p.25

[3] Comme le commentaire dans une proposition incidente, intervention qui peut se présenter comme une traduction ironique revêtue des apparences d'une information (*Cf.* Ph. Niogret, *op.cit.*, p.101ss) : "Je ne parle pas de la reine de Naples, elle est intelligente, c'est une femme agréable (lisez elle a été très aimable avec moi)", *RTP* III, 786

[4] Les fautes de Françoise sont souvent des archaïsmes : racontages pour racontars, *RTP* I, 476, des particularismes régionaux et

sont souvent singés, outrés. Retranscrit ou expressément demandé[1], leur défaut les condamne à une inadaptation si profonde que l'ironie devient le tragique de l'effort allant à l'encontre du but recherché[2]. Tout corps étranger n'est pourtant pas voué à s'effondrer parce qu'il infiltre un milieu quelquefois délibérément conçu pour ne pas l'accueillir, mais ces chevaux de Troie du style ont aussi pour vertu de faire pâtir comme de nourrir leur nouvel environnement. Ces perles syntaxiques et lexicales, "ces mots français que nous sommes si fiers de prononcer exactement " mais qui ne sont eux-mêmes "que des "cuirs" faits par des bouches gauloises qui prononçaient de travers le latin ou le saxon, notre langue n'étant que la prononciation défectueuse de quelques autres"[3], Proust accepte de ne pas les moquer à l'excès et va jusqu'à rendre hommage à ces fossiles que pérennise Françoise propulsée en "génie linguistique à l'état vivant, l'avenir et le passé du Français"[4], dont le narrateur reconnaît n'avoir remarqué que les fautes et non la richesse. Quant à

---

populaires : routinée pour habituée, *RTP* I, 109. Quant à Mahler, *Überschlag* et disparition de la basse peuvent être vus comme sédiments, quand il n'use pas d'interdits comme une cadence en mouvements parallèles (*Symph. n°4*, IV, mes.4 avant ch.7)

[1] Schmucke, Remonencq ou Nucingen chez Balzac, ou les vieillards du *Dracula* de Stoker. Le *Fidel* mahlérien (*Symph. n°4*, II) ou les accélérations intempestives des bois, *Symph. n°3*, I, ch.20

[2] Le directeur "cosmopolite" de l'hôtel de Balbec et ces expressions, "qu'il croyait distinguées, sans s'apercevoir qu'elles étaient vicieuses", *RTP* II, 26, "choisies, mais à contre-sens" (*RTP* II, 24), provenant de confusions entre mots de prononciation voisine mais de sens différents. Aussi Balbec souffre-t-elle d'un manque de "moyens de commotion"...

[3] *RTP* III, 134

[4] *Ibid.* Le narrateur n'hésite pas à comparer le langage de Françoise à celui de Madame de Sévigné ou de La Bruyère, *RTP* II, 323, 326

l'anglomanie d'Odette ou l'homérisme de Bloch, il se garde de toute nostalgie...

Chez l'ironiste, le pastiche avéré ou dissimulé montre que la voix auctoriale a choisi sa cible, moins rarement pour la dénoncer que pour lui rendre hommage. Les piques de *La Recherche*, qui fondent sous des formes linguistiques variées sur les comportements hypocrites, les individus renversant l'ordre des valeurs morales ou sociales, dévoilent les opinions du narrateur, sinon celles de l'auteur. Depuis Anna Freud, la psychanalyse en a dégagé la stratégie défensive : "l'identification avec l'agresseur" qu'Adorno suggère chez Mahler dans le finale de la *7ème*, la *8ème Symphonie.* L'auteur succombe à la glorification du collectif et prend le parti de la grandeur et de la puissance qu'il redoute, tel Proust plaçant dans la bouche de madame de Marsantes "l'antisémitisme en personne"[1] du "très *bien pensant*" Morel, cela pour nous perdre sur la véritable opinion de son auteur, la même que Mahler qui, comme Proust, nourrissait une relation équivoque à ses origines. "La peur ainsi convertie en affirmation définit l'officiel"[2] qu'aurait poursuivi le compositeur durant sa jeunesse en cherchant à égaler et surpasser les maîtres autrichiens et allemands, ce qui permet de lire qu'une part de pastiche ou de réminiscence stylistique est le produit inconscient de l'"anxiété de l'influence"[3]. La vertu purgative selon Proust ?

---

[1] *RTP* II, 553
[2] Th.W. Adorno, *M*, p.205
[3] S.E. Hefling, *op.cit.*, p.1131

Cruauté, moralisme et mélancolie

Marcel Muller reconnaît en certaines imitations proustiennes une cruauté dépassant le déjà vaste espace de l'ironie, en invitant par exemple à la découvrir dans le pastiche par l'intermédiaire duquel Edmond de Goncourt est présenté dans *Le Temps retrouvé*. "Troubles motivations" que celles de ce *Journal* qui, "par la consternante formule qu'il propose de la littérature, enlève à son lecteur fictif les raisons qu'il avait d'envisager la carrière d'écrivain et le plonge dans le découragement ; [...] quel aveu d'impuissance de la part d'un homme gagné à l'idéal d'Elstir que cette insertion d'un morceau de réalité dans son univers romanesque"[1]. Il n'est pas meilleur exemple pour rappeler l'anxiété de l'influence : le lecteur fictif de ce "prestige de la littérature !" (une anti-phrase ?), qui se considère pourtant partiellement privé de ce regard nécessaire dû à la naïveté du diariste, n'en retiendra pas l'esthétique précieuse pour son œuvre. À révéler l'Art en dépassant l'envahissante violence sociale sur laquelle repose une grande part de son ironie, Proust ne nous congédie donc pas après ce qu'il nomme la fin cruelle de certains romans.

Mais il faut pour cela préciser où s'arrête l'ironie, où débute la cruauté. S'exerce-t-elle jusqu'aux dépens du *je* fictif et s'insinue dans les rapports que le romancier établit avec le lecteur "par le raffinement qu'il met à faire attendre un dénouement heureux qui est régulièrement refusé"[2]? La frontière est opaque et le spectre sémantique

---

[1] M. Muller, "Charlus dans le métro ou pastiche et cruauté chez Proust", *Cahiers Marcel Proust 9. Études proustiennes* III, p.9s
[2] *Ibid.*

suffisamment large pour que la cruauté fasse référence à la violence, souvent dotée des attributs de l'ironie. Or la cruauté rappelle Michel Erman[1], est une passion qui s'étaye sur un discours de la nature, fonctionne comme un principe de contradiction, caractéristiques qui empêchent de trop la lire dans *La Recherche* car, en premier lieu, son sens initial consiste à déchirer la chair : le narrateur inconsolable, "déchiré" par les mots qu'il avait proférés contre la grand-mère agonisante, tient à expier en respectant "l'originalité" de ses douleurs "si cruelles". Parvenu enfin au sommeil qui réfracte "la douloureuse synthèse de la survivance et du néant, dans la profondeur organique et devenue translucide des viscères mystérieusement éclairés", il retrouve la signification originelle de la cruauté par la métaphore d'une plongée dans les chairs[2]. La cruauté unit donc celui qui souffre – passion, de *passio*, du supin *pati* – et l'agent de sa souffrance – passion, de *pathos*, désignant celui qui agit, et montre la réciprocité entre sadisme et masochisme.

Par ce lien du bourreau à sa victime, la question se pose de savoir si la cruauté serait le contraire de la pitié, ou son revers. Dans l'univers mondain de *La Recherche* où la violence est un substrat omniprésent, parfois collusoire, la pitié que Mme Verdurin manifeste à Saniette, invité pour son indigence autant que pour sa bêtise, s'avère tout aussi impitoyable que la cruauté prodiguée au malheureux par M. Verdurin[3]. La cruauté permet ainsi

---

[1] M. Erman, "La cruauté dans Sodome et Gomorrhe", Université de Bourgogne, *via* unice.fr/AGREGATION/Cruaute.html

[2] *RTP* III, 156s

[3] "D'abord on ne comprend pas ce que vous dites, qu'est-ce que vous avez dans la bouche ?" demanda M. Verdurin de plus en plus violent, et faisant allusion au défaut de prononciation de Saniette. "Pauvre Saniette, je ne veux pas que vous le rendiez malheureux", dit Mme

d'isoler le bouc émissaire, lequel peut participer à sa propre déchéance en se rendant complice des actes exercés à son encontre, tel Charlus affectant de ne pas voir la cruauté de Morel[1], entente qu'exprime le narrateur lorsqu'il précise que "malheureusement dans le monde [...], les victimes sont si lâches qu'on ne peut pas en vouloir longtemps aux bourreaux"[2]. Il est vrai que cet entremêlement de volupté, de crimes et de remords que Proust remarque dans l'œuvre de Dostoïevski, le fascine dès *Les Plaisirs et les Jours*.

Reliant la cruauté à une vision mécaniste du monde, M. Muller rappelle alors que le romancier est un organiciste pour qui toute automatisation introduit dans l'expérience une forme d'inauthenticité, sépare de la mère. Ce faisant, il établit la relation entre deux originalités contiguës, cruauté-mécanisme et mère originelle : sa vie durant, l'homme n'a de secours qu'en recherchant "la cruauté perdue", expression d'un ordre mécaniste "préférable au désordre de l'indifférence mais inférieur par rapport à un ordre plus ancien", organique et vivant. N'est-il pas acquis que l'un des sens figurés de la cruauté est l'indifférence de l'être aimé envers l'être aimant ? Mieux vaut "séparer que confondre ; à l'indifférence on préfèrera la reconnaissance que deux individus s'accordent dans la méchanceté". L'époque parentale est "usurpatrice" poursuit-il, "c'est plus loin dans le passé qu'il faudra remonter pour retrouver la bonne mère, seule vraie"[3], dont les premières actions sont d'apaiser la soif et

---

Verdurin sur un ton de fausse pitié et pour ne laisser un doute à personne sur l'intention insolente de son mari." *RTP* III, 324s

[1] *Id.*, 448

[2] *Id.*, 100

[3] M. Muller, *op.cit.*, p.13s

la faim, alors même que la plus primitive des tortures est de les entretenir, au besoin par la feinte.

Tourment, refus de soulager et lien maternel sont les traits illustrés par le Lied mahlérien *Das irdische Leben*, dont les divers commentaires ont moins développés l'idée de cruauté que celle d'ironie. L'enfant implore sa mère pour du pain et se voit régulièrement répondre "demain" sur la figure mécanique d'un ostinato, alors que variantes et changements de tonalités de sa voix visent à rehausser la douleur et le désespoir de l'attente, se heurtent au retour à la même tonalité pour chaque réponse inchangée de la mère ; le renouvellement du *cantabile* distant à la fois de la situation humaine et de la situation musicale scinde les discours entre stabilité persistante et instabilité croissante, insinue une situation affective ambiguë et valorise le développement pathétique de l'état de l'enfant.

En vertu de l'impossibilité de la communication à s'établir, l'indifférence (du *perpetuum mobile*) reconnaît l'altérité absolue et sépare les énoncés, dialogues tragiques en monologues isolés où s'affirme l'absence, ici d'une mère devenue la "mauvaise mère", menteuse, passive, impuissante, à tout le moins *ailleurs*. "*The ironic world of uncanny explores the relationship between the animate and the inanimate*"[1]. L'automatisation du langage maternel, métaphore de sa tromperie, de son abstraction face à la réalité inintelligible de la mort, lui permet d'ignorer celle de l'enfant. Et la mort annoncée de Swann de susciter cette "fascination" où il entre "de la curiosité indiscrète, de la cruauté, un retour à la fois quiet et sou-

[1] M.D. Stuart Feder, "Gustav Mahler : The Mind of The Ironist", *Gustav Mahler et l'ironie*, p.64

cieux sur soi-même"[1], ce soi-même de la duchesse ne sachant quoi choisir en terme de convenances, témoignage de pitié ou fuite vers un raout, et qui trouve le compromis en niant cette mort prochaine : "vous voulez plaisanter ?"[2]. Si la souffrance est essentielle à la vie[3], la cruauté est-elle inhérente à la volonté de vivre ? Le héros proustien, répond M. Erman, semble échapper à ce tropisme malgré l'épisode d'Albertine, se plaisant à la diversité des hommes sans rien attendre d'eux. "Je négligeais la bassesse [...] ma douceur était désintéressée", dit-il en réponse aux vilenies de Morel. La douceur, tel est le véritable antonyme de la cruauté"[4], tel est ce qui, avec l'authenticité et la bienveillance, clôt aussi le roman[5].

Das irdische Leben éclipse en revanche l'idée de réconciliation lorsqu'un narrateur annonce abruptement la mort de l'enfant. S'il ne s'agissait que de ce Lied pour éprouver une "fin cruelle", l'heureuse révélation finale de *La Recherche* n'autoriserait pas à rappeler une mort non moins brutale, un véritable "assassinat perpétré par l'écriture et, qui plus est, la citation"[6]. Le pasticheur (hormis l'auteur) bourreau Charlus emprunte au XVIIe siècle une pratique consistant à faire rédiger par d'autres (Morel) des libelles calomniatrices qu'il ne daigne pas signer et dont la victime et comtesse de Molé, après avoir couvert de sa compagnie l'homosexualité du baron tout en excitant les jalousies par sa séduisante désinvolture, devient la cible de vindictes calquées sur les procédés d'un Michelet ou Chateaubriand, qui auraient plagiés des

---

[1] *RTP* III, 88s
[2] *RTP* II, 882
[3] A. Schopenhauer, *op.cit.*, p.401
[4] M. Erman, *op.cit.*
[5] M. Muller, *op.cit.*, p.24
[6] A. Bouillaguet, *op.cit.*

fragments de leurs correspondances. La cruauté se veut double d'ailleurs, car le baron entend bien rendre le pastiche invisible, excepté à la victime dont il n'hésite pas à détourner le sens de sa matière épistolaire. Cruauté payante et dont la chute est remarquable puisqu'elle conduit à la mort de la jeune femme, laconiquement relatée : une demie ligne et donc moins qu'il n'en faut pour divulguer par la presse (autre puissance qui tue, chez Balzac) un anodin fait divers, mais cruauté non moins redoutable pour son auteur puisque qu'au *Temps retrouvé* Morel en retournera les effets meurtriers contre le désormais obsolète bourreau.

Souci commun à Proust et Mahler donc, le vipérisme abyssal de l'espèce se doit, pour intégrer leur œuvre, d'être aussi l'objet d'un mouvement exotopique – tant à l'endroit de l'agresseur qu'à celui de l'agressé –, le fruit d'un regard ironique qui secrète non moins de moralisme que de mélancolie et peut céder à l'insolence cynique, l'"ironie frénétique" d'un Diogène rejetant les conventions sociales par ascétisme et souci de vertu, pour montrer enfin de l'ironie toute son agressivité par l'aphorisme radical ou la parodie. "Le cynisme est souvent un moralisme déçu et une extrême ironie"[1] dont Jean Paul, renvoyant dos à dos folie et sagesse dans ce que ce qu'il nomme humour, dote ses héros pour combattre la désillusion face au réel et refouler toute nostalgie à distance.

La distance ironique, nécessaire entre l'artiste et son œuvre afin d'en maîtriser le contenu[2], élevée au rang

[1] V. Jankélévitch, *L'Ironie*, p.15

[2] Le conte d'Hoffmann, *L'Homme au sable*, dit cette distance qui sépare le héros Nathanaël de ses longs poèmes augmentés sans fin, ce qui n'est pas sans rappeler le processus créatif proustien

de catégorie esthétique par les premiers romantiques, possède cette dimension infirmative chez Mahler, une absence de "c'est cela" illusoire et décoratif, un double-fond (*Doppelbodigkeit*) qui projette ce qu'Adorno nomme *fêlure* (*Zerrissenheit*) sur les affirmations les plus triomphales. Intégrer ce déchirement fait ainsi de la création la manifestation que peut accompagner la compensation à ce même déchirement : l'ironie n'est-elle pas en dernière instance la réponse à la souffrance et le cynisme la forme la plus péremptoire de moralisme et de mélancolie sous les dehors de la pire bouffonnerie ou d'une apothéose finale, ce qui incite à lire non moins d'ironie dans *Das irdische Leben* que dans *Das himmlische Leben* ?

Multiplicité du moi et identité en crise

L'ironie, écrit Jankélévitch, "c'est la gaieté un peu mélancolique que nous inspire la découverte d'une pluralité ; nos sentiments, nos idées doivent renoncer à leur solitude seigneuriale pour des voisinages humiliants". Pourtant "on ne peut pas adorer plusieurs absolus", ou comme conclut le proverbe, "ami de tous, ami de personne", car cette profusion "insulte au mystère du sentiment et au sérieux de la confidence". Il faut donc choisir entre l'intimité et la justice. Ironiser, "c'est choisir la justice"[1] à laquelle le héros de *La Recherche* préfèrerait l'intimité mais ne peut qu'observer sans pénétrer le regard perdu d'un Elstir tandis que le roman dénonce férocement "ce triage, préoccupation dominante des gens qui donnent des fêtes", "l'élite"[2], en prenant soin de marquer nettement ses distances avec les termes, empruntés, aboutissant par cette claire *connotation autonymique* au degré le plus bas de

[1] V. Jankélévitch, *op.cit.*, p.37
[2] *RTP* III, 773

l'ironie dont l'une des ultimes libertés est cette "conscience irrévérencieuse qui conteste l'inouï, l'original, le sacré, et qui déride les visages trop solennels"[1], *a fortiori* le sien propre.

L'auto-ironie qui pousse le narrateur à railler les représentations idéalisées du héros ne se construit qu'à raison d'un temps traversé dans lequel la mémoire étaye la reconnaissance de *ce qui fut* pour découvrir l'essence des choses dont la révélation est le principe de l'accomplissement *dans* et *par* l'œuvre d'art. Ce qui était inconscient s'extrait alors de la connaissance intuitive pour prendre la parole : eidétique, le moment de l'inspiration est celui de l'effacement de la volonté[2], cette source de souffrance pourtant essentielle à la vie dont les bassesses seront négligées par le narrateur en un triomphe définitif, désintéressé, de l'art. L'intuition esthétique qui permet l'apaisement de la volonté individuelle et la réconciliation des moi n'est pas uniquement l'un des thèmes innervant l'œuvre d'un Proust insistant sur ses personnages multiformes qui subissent autant qu'agissent devant le génie méconnu de lui-même, mais également d'un Jean Paul qui essuie néanmoins la critique de Schopenhauer pour n'avoir pas épargné le génie lui-même de son ironie[3].

Celui-ci n'est pas exempt de souffrance, dit de lui Schopenhauer, mais n'en possède que moins par rapport à l'homme ordinaire, car son œuvre éclaire le fond le plus secret de la volonté et des sentiments de l'homme qui "n'est heureux et calme que si le passage du désir à sa réalisation et celui du succès à un nouveau désir se font

[1] V. Jankélévitch, *op.cit.*, p.28

[2] A. Schopenhauer, *op.cit.*, Supp.III, p.1109

[3] Dans ses *Éléments d'esthétique*, ce qui lui vaut le reproche dans *Le Monde comme volonté*, Supp.III, p.1106

rapidement, car le retard de l'une amène la souffrance, et l'absence de l'autre produit une douleur stérile, l'ennui"[1]. Pour Lipiner, le nietzschéen ami de jeunesse de Mahler, le génie sera éternel génie-douleur[2], car la souffrance n'est pas uniquement subie, elle est affirmation tragique : "La douleur du monde est la source de la joie de vivre" écrit-il dans *Buch der Freude*[3]. Le faire s'égale au subir chez l'homme de génie dont l'éveil est dû à une conscience plus accrue de la souffrance, refuge et source implicite de création. "Avec violence, je brise les liens qui me rattachent à cet insipide et répugnant cloaque qu'est mon existence et, de toute l'énergie du désespoir, je m'accroche à la douleur qui est mon unique consolation"[4] écrit Mahler à Josef Steiner en 1879. Le dolorisme dans l'art, l'œuvre d'Otto Weininger en montre également l'un des symptômes dû à l'*Icheinsamkeit* (solitude du moi) qui affecte l'existence d'un Toi accessible par la parole : le dialogue avec autrui s'oppose au monologue poétique ou philosophique du génie replié sur sa subjectivité[5]. L'œuvre fait bien triompher un ego, mais dans sa peine à être compris : désormais, elle "n'est plus le geste fier que célébrait Schelling ; l'acte de suprême puissance est devenu un refuge"[6] où l'instant de l'inspiration ne fait que tenir en suspens l'asservissement à la volonté, la souffrance et l'angoissante division du moi d'où débordent les

---

[1] "La mélodie par essence reproduit tout cela ; elle erre par mille chemins", argument portant la musique "au-dessus des autres arts", A. Schopenhauer, *op.cit.*, p.332

[2] *Prométhée*, 1876

[3] H.-L. de La Grange, *GMI*, p.111

[4] *Id.*, p.85

[5] J. Le Rider, *Modernité viennoise et crises de l'identité*, Paris, Quadrige/PUF, 2000, p.51

[6] A. Henry, *op.cit.*, p.195

profondeurs de l'inconscient ; instabilité du *moderne* que la littérature découvre durant cette période de la psychanalyse naissante.

Avant de concevoir en quoi *La Recherche* a ceci de spécifique que le moi successif du héros retrouve sa cohésion par l'heureuse correspondance entre un imaginaire et des réminiscences qui sont la signature du génie qui achèvera d'agréger ces parcelles en une identité narrative, il faut circonscrire la notion même d'identité dont la constitution comme *identité narrative* est l'opération dans laquelle l'individu s'identifie à son dire, à ce qu'autrui dit de lui, et pose un *ipse* en continuelle construction (à la différence de l'identité abstraite d'un *idem*). "Le sujet apparaît alors constitué à la fois comme lecteur et comme scripteur de sa propre vie, selon le vœu de Proust"[1] chez qui cette ipséité est voilée car dépendante d'une conception de l'imaginaire commandée par les réminiscences qui s'adressent à l'intelligence mais sont aussi le moyen d'une démonstration ayant pour enjeu d'aboutir à la réunion du moi et de l'essence du monde sous le signe de la temporalité. Déjà perçue par Dostoïevski dont *Le Double* s'ouvre, comme *La Recherche*, dans l'incertitude sur le réel lors du réveil, la personnalité dispersée qui convoque l'émiettement du monde retrouve son unité par le miracle de la réconciliation dont les premières métaphores sont justement les réveils successifs du héros.

Partant, la crise de l'identité peut entraîner des régressions de l'individu à des stades antérieurs de la construction de son identité personnelle, conduire à des interrogations sur l'individualisation, l'identification, qui "trouvent leurs éléments de réponse dans l'imaginaire tiré

---

[1] P. Ricœur, *Temps et récit III*, p.443

de l'histoire personnelle et du discours culturel"[1]. Son mécanisme procède de la déconstruction au cours de laquelle se constitue une identité nouvelle pouvant rester définitivement instable, ce que Robert Musil, quelque années après Proust, inscrit dans *L'Homme sans qualité*, un autre roman du génie utilisant extérieurement l'autobiographie et que dirige subtilement un discours théorique et des préoccupations résolument inscrites dans le siècle : le désir qu'un être a d'évoluer l'empêche de croire à l'accompli, lui fait pressentir qu'aucun objet, aucune personne, aucune forme, aucun principe n'est aussi stable qu'il le prétend, mais emporté dans une métamorphose invisible et ininterrompue. Et le présent de n'être qu'une hypothèse qui n'a pas été encore dépassée[2].

L'identité du *moderne*, qui peut présenter cet état permanent de crise, est nouvelle parce qu'en puissance d'achèvement, transitoire et fugitive écrit aussi Baudelaire. Du reste, un autre *moderne*, Freud, viennois et conscient du rôle de la composante narrative dans le processus de construction de l'identité, tente d'extraire d'un divers inintelligible l'histoire d'une vie, qui se constitue par une succession de rectifications appliquées à des récits préalables qui restent ainsi reconnaissables. Comme font l'épopée et son oralité originelle ou le geste mahlérien, duquel le noyau thématique reçoit un processus similaire au contenu du récit de la première – une métaphore recrutée par Adorno –, il faut à chaque réapparition devenir "un peu différent"[3].

La succession proustienne, quant à elle, s'entend comme un déterminant destiné à entrevoir sous différents

---

[1] J. Le Rider, *op.cit.*, p.55
[2] R. Musil, *L'Homme sans qualités*, I, chap.62
[3] Th.W. Adorno, *M*, p.132

et fugaces éclairages un même être pour en faire "ces abstractions faites personnages", sans cesse mobiles par rapport à nous. Et parce que nous percevons stroboscopiquement leurs métamorphoses, le temps du raconter en ralentit les images pour mieux éprouver la durée. Les différentes interpolations concernant un même sujet, ou objet, selon différents angles focalisés par l'attention du narrateur qui tente de rassembler les morceaux de sensation, répondent à la loi de la parcellisation attachée à toute perception, et sont autant de variantes dissertatives sur la fragmentation des états de conscience : le roman offre au lecteur le modèle scriptural d'une identité perpétuellement ébauchée, dont la construction par la narration apparaît à la conscience de son détenteur dès *Combray*. Mais cette conscience éclairant à rebours le lien entre conscient et inconscient présente le morcellement de la sensation d'enfance que l'âge adulte – âge de la somme de ces états, portée à l'intellect – doit sauver de la dissémination originelle d'une perception infantile absolument orientée vers le concret. "C'est du côté de Guermantes que j'ai appris à distinguer ces états qui se succèdent en moi pendant certaines périodes, et vont jusqu'à se partager chaque journée, l'un revenant chasser l'autre", contigus, mais "si dépourvus de moyens de communications entre eux, que je ne puis plus comprendre, plus même me représenter dans l'un, ce que j'ai désiré, ou redouté, ou accompli dans l'autre". La vie intellectuelle conservera la trace de ces épisodes dont l'enfance préparait, sans le savoir, le dévoilement des vérités qui "ne datent pour nous que du jour, de la minute où elles nous sont devenues visibles"[1].

---

[1] *RTP* I, 181

Autobiographie, Mémoires et autofiction, ces formes littéraires majeures pour rapporter l'élaboration historique d'une identité, ont pu donner quelques pendants musicaux. Mais, plus que le pseudo autoportrait de *La Recherche* ou la trajectoire des affects dans les œuvres mahlériennes à support littéraire *a posteriori* annexé, l'inscription, dans la durée de l'œuvre, de fragments intermittents métamorphosés sans être distraits de leur accomplissement, révèle un sujet dont la multiplicité impose une difficulté sinon une impossibilité à la reconnaissance entière de ce qu'il est en puissance, que la révélation proustienne nous livre pleinement accompli, et *L'Homme sans qualités*, dans la résistance à tout achèvement. "Le moi lui-même est sans qualité, toute qualité réside dans ses histoires"[1]. Mach, ou Freud placent aussi le thème de la crise de l'identité au cœur de leurs théories : le "moi insauvable" de Mach dans l'*Analyse des sensations* (1885), la dissonance introduite dans les notions de stabilité et de permanence chez Freud, qui élabore plusieurs hypothèses sur la conception du temps ; du processus de l'après-coup (*Nachträglichkeit*), du rêve comme remémoration indirecte, de la compulsion de répétition, à l'intemporalité de l'inconscient et sa propriété d'ignorer le temps, ces thèses qui forment une théorie de la temporalité comme hétérogénéité diachronique, justifiant le qualificatif de *temps éclaté* dont *La Recherche* tente l'approche.

Si Proust a été célébré comme écrivain de l'inconscient par un grand nombre de ses contemporains – dont Edmond Jaloux qui insista sur l'antériorité des romantiques allemands dans ce déchiffrage de l'involontaire –, Jacques Rivière l'a directement comparé à Freud pour sa

---

[1] W. Schapp, *In Geschichten verstrickt. Zum Sein von Mensch und Ding*, 1953, Francfort/Main, 1985, p.190, *in* J. Le Rider, *op.cit.*, p.55

recherche d'une compréhension des sentiments au travers de leurs signes, à la différence que le roman met à nu une introspection visant autre chose que la psychanalyse qui tente, elle, de traverser les fragments et la superficialité apparente du discours pour en reformuler limpidement une histoire. En revanche, la plongée proustienne dans les profondeurs du moi projette d'en infiltrer et disséquer la surface polie, sans que ce moi renonce à demeurer insaisissable au narrateur qui n'entrevoit que des multiplications de lui-même, de faibles parts remplacées par d'autres qui viennent contribuer à édifier ce moi, entier mais bien multiple et successif, dont le souvenir conscient et la réminiscence sont les grands constituants et les gardiens de sa protéenne unité, tout comme ils le sont de celle du roman et de la quête souterraine elliptiquement tracée par ce dernier. Et, grâce à ces effets conjoints de réverbération, rétroactive et anticipatrice, la marche du temps dans l'œuvre procède d'une "exfoliation" de l'autre du même[1].

"L'autre a raison du même" écrit Adorno sur le *Spätstil* mahlérien, un conflit entre intégration et non conciliation tendant à la dissociation par le fréquent rehaussement de micro-organismes qui ne sont pas simples enjolivements du discours. Et l'infime de devenir l'amorce de l'éclatement. La clarté qui "se borne à montrer ce qui se passe dans la composition, et rien de plus – s'apparente à la désintégration. Plus les éléments de la composition se distinguent avec netteté, et plus ils s'éloignent d'abord les uns des autres, plus ils renoncent fermement à toute identité primaire"[2] ; procès par lequel l'approche visuelle du détail par le héros proustien éloigne de l'identification de l'objet. Ce schisme entre le parti-

---

[1] L'expression est de L. Fraisse

[2] Th.W. Adorno, *M*, p.182

culier et le général, "fussent-ils ouverts l'un à l'autre"[1], Mahler le cristallise notamment par la collision des modes, de laquelle émerge le ton "brisé", "médium de la modernité"[2], le contraste qui, "brisant tout lien avec la tonalité précédente, ressemble à la mort en tant qu'elle détruit l'individu ; mais la volonté qui se manifeste dans celui-ci continue de vivre et se manifeste dans d'autres individus, dont la conscience cependant ne continue pas celle du premier"[3], écrit Schopenhauer dans *La magie des modes mineurs et majeurs* du *Monde comme volonté*, dont on suppose que le passage n'a pas échappé au compositeur.

Cette dialectique conflictuelle suppose que le seul phénomène de rupture favorise la dissociation, mais, poursuit Adorno, l'opposition entre désintégration et intégration se tapit dans la ressemblance entre eux des éléments centrifuges de la musique pour édifier un second tout qui a le pouvoir d'altérer le discours, d'en dissoudre la rassurante homogénéité. L'œuvre appréhende ainsi le thème d'une identité trompeuse parce qu'elle se veut résolument unique, préoccupation du *Double* de Dostoïevski qui configure l'éclatement de la personnalité, thème égalé à celui de la gémellité, laquelle n'est précisément pas la similitude, et trouve son équivalent littéraire dans les rencontres incestueuses avec *l'Homme sans qualités* ou *L'Élu* et *Sang réservé* de Thomas Mann.

Dostoïevski, Wagner, ou l'ambiguïté des maîtres

Parmi les troubles identitaires figure celui dont la source est particularisée par la vie politique, sociale, économique ; un *Autre* dont le siècle se préoccupe, si bien

---

[1] *Id.*, p.189
[2] *Id.*, p.45
[3] A. Schopenhauer, *op.cit.*, p.334

que les projets à son égard sont traversés par les questions d'assimilation dont elle ne sépare jamais celles de caractérisation, suspicion, accusation.

Mahler comme Proust subiront cette évolution menée bien avant eux puisqu'ils n'en constatent et n'en relatent pas moins la poussée, subissent toute l'ambiguïté d'une assimilation disposée à être anéantie parce qu'elle n'est que politique ; une tolérance, mais une reconnaissance toujours ferme d'un étranger critiquable et suspect. Hannah Arendt insistera sur le rôle joué par l'assimilation consécutive à l'adhésion des Juifs aux idéaux de la révolution bourgeoise, puis leur activité dans la gestion de la société ; assimilation ne concernant d'ailleurs que les classes aisées qui, de susciter quelque envie, en deviennent suspectes de n'être pas réellement *déjudéisées*. Privée de toute connotation religieuse, l'origine devient en conséquence un attribut essentiellement comportemental ; la *judéité*, un "vice", plus qu'une vertu[1].

Les deux héritiers de la *Haskala* admirent le Dostoïevski romancier mais n'en connaissent probablement pas le chroniqueur devenu férocement antisémite, et qui présente cette conception de la *judéité* comme crime. Dostoïevski qui, après dix ans d'exil sibérien, revient à Saint-Pétersbourg en 1859 pour rétablir sa réputation littéraire, s'offre une tribune, *Le Temps* (*L'Époque* en 1864), qui prône une Russie nouvelle construite d'un seul ciment unissant chacun, et "dont le principe est dans l'instruction". L'article de l'écrivain pour le premier numéro du *Temps* s'allie à cette cause du *potchviennitchestvo*, doctrine de l'"enracinement au sol natal" et appel au progrès qui se fait jour à la faveur de la libéralisation

[1] H. Arendt, *Les Origines du totalitarisme. Sur l'antisémitisme*, Paris, Points Seuil, 1984, p.185ss

progressivement menée durant ces années 1860, ère des grandes réformes d'Alexandre II dont la première est d'émanciper les serfs. Cette même année 1861, la communauté juive profite favorablement de ce mouvement irrégulièrement engagé pour lui octroyer plus de liberté, de circulation ou de travail. Ainsi les diplômés de l'université sont-ils admis aux emplois de l'État, ou à résider dans toutes les provinces de l'Empire pour l'exercice du commerce et de l'industrie[1], loi qui sera l'objet de vives polémiques entre *Le Temps* et l'organe slavophile aux tirades antisémites *Le Jour*. Mais le *potchviennitchestvo* que défend *Le Temps* est alors pour Dostoïevski une synthèse entre l'esprit slavophile et la pensée occidentale : une entreprise n'ayant de réussite qu'en ménageant l'un et l'autre sans être ni l'un, ni l'autre…

L'occident, Dostoïevski s'y rend en 1862 pour en garder un dédain envers la France qui a "renié le catholicisme romain qui n'est plus le christianisme", et une critique atténuée pour l'Allemagne car la première représente l'Église romaine et le socialisme, ce à quoi il ne peut souscrire. Pourtant, c'est un autre voyage qui détermine la formation de son antisémitisme radical durant les quinze dernières années de sa vie : son exil involontaire de 1867 à 1871 où l'isolement renforce sa ferveur orthodoxe, qui prépare "au monde entier un immense renouveau" et triomphera de la civilisation occidentale "moribonde"[2]. Aussi dès que prend corps cette idée messianique surgit l'impératif d'une disqualification de tout peuple usurpateur de la mission historique de la grande Russie. "Si un

---

[1] S.M. Dubnow, *History of the Jews in Russia and Poland*, Philadelphia, 1918, II, p.166, *in* D.I. Goldstein, *Dostoïevski et les juifs*, Paris, Gallimard, 1976, p.81

[2] À Apollon Maïkov, 18-02/01-03 1868, *Corr.*, Paris, Calmann-Lévy, 1960, t.III, n°277, p.186

grand peuple cesse de croire qu'il est le seul capable, grâce à sa vérité, de rénover et sauver les autres peuples, il cesse aussitôt d'être un grand peuple et devient une simple matière ethnographique. Un peuple vraiment grand ne se contentera jamais d'un rôle secondaire dans l'humanité, ni même d'un rôle de premier plan : ce qu'il lui faut, c'est la toute première place [...]. Le seul peuple "théophore" est le peuple russe"[1]. Mots de personnages dira-t-on... Mais le nouveau rédacteur en chef du *Citoyen*[2] se rapproche de la haute administration conservatrice avant d'être introduit au plus près de l'instance dirigeante suprême[3]. Le romancier colore désormais ses écrits de griefs pérennes, car politiquement et socialement tolérés : l'idée "Rothschild" et "le côté boursier du socialisme"[4] figurent désormais dans ses œuvres, abondamment insérées dans la première partie de *L'Adolescent* de 1875, dans les *Carnets des Frères Karamazov* de 1879-1880 ou le *Journal d'un écrivain.*

Autre pays, même époque, mêmes griefs. L'antisémitisme usuel n'épargne pas les créateurs les plus en vue. Dostoïevski, l'écrivain reconnu côtoyant l'intimité des grands ; Wagner, qui se veut conseiller politique de Louis II mais reste plus sûrement un modèle musical et dramatique suprême dont les biographes, à la suite de ses contemporains, s'émeuvent de l'antisémitisme exprimé dans *Le Judaïsme dans la musique*, d'autant que rien ne le laisse supposer avant la publication anonyme dudit ouvrage en 1850, réédité sous le nom de Wagner dix-neuf ans plus tard, à une époque où les mouvements antisémites

[1] *Les Possédés,* 1871, trad. fr. Paris, Gallimard, 1952, p.253

[2] En 1872

[3] Il devient en 1878 le précepteur des grands-ducs Serge et Paul, fils d'Alexandre II

[4] Carnet n°3 des *Possédés*

sont relayés de campagnes de presse qui rendent la communauté responsable des maux de la société, en particulier de la crise économique, sous prétexte qu'il lui a été permis de pénétrer l'État et l'espace social grâce au mouvement de *l'émancipation.* Est alors abandonnée une tolérance toute relative, qui reposait sur la croyance en la légitimité d'un pluralisme de religions et de cultures et sur l'espoir que la minorité inclinerait à perdre de ses particularités tant socioculturelles que religieuses ou économiques puisque son sort dépendait d'un État, chrétien, qui comptait sur une conversion à plus ou moins long terme. Aussi l'espoir fut-il entretenu par l'idée d'un État séculier et d'une société laïcisée ébranlant les fondements théologiques des deux communautés afin de créer un cadre favorable à une intégration inconditionnelle de chaque Juif. Les arguments ayant trait à la religion n'étant plus fondés, les réticences à l'intégration se portèrent immanquablement sur ceux, "scientifiquement choisis", qui nourrissent les accusations irrationnelles : aucun argument n'est négligé pour susciter la réprobation de l'ascension des Juifs dans la société.

Malgré la montée libérale des années 1830, les questions de l'égalité des droits, de *nationalisation,* suscitaient déjà un climat d'affrontements n'entravant en rien les succès des Mendelssohn, Heine ou Börne. Dans *Le Judaïsme et la musique*, Wagner affirme avoir été durant cette période l'un des champions de la cause juive, bien qu'il n'y ait de trace précise que ses opinions libérales et ses diverses relations avec des Juifs convertis ou non, des Fromental Halévy ou Ferdinand Hiller de qui Wagner avoue "qu'il est le seul juif de sa connaissance avec lequel il est toujours possible d'aborder librement de tels sujets", le judaïsme. Ces années font aussi de Mendelssohn un modèle vivant pour Wagner qui tente de l'approcher lorsque le premier est nommé au *Gewandhaus* de Leipzig, et de Meyerbeer dont il essaie vainement d'attirer l'attention par des sollicitations mêlant autohumiliation et adulation, ce qui suscitera un ressentiment personnel nourri de critiques purement musicales.

A priori paradoxalement, les deux publications du *Judaïsme et la musique* ont lieu durant une période plus paisible de l'intégration juive en Allemagne, ces vingt années séparant la révolution de 1848 de la reconnaissance de l'égalité civique pour toutes les confessions représentées dans la constitution des États d'Allemagne du Nord réunis sous l'égide de la Prusse, en 1869. Cependant les formules de l'antisémitisme ordinaire ressurgissent dans le terme *Verjüdung*, la "judaïsation" de l'art dans l'ouvrage de Wagner, qui ne fait que réactiver dans le domaine de l'art la polémique du "potentat économique" laissée dans l'oubli : le monde moderne livre le goût artistique "aux mains industrieuses du juif" et du *Kunstwarenwechsel*. Comme d'autres, Wagner invoque le déclin d'une chrétienté devenue impopulaire, l'échec de l'émancipation remplacée selon lui par la nécessité de lutter pour s'émanciper des juifs dont un Rothschild représente le pouvoir économique. Du reste, il considère le baptême comme absolument insuffisant à une réelle conversion puisqu'il faut conjurer la malédiction pesant sur le peuple d'Israël par la seule voie d'un anéantissement par lui-même, selon la légende d'Ahasvérus. Wagner continue pourtant ses contacts, se faisant par exemple soigner auprès du frère de Heinrich Porges (qui l'avait aidé à organiser des concerts à Prague), soutenir par le banquier Erlanger, et offre son appui au jeune Karl Tausig ; mais il arbore une attitude condescendante à l'égard du violoniste Joseph Joachim. Partisan d'idées de Feuerbach et de Schopenhauer, croyant en la force régénératrice du végétarisme comme aux théories raciales de

Gobineau, le couple Wagner fréquente le déjà renommé chef d'orchestre Hermann Levi dont les conversations en matière de religion laissent deviner l'ambiguïté du compositeur envers le judaïsme, au travers de propos parfois teintés d'une déférence souvent accolée à un ressentiment envers le catholicisme. Les paroles tenues au sein du cercle privé ne font toutefois pas oublier l'espace public où s'agite nombre d'antisémites tels Wilhelm Marr ou Otto Glagau[1]. À la faveur de la dépression économique consécutive au krach boursier de 1873, la stigmatisation autour du thème de la conquête financière suscitera l'adhésion d'insatisfaits que les prédicateurs antisémites tenteront (sans peine) de convaincre. Les questions s'orientent alors sur "ce qui est allemand", l'expulsion des Juifs, la révision des lois sur l'émancipation, qui donnent lieu à une pétition que ne signera pas Wagner dont la correspondance avec Angelo Neumann, l'un de ses promoteurs Juifs berlinois, montre sa réticence à être attaché à un tel mouvement. Et si la jeune génération d'artistes Juifs, tant en Allemagne qu'en Autriche d'ailleurs, revendique son wagnérisme, elle le doit un peu à ce refus du maître de Bayreuth de pratiquer désormais un antisémitisme public, alors même que le journal de Cosima rapporte que les Wagner de l'intimité éprouvaient une certaine satisfaction à la vue de l'essor de tels mouvements tout en appréciant d'être défendus par l'élite israélite dont certains de ses membres restèrent l'objet de leurs amitiés.

---

[1] Marr, qui serait le premier à employer le terme d'antisémitisme, aurait envoyé dès 1871 à Wagner deux ouvrages, dont *La Victoire des Juifs sur les Germains*, puis une brochure, sans doute *Vom Jüdischen Kriegsschauplatz*, vers 1879. Glagau adresse trois brochures à Wagner, *cf.* J. Katz, *Wagner et la question juive*, Paris, Hachette, 1985, p.15

À partir des années 1880, l'antisémitisme européen oblige la jeune génération à se repositionner vis-à-vis de son identité juive, entraînant pour certains l'élan sioniste et le nationalisme juif, chez d'autres le mouvement révolutionnaire de la social-démocratie, l'assimilation exagérée "en haine de soi" juive (*jüdischer Selbsthass*) ou le repli individualiste, une hésitation entre retour crypté aux racines et identification à l'agresseur.

"L'affaire", ou l'art et le politique

À cet égard le cas de Proust est paradigmatique d'une telle ambiguïté. Issu de l'union d'une mère juive et d'un père catholique, cette double détermination n'est pas assumée sans être considérée comme une fatalité "chez ceux qui se croient le plus libérés de leur race [...]. Même mentalement, nous défendons des lois naturelles beaucoup plus que nous ne croyons et notre esprit possède d'avance comme certain cryptogramme, comme telle graminée les particularités que nous croyons choisir. Mais nous ne saisissons que les idées secondes sans percevoir la cause première (race juive, famille chrétienne, etc.) qui les produisent nécessairement et que nous manifestons au moment voulu"[1]. Ces manifestations singulières, d'aucunes cryptées, apparaissent dans *La Recherche*[2], auxquelles Proust imprime une orientation personnelle, son intérêt pour le judaïsme étant soigneusement tissé dans les affinités qu'il entretient avec la culture chrétienne. Ainsi l'illumination vénitienne apparaît-elle dans le *Carnet* de 1908, augurant de l'idée-force du roman : seul mérite d'être exprimé ce qui est apparu par la lueur d'un éclair

---

[1] *RTP* II, 245s

[2] Voir A. Mingelgrün, *Thèmes et structures bibliques dans l'œuvre de Marcel Proust*, L'Âge d'homme, 1978

dans les profondeurs obscures, et "peu importe de quoi il s'agit. Un clocher s'il est insaisissable pendant des jours a plus de valeur qu'une théorie complète du monde. Voir dans le gros cahier l'arrivée devant le Campanile – et aussi *Zohar*"[1], dont il a connaissance grâce à la première et récente traduction par Jean Pauly, à partir du texte chaldaïque.

Faste chrétien de la cité des Doges confondue à l'abstraction de la lumière zoharique... L'écrivain insère nombre de références au judaïsme dans ce qui y reste incompatible ou, du moins, l'amène en d'autres lieux – les airs de *La Juive* de Fromental Halévy chantés par le grand-père à l'arrivée de Bloch (*Du côté de chez Swann*)–, ce qui rappelle qu'une citation, visible ou non, n'est jamais anodine, dévie par attraction vers le milieu dans lequel elle prend place tout en l'infléchissant, et, à entretenir l'ambiguïté, conduit à la confusion des valeurs par des significations contradictoires, provoquant une "inadéquation du sens à lui-même, son invalidation"[2] : Sodome et Sion confondues, qui, à la contradiction d'être juif et chrétien, ajoutent la singularité de l'homosexualité. Or Proust ne tente pas de brosser une réalité sociologique de l'israélite ou la psychologie de "l'inverti", il accumule les critiques dont sont couvertes ces marginalités ou les entrechoque en un même individu (l'antisémitisme de Charlus) lui-même subissant la médisance. Ce faisant, Proust "*retourne* la calomnie"[3] en un geste dissipant momentanément la persécution de l'un ou l'autre par une "identification à l'agresseur". Mais l'écrivain ne fait pas

---

[1] *Le Carnet de 1908*, texte établi et présenté par Ph. Kolb, *Cahiers Marcel Proust*, Gallimard, 1976, p.102

[2] J. Kristeva, *op.cit.*, p.273

[3] *Id.*, p.268. Lire aussi J. Bem, "Le juif et l'homosexuel dans *À la recherche du temps perdu*", *Littérature* n°37, février 1980

que placer dans la bouche du baron des propos dont la nature échappe à Mme Cottard qui voit en lui "un Israélite bavard"[1], il fait étroitement cohabiter le juif et l'homosexuel, par le jumelage sonore entre Charlus et Charles Swann d'abord, en les soumettant aux mêmes références bibliques ensuite, une "Sodome judéo-maçonnique" : l'inverti est une créature extraordinaire[2], maudite et persécutée "comme Israël et comme lui ayant fini, dans l'opprobre commun d'une abjection imméritée, par prendre des caractères communs, l'air d'une race"[3]. Sous la dérision de l'inopportunité de la double référence s'énonce un appel à la rédemption de ces identités, non leur revendication par un écrivain qui refuse sionisme et mouvements homosexuels comme il refuse le végétarisme, mais parce que doit primer l'expérience singulière.

Une telle exigence d'intimité trouve une cause dans les conséquences de l'un des deux événements historiques majeurs ayant touché la vie de Proust, "l'Affaire" et la Grande Guerre, qui marquent fortement les personnages du roman, leur dégradation en raison de la seconde, leurs positions et revirements avec la première. Attardons-nous sur la première.

Troisième république. La "société" se plaît à des raouts d'un faste versaillais, y conviant quelques-uns de ces Rothschild ou Arthur Meyer, riches, assimilés, car en ces périodes d'avant la tornade, il est encore de bon goût de cultiver son Arnheim français importé dans le Faubourg comme une touche d'orientalisme, au judaïsme réduit à l'état d'une singularité, d'une excentricité qui l'enferme dans cette élite à l'attitude aussi humble

---

[1] *RTP* III, 426
[2] *Id.*, 32
[3] *CSB*, p.250

qu'arrogante[1] qui aura tôt fait d'éveiller la révolte d'un journaliste, Édouard Drumont, promu chef de file d'un nouvel antisémitisme à la suite de son *La France juive.* L'auteur s'y insurge contre l'avilissement de "cette malheureuse aristocratie" dont "rit toute la juiverie", des Bloch et Rachel qui ne manquent pas de rapporter ceci sous presse, celle d'Arthur Meyer bien sûr. En 1892, Drumont fonde *la Libre Parole* puis fait "les affaires", dévoile les dessous de celle de Panama et lance celle de Dreyfus, qui "allait précipiter les Juifs au dernier rang de l'échelle sociale"[2].

Après avoir organisé avec des amis le *Manifeste des cent quatre* en faveur de Dreyfus, Proust devient rapidement désabusé par le snobisme se déclarant dreyfusard, le cynisme politique, l'anticléricalisme et l'antipatriotisme infiltrant parfois les courants dreyfusistes, les alliances intéressées et versatiles parce qu'elles obéissent à cette moutonnerie verdurienne du groupe qui suit le détenteur provisoire d'une parcelle de pouvoir.

Entre la demande de révision du procès et l'arrêt de la cour de cassation réhabilitant Dreyfus en 1906 – alors que le romancier a depuis longtemps perdu la naïveté d'un Bloch –, le Colonel Picquart, qui avait reçu dans sa cellule du Mont-Valérien un exemplaire des *Plaisirs et les Jours* de la part de son auteur, retrouve ses amis mélomanes et libéraux, Paul Clémenceau, frère cadet du "Tigre" et d'Albert, l'avocat de Dreyfus, Paul Painlevé, le Général de Lallemand, fin pianiste élève de César Franck, proche relation de d'Indy, Chausson, Debussy, Magnard, Fauré, Lalo, ami intime de Dukas. Picquart, germanophone et connaisseur particulièrement éclairé de

---

[1] H. Arendt, *op.cit.*, p.186s
[2] *RTP* II, 487

la littérature germanique, revoit enfin l'un de ses meilleurs amis, Gustav Mahler.

Le "quatuor Dreyfus" ou "mahlériens de Paris", ainsi que les surnomment les *Mémoires* de Berta Zuckerkandl (sœur de Sophie Clémenceau), a rencontré Mahler lors de ses précédentes tournées en France[1], assiste à ses concerts et le suit en tournée, le couple Clémenceau encourageant par ailleurs les relations musicales franco-autrichiennes. Hormis le jeune Alfredo Casella, autre champion parisien, Alfred Bruneau est le seul compositeur français important que Mahler semble avoir rencontré avant son retour à Paris en 1910.

Cette année-là lui permet de mesurer son accueil auprès de ses contemporains français à l'occasion de l'exécution de sa *2ème Symphonie* au Châtelet. Sont présents la comtesse Greffulhe, modèle vivant pris par Proust pour la duchesse de Guermantes, organisatrice de la première avec la Société des Grandes Auditions Musicales, le "quatuor Dreyfus", les compositeurs Alfred Bruneau, Théodore Dubois, Fauré, Dukas, Pierné et Debussy. D'après Alma, le concert aurait été marqué par la sortie des trois derniers durant second mouvement, l'œuvre étant trop *schubertienne* pour leur goût auraient-ils déclaré. Schubert ; "trop exotique", trop viennois, en un mot : "trop slave" écrit-elle. Cependant, alors que rien ne peut confirmer l'anecdote, le succès remporté auprès du public, cependant que la presse est très divisée, ne console pas Mahler de l'amertume qu'il éprouve à être si mal compris des plus grands compositeurs français. C'est que l'impression dominante créée par cette symphonie est celle d'une œuvre appartenant à la tradition, non d'un Wagner vers lequel regarde pourtant la France – si l'on en croit Saint-

---

[1] À l'occasion de l'Exposition Universelle de 1900

Loup, héroïquement parti au front, et neveu du germanophile Charlus, cet amour paradoxal pour Wagner ne se dément pas durant la guerre[1] –, mais d'un Berlioz qui, de son vivant déjà, suscitait moins d'intérêt en France qu'en Allemagne[2]. À Paris, "la musique de Mahler ranime donc sous un autre aspect l'ancien conflit entre les tenants de Berlioz et ceux de Wagner ; mais les rôles sont pour ainsi dire inversés : le latin Debussy est le wagnérien, et Mahler, le "berliozien", le "juif nietzschéen""[3].

L'expression est due au critique suisse William Ritter, qui décrit avec force emphase dans ses *Études d'art étranger* la *4ème Symphonie* de Mahler entendue à Munich en 1901 ; "le cirque dans la cathédrale", "la bascule du sublime au ridicule qui semble chercher à contenter tout le monde, le noble et le vilain". "C'était notre esprit chrétien que cet esprit juif et nietzschéen bravait de ses trivelinades sacrilèges [...], un créateur, oui, mais centuplant les ironies de Heine, cette caricaturale parodie des choses les plus saintes et les plus grandes de l'art le plus idolâtre"[4], avant d'attribuer des visions dantesques aux symphonies suivantes. "Je suis pris par Mahler, comme le fut par Heine l'impératrice Elisabeth [...]. Je rends les armes devant l'œuvre de ce sorcier juif et nietzschéen." Pourquoi tant d'insistance sur Nietzsche ?

---

[1] "Il semblait avoir plaisir à cette assimilation des aviateurs et des Walkyries et l'expliqua d'ailleurs par des raisons purement musicales : "Dame, c'est que la musique des sirènes était d'une *Chevauchée* ! Il faut décidément l'arrivée des Allemands pour qu'on puisse entendre du Wagner à Paris." *RTP* IV, 338

[2] L'étude de la *2ème Symphonie* de Mahler par A. Boutarel (*Le Ménestrel*, 23 avril 1910), y voit une *Symphonie fantastique* "agrandie, amplifiée et exagérée"

[3] *Cf.* E. Lockspeiser, *Debussy, sa vie et sa pensée*, tr. fr., Paris, Fayard, 1980, p.380

[4] *Id.*, p.377

Pour des raisons de contenu : ce que Mahler "a à dire vient de Nietzsche ; l'art de le dire, de Bruckner ; comment il le dit, de Vienne et de sa race."[1] Car il est pour beaucoup question de race, Nietzsche pose alors moins de problème pour se justifier d'une telle inclination dont Ritter s'explique dans ses *Souvenirs sur Gustav Mahler* en conviant le lecteur à cette "conversion" opérée à son insu : "Que tu le veuilles ou non, tu admires ! Et puis, à toi antisémite, il est donc fatal qu'une admiration juive t'échoie... "[2] Ainsi l'admirateur peut-il discourir en prenant à contre-pied les sempiternels clichés, un réquisitoire gentil – aux deux sens du terme – guidé par un terrain et une actualité qui supposent encore la fragilité des opinions et la tension à l'égard de l'"Affaire" : "De ses hérédités israélites, peut-être reçut-il en effet ce nervosisme de l'expression souvent épileptiforme, et cette ténacité opiniâtre des partis-pris, qu'ils soient de bouffonnerie ou de sublime [...] ; ce besoin par tous les moyens de faire rendre gorge à l'opposition, de contraindre la haine à vomir d'admiration"[3]. Adorno parlera plus tard de "ton perçant, parfois nasillard" qu'adopte sans l'atténuer, "cette manière juive qui excite le sadisme"[4]. Mais le chroniqueur helvète n'y cherche à voir pour l'heure qu'un ingrédient tributaire de la vie de cette capitale qu'il connaît d'assez près, ayant fait ses études dans la cité "étrange" et "gaudriolesque" d'avoir subi "l'exemple des aberrations sécessionnistes et l'influence détestable qu'y fomente un

---

[1] W. Ritter, *Études d'art étranger*, Paris, *Mercure de France*, 1906, p.249

[2] W. Ritter, *Souvenirs sur Gustav Mahler. Schweizerische Musikzeitung*, année 101, janvier-février 1961, p.31, *in* H.-L. de La Grange, *GM*II, p.136

[3] W. Ritter, *Études d'art étranger*, p.249

[4] Th.W. Adorno, *M*, p.218

carnaval de peuples", "ce milieu composite où l'Orient se mue en Occident et le Nord en Sud, le slavisme en germanisme, l'italianisme en magyarisme, et où le levain juif fait tout fermenter"[1].

Car Vienne, aux yeux d'une part de ses résidents, fait figure de capitale retardataire, effet de retard d'ailleurs conjoint à celui de rattrapage, contraste qu'exprime la personnalité même de l'empereur François-Joseph, contraste résidant d'une part dans son aversion envers les manifestations de la vie *moderne* – du téléphone à l'architecture, des ascenseurs à la peinture contemporaine, – d'autre part dans l'échec persistant d'une politique débutée dans le conservatisme et l'autoritarisme, la répression contre les révolutionnaires, les libéraux et les minorités non allemandes, qui débouchera sur l'hésitation de choix entre les tendances unitaires d'une partie de ses sujets et les visées fédéralistes des nationalités. Après le compromis de 1867 avec la Hongrie, la monarchie doit se reconnaître en deux états que certains entendent comme inaccordables, éliminant l'idée d'une existence de l'Autriche au profit d'un sentiment mitigé d'Austro-Hongrois d'une Cacanie *kaiserlich und königlich*[2].

Parvenus au pouvoir durant ces années 1860, les libéraux établissent un régime constitutionnel qu'ils doivent partager avec l'aristocratie et la bureaucratie impériale alors que leur base sociale n'est guère fournie que par les classes moyennes allemandes et la bourgeoisie juive germanophone, laquelle place sa confiance dans le libéralisme, oriente ses enfants vers l'éducation pour leur garantir l'intégration suite à la régression de ses droits depuis l'Édit de tolérance de 1782 jusqu'en 1848,

[1] W. Ritter, *op.cit.*, p.249
[2] R. Musil, *op.cit.*, "La Cacanie"

régression que rachètent maigrement quelques anoblissements, des Arnstein et Eskeles entre autres, et bien que François-Joseph ait abrogé en 1851 la constitution de 1849 reconnaissant la communauté israélite de plein droit.

Dans cette contradiction entre discours pluraliste et encouragement de sa minorité dirigeante, la tradition libérale autrichienne entend mettre en corrélation une politique de germanisation et de centralisme, exploitant l'alliance entre Juifs assimilés et Austro-Allemands au détriment des autres nationalités quand bien même les Juifs ne se voient pas reconnaître comme nationalité. Ce faisant grandit vis-à-vis du libéralisme un désaveu que favorise le krach de 1873, cependant que l'*establishment* juif viennois continue de soutenir cette politique, voit l'optimisme de la *Bildung* remis en question par la génération de Mahler, qui, tout en travaillant au sentiment d'une identité culturelle spécifique, envie la position prussienne qu'elle perçoit comme une puissance ascendante ; ou, pour railler avec Musil, "les Cacaniens d'élite" se revendiquant héritiers et continuateurs de leur civilisation, jugent tout naturel d'être liés avec les Allemands de l'Empire "tout en ne pouvant pas les sentir."[1]

Se fondent alors durant le dernier tiers du siècle des cercles dans lesquels évolue cette jeunesse pangermaniste – comme le *Leseverein der deutschen Studenten* qui accueille Lipiner et Mahler – ; mouvements sans pérennité car la décennie voit réciproquement grandir le ressentiment à l'égard de la communauté juive, sa possibilité de se déployer avec moins d'entraves suscitant chez d'autres groupes la volonté de participer au pouvoir. Aussi, vers 1880, ce ne sont plus les voix isolées de l'antijudaïsme aristocratique ou clérical qui s'élèvent,

[1] *Id.*, I, chap.107

mais des partis formés contre l'"hégémonie libérale" arnheimienne : parti chrétien-social du catholique antisémite Karl Lueger, pangermanistes antisémites, socialistes et nationalistes slaves, ascensions qui dénaturent irréversiblement les ambitions de la jeune génération qui vivait l'idéologie pangermaniste comme un sursaut nécessaire au renouveau de l'idéologie libérale de ses pères.

Le débat sur la reconnaissance d'une nationalité pour les Juifs étant toujours l'objet de controverses, certains étudiants juifs y répondent sous la forme militante d'associations nationalistes prônant une égalité radicale, contre la faction restée attachée à l'idée de "*natione germanus, gente judaicus*"[1], contre encore l'acte de conversion que meut un "instinct de conservation", comme le dit Mahler[2] dont la sienne, en 1897, fut aussi teintée de sincérité et de croyance idéaliste en la mixité, même si le compositeur manifesta des contradictions révélatrices de toutes les formes qu'avait revêtue la crise d'identité juive : entre rejet de ses spécificités, son folklore notamment[3], la persistance d'un germanisme sédimenté ou un cosmopolitisme latent plus tard voué à créer des apatrides.

1897. Lueger obtient l'investiture municipale. En trois ans, les libéraux sont écrasés par les mouvements chrétiens, antisémites, socialistes et nationalistes, et lais-

---

[1] Phrase extraite d'une lettre de 1894 écrite par Josef Breuer en réaction à l'appel de la Kadimah, association juive nationaliste fondée par des étudiants viennois, *in* A. Hirschmüller, *Physiologie und Psychoanalyse in Leben und Werk Josef Breuers*, Berne, 1978, p.282ss, *in* J. Le Rider, *op.cit.*, p.237

[2] L. Karpath, *Begegnung mit dem Genius*, Fiba, Vienne, 1934, p.102, *in* H.-L. de La Grange, *GMI*, p.630. Mahler se convertit au catholicisme

[3] Mahler se refuse à être identifié à un juif d'Europe orientale lorsqu'il lui est donné de croiser de nouveaux arrivants à Lemberg. A. Mahler, *Erinnerungen und Briefe*, B. Fischer, Vienne, 1949, p.289

sent des Freud, Hofmannsthal ou Schnitzler vivre leur situation viennoise "presque comme un exil"[1]. Cultivant l'art dans le vain espoir de s'assimiler à l'aristocratie, la haute et minoritaire bourgeoisie autrichienne – humaniste, littéraire et esthétique à la différence de la culture allemande, philosophique et scientifique –, loin de parvenir à être l'équivalent danubien des Verdurin, intériorise l'esthétisme et la sensualité de la culture d'agrément aristocratique vers une éthique laïque individualiste. L'art, d'ornement, devient un substitut à la religion, une source et une expression de valeurs dans une "culture de la sensiblerie, un hédonisme tourmenté et souvent une folle angoisse" à laquelle s'ajoute un trait constant de son idéologie, "la primauté de la loi éthico-scientifique" qui interfère avec la revendication de l'art et de la vie des sens pour induire "un paralysant sentiment de culpabilité. Les causes politiques de l'angoisse furent donc aggravées par la lucidité permanente des individus, au plus fort de leur narcissisme."[2]

Dans cette situation où la subjectivité est explorée devant le réalisme, l'individu se replie sur l'*Ego Narcissus*[3], principe de créativité dont il faut voir la dimension utopique de la quête d'un paradis à la dimension du moi. Ce qui était pour la génération des pères un culte de l'art-pour-l'art se radicalise avec les fils en glissement hors du monde, *das Gleitende*, refuge qui revêt chez les Juifs ne croyant plus à l'assimilation une signification particulière due à la perte de structures politiques, à l'impossibilité d'identifications socioculturelles.

---

[1] J. Le Rider, *op.cit.*, p.23

[2] C.E. Schorske, *Vienne fin de siècle*, tr. Y. Thoraval, Paris, Seuil, 1983, p.26s

[3] Formule de L. von Adrian en exergue de *Der Garten der Erkenntnis*, 1895

ARRÊTER LE TEMPS

Continuer la problématique précédente permet, comme d'autres l'auraient pu faire, de revenir au champ de la temporalité par des notions adjacentes, qui gravitent autour des conclusions relatives aux conceptions et constructions du temps derrière lesquelles transparaît la notion d'espace en art. Temps et espace : à décliner dans la diversité de leurs compréhensions, dans les contradictions que leur apposition commande.

De l'errance

Les créateurs *assimilés* ont souvent occasionné des commentaires dont l'enjeu était de déceler dans leur œuvre un substrat de culture juive, quelque soit la nature exacte de la source ou le niveau la rendant lisible. La situation sociale, politique et historique de l'assimilation ne rendant pas la tâche aisée, les conclusions offrent pour la plupart leur lot d'incertitudes, l'ironie voulant par ailleurs que les courant de l'ésotérisme liés au judaïsme permettent à ces conclusions d'être justement tout aussi incertaines, dès lors qu'elles prennent place là où les énigmes persistent dans ce que les œuvres montrent d'originalité. Nous ne prétendons nullement faire autrement, sinon de constater que leur addition et la persistance de notions qu'elles dévoilent incitent à ne les point considérer d'un regard trop sévère, encore moins à les ignorer. Le fait est que ce qu'elles enseignent montre un réseau de phénomènes qui n'entretiennent qu'une relation évidente, celle du judaïsme et de sa lecture. Toujours est-il que chacun de ces liens a partie liée avec l'œuvre, ce que les analyses précédemment évoquées montrent, sans parvenir à le démontrer.

Adorno parle d'une implicite *judéité* chez Mahler sous ce "ton perçant", "gesticulatoire", celui même qui caractérise la personnalité de Bloch et "excite le sadisme" qu'exhale le roman de Proust. *Judéité*. Rappelons que le terme provient de ce que l'assimilation des classes ayant bénéficié de l'ascenseur social est cependant suspecte de n'avoir pas contribué à les "déjudéiser". La perte de la singularité religieuse est rattrapée par celle de l'origine et de ses attributs annexes désormais réunis dans cette exotique et impalpable nébuleuse de la *judéité*. Adorno renchérit sur l'insaisissable donnée en prêtant à l'orientalisme du *Chant de la terre* la vertu de couvrir "l'élément juif de Mahler". Loin de s'associer directement le cachet populaire, l'"élément" s'exprime "à travers toutes les médiations comme une qualité spirituelle, non tangible et néanmoins sensible au niveau de la totalité"[1]. "Partout et nulle part", toujours *ailleurs* et cependant perceptible. Le thème additionnel de l'errance fondamentale est ici introduit, que renforcent historiquement les réactions consécutives à la poussée de l'antisémitisme : dispersion face à l'impuissance de la Monarchie des Habsbourg et de son idéologie supranationale *cosmopolite* qui a pour conséquence chez certains de poser parallèlement le destin du peuple autrichien et le Juif errant dans leur apolitisme[2] ; individualisation des tentatives de défense, comme chez Proust

---

[1] Th.W. Adorno, *M*, p.217

[2] Dans *Der Prophet der Moderne. Tagebücher 1888-1904*, de Bahr, 28 novembre 1903 (J. Le Rider, *op.cit.*, p.250) : "Peut-être les nouveaux Autrichiens ont-ils pour vocation d'inventer l'homme apolitique, non seulement coupé de toute nation, mais de tout État, une sorte de nouveau Juif" (on pense irrésistiblement à Arnheim dans le roman de Musil)

avec le double isolement de Sodome et de Sion persécutées, le renoncement à tout combat comme celui pour Dreyfus dont la récupération n'a laissé de décevoir l'écrivain. Que dire donc de *La Recherche*, errante, d'un héros qui écrit si peu malgré son vœu, promène son regard de dîner en salon, de Balbec à Venise, de Bergotte à Elstir, écoute la musique de Vinteuil pour voir confirmées ses propres lacunes, papillonne en amours, vit l'"Affaire" puis la Grande Guerre, se retire dans la maladie, puis, de retour après tant d'inconsistance, revient un matin dans une bibliothèque où lui est seulement demandé d'attendre ? Que dire ensuite de ses excursions le long du roman, ses déplacements qui avancent que le seul véritable est celui du point du vue où le changement de perspective s'attache autant au mouvement du spectateur qu'il est, qu'à celui de ce qui l'environne, pour enfin conclure qu'aucun regard, si panoramique et unitaire soit-il, n'est possible ?

Rien d'étonnant donc, à pouvoir observer, de cette façon toute métaphorique et à de multiples niveaux, la présence dans l'œuvre de Mahler de la même thématique, sinon du Juif errant, du moins de l'errance, d'une part dès les *Lieder eines fahrenden Gesellen* jusqu'à l'*Abschied* du *Chant de la terre*, d'autre part insérée dans son langage sous des catégories assimilables à des signatures que sont marches et mouvements perpétuels, rendant difficile l'assise des commentaires, *a fortiori* vis-à-vis de la *judéité*.

Ces traits de langage *a priori* paradigmatiques de l'irréversibilité du temps, du devenir sans fin, d'un *horizon*, tendent autant à valoriser le statisme et l'échec qu'à suggérer un mouvement irrésistible dirigé vers un but. Leur modèle ne prescrit ni ascension ni chute, mais leur prime définition est d'autant plus simple que leurs insertions musicales sont multiples. De fait, chaque cas ménage un rapport dialectique entre forme et temporalité.

En outre, Mahler, Wagner, Berlioz ou Liszt, acceptent ce devenir sans fin tout en y intégrant une "esthétique de l'apothéose, sorte d'idéalisation de l'irréversibilité du temps, dont seul le mouvement ascensionnel de naissance et d'instauration est retenu, dans une véritable fuite en avant de la mort"[1] censée mettre fin à l'errance, à l'éparpillement, au salut incessamment repoussé, à l'éternelle quête du paradis voire au constat de sa perte, alors que les marches triomphales, ces hymnes dionysiaques qui achèvent les symphonies de Beethoven, en clôturant "le temps historique dans la cohérence de la forme et dans l'affirmation de la victoire des forces de vie sur la mort"[2], témoignent de l'accessibilité du but. La *2ème Symphonie* de Mahler est exemplaire de ce détournement du modèle beethovénien, par la double insertion d'une Apocalypse d'où ne ressortent aucun jugement, aucun salut, aucune damnation, mais l'appel à la résurrection et à la félicité[3] ; et, au centre de l'œuvre, d'un *perpetuum mobile* repris du Lied *Des Antonius von Padua Fischpredigt*, métaphore de l'a-communication, ici sous les traits d'un bal auquel Mahler attribue une existence fantomatique puisqu'il ne doit être qu'une *vision* d'ombres aperçues durant une danse monotone et mécanique, une "agitation vaine, sans détermination de soi", "tumulte insensé de la vie" que représente "l'indéfinie répétition du même", "l'enfer de l'espace absolu" écrit Adorno. L'apocalypse "joyeuse" succède ainsi à l'image uniforme du *Weltlauf* que des fanfares, "moments de protestation" viennent lacérer sans éradiquer, simples ruptures de l'inertie n'aidant qu'à précipiter

---

[1] M. Imberty, *Les écritures du temps*, Paris, Dunod, 1981, p.158

[2] *Id.*, p.208

[3] Programme projeté dès l'hiver 1895-96, imaginé pour l'exécution de 1900 à Munich

la musique dans l'irréversibilité. Réaliser musicalement le *différencié* c'est aussi témoigner de son échec dans la réalité[1] ajoute Adorno qui lit dans ce rapport dialectique une métaphore messianique : l'espoir qu'abritent le *différencié*, la percée, le Messie dont l'imminence de sa survenue possède ce caractère de prophétie, se nourrit d'utopie, "laquelle joint à la description de la cité parfaite une narration anticipée de la marche qui y donne accès"[2] précise Paul Ricœur. Cette cité parfaite qui transparaît dans l'appel à l'existence bienheureuse de la *2ème Symphonie*, s'inscrit dans le finale de la *4ème* dont ressort, à la faveur d'une implicite mais ironique démonstration, la vanité de toute représentation d'un paradis rendu de la façon la plus incongrûment terrestre, par un morceau de réel, qui a pour corollaires de valoriser les ressources du discours musical au détriment du poème, et de marquer une distance connexe, celle, indéterminée, constitutive de l'utopie.

Ainsi ajustée, la *perception* de *judéité* mahlérienne peut encore être dérivée au vu des thèmes chers aux romantiques allemands : la trajectoire ascensionnelle de l'homme qui renaît à chaque étape, le chemin vers la purification passant par l'accomplissement, l'idée de rédemption, de délivrance à travers la compassion[3]. On peut aussi y voir une tradition narrative des mythes judéo-chrétiens du paradis aussi inaccessible que perdu, de la chute dans le temps, de la promesse de salut et de la résolution ultime qui chez Proust, suivant Gérard Ge-

---

[1] Th.W. Adorno, *M*, p.17s
[2] P. Ricœur, *Temps et récit III*, p.465
[3] C. Floros, "Weltanschauung und symphonic bei Mahler", *Beiträge '79-81*, p.31-34

nette[1], s'envisagent dans l'expérience extatique d'un souvenir où s'appréhende l'essence d'une vie.

Le temps promet tout donc, mais périme tout, le salut comme l'errance spatiale sur une terre inatteignable parce qu'utopique, comme tout objet sacré. "Le rêve, écrit encore Olivier Revault d'Allonnes, de se construire dans l'espace a certes toujours hanté l'âme juive"[2]. Certes, et quel espace, doté de quel lien entre ses lieux, quelle distance, quel voyage, lorsque le lecteur se confronte à ce dont Proust nourrit son roman dans lequel il est dit, jusqu'à la révélation et à dessein, que les voyages ne peuvent recréer le temps perdu[3]? Se construire dans l'espace hante l'âme juive qui s'y serait essayé à maintes reprises sans apaisement aucun, assurément, mais il hante également les différentes communautés de l'Empire-Royauté confrontées, elles aussi, à de possibles échecs, de possibles conflits. Errante, faut-il insister, la *judéité* est toujours un *ailleurs* que Talia Pecker Berio rattache à cette ironie qui met à distance et filtre tout par la mémoire[4], s'imprime dans le *Spätstil* par "l'éternelle interrogation de la pensée juive", ses autoréférences au moyen de commentaires perpétuels qui expliqueraient renvois et réminiscences. Mais cette autoréférence affiliée à la permanence du compositeur à lui-même – on pense à Vinteuil – n'est-elle pas l'effort de toute identité narrative ?

"Tout est mis à distance". Autant l'artiste surplombe-t-il le monde qu'il observe, autant doit-il faire de même vis-à-vis de son œuvre. Cette distance, valorisée par l'ironie romantique, Talia Pecker Berio l'évoque à

---

[1] G. Genette, "Proust palimpseste", p.65s

[2] O. Revault d'Allonnes, *Musiques : variations sur la pensée juive*, Paris, Bourgois, 1979, p.23

[3] *RTP* IV, 455

[4] T. Pecker Berio, *op.cit.*, p.58

propos de Mahler avec la notion de *Tsimtsoum*, rétraction de la lumière divine au moment de la création : dans l'espace d'où s'est éloigné le créateur, l'individu devient autonome tout en maintenant une relation dialectique avec l'être transcendant pour se consoler de l'exil. "La voix cachée" du *Spätstil* serait-elle celle de la *judéité*[1] ? Il n'est besoin que de regarder le disciple pour constater la persistance de cette spécificité héritée de la cabale, qui est précisément la dialectique du visible et du caché. Cependant ces traits ne doivent pas masquer d'autres enjeux assurément moins dissimulés, mais que l'opacité de la référence au judaïsme ou à la situation de l'identité juive conforte, illustre, nourrit ou véhicule.

Le génie. Révélation et vision

Le disciple se trouve être Schönberg, lequel perd un maître et un soutien face à une difficile situation, lorsque Mahler quitte Vienne en 1907 : couple en crise, œuvres mal accueillies éloignant toute assimilation (en ceci le rôle de l'identité juive en difficulté est probante). Durant cette période où la tonalité est parvenue à ses limites dans la mesure où celles-ci sont le point de rupture vis-à-vis des spéculations ancrées sur le chromatisme, la composition est confrontée à cet épuisement de ressources contre lequel il est nécessaire de découvrir, non le simple correctif de l'abandon de l'espace tonal qui suppose, seul, l'impossibilité de résoudre cet épuisement, mais un nouveau système.

Pour Schönberg écrit Christian Hauer, ces années de latence marquent simultanément l'abandon de l'espace

[1] *Id.*, p.59

tonal et une avancée spirituelle[1] afin d'à nouveau instaurer une identité narrative viable permettant d'affronter ces obstacles et dépressions. Le processus de l'*Entrückung*, élévation, lui permet alors de se soustraire au monde terrestre pour accéder au monde du Génie, d'essence mystique. Cette ascèse de l'artiste, alors que la voie que doit prendre son œuvre lui est dissimulée, telle est celle du héros proustien qui "dès demain", après *La Recherche*, se retirera pour débuter le roman *caché*. Le monde du génie qu'implique l'isolement nécessaire à l'acte créateur, car "la plupart des hommes [...] ne savent pas que leur salut se tient dans la solitude, où il [l'inconscient] commence aussitôt, une fois installé et sans qu'on le remarque, à fonctionner et à créer"[2], le retrait du monde que Mahler avait déjà inscrit comme titre du Lied *Ich bin der Welt abhanden gekommen* en 1901, cet exil intérieur donc, Schopenhauer le définit comme l'aptitude du sujet à se maintenir dans l'intuition pure, à s'y perdre, "et cela non pour un instant, mais pour aussi longtemps et avec autant de réflexion qu'il est nécessaire pour réaliser notre conception à l'aide d'un art déterminé"[3]. Dans cet univers,

---

[1] Dans "De la tonalité à la "série miraculeuse" : espaces musicaux, ou : de l'identité narrative de Schönberg", *L'Espace : musique / philosophie*, p.258. Ch. Hauer montre la simultanéité dans les œuvres de Schönberg à support textuel entre progression spirituelle et système musical utilisé : thème de l'amour correspondant à l'espace tonal jusque vers 1908, atonalité et mystique entre 1907-08 et le milieu des années 20, dodécaphonisme mais aussi retours à la tonalité jusqu'aux dernières œuvres et tournant définitif vers le divin. Lire du même auteur "*La Main heureuse*, – musique, couleurs, texte : la difficile quête de l'*Entrückung*", *in* J. Caullier (éd.), *"C'est ainsi que l'on crée...". À propos de* La Main heureuse *d'Arnold Schoenberg*, Villeneuve d'Ascq, P.U. du Septentrion, 2003, p.33-63

[2] N. Bauer-Lechner, *Souvenirs*, p.212

[3] A. Schopenhauer, *op.cit.*, p.240

le génie, libre de toute contingence, n'obéit qu'à sa nécessité intérieure car il est l'état de totalité d'un moi qui affirme l'individualisme esthétique. Et comme il n'y a pas de paradoxe à constater que le culte du moi est inséparable de la découverte de sa fragilité[1], la génialité devient un autre antidote à cette dernière.

Schönberg suit également le précepte car le génie "n'a pas à se poser de questions : ce qu'il fait, il doit le faire, malgré les critiques et ses propres scrupules"[2]. "Celui à qui le génie fait défaut n'a qu'à s'abstenir. Celui qui en a ne doit avoir peur de rien"[3] écrit le père spirituel, un "génie créateur plus fort que les traits personnels"[4] dit Hermann Bahr de lui, non pas un génie, écrit Schönberg, mais un saint, "esclave d'une force supérieure, sous la domination de laquelle il œuvre sans relâche" ; Mahler, qui, composant sa *8ème Symphonie* "comme si quelqu'un me l'avait dictée", explique ainsi la fulgurance d'une élaboration "à demi-inconsciente"[5].

Or, l'œuvre du génie, telle que décrite depuis le romantisme, est bien la manifestation d'une puissance qui n'est pas due au seul mérite. En elle se réunissent l'esprit et le monde matériel ordinairement distants voire inconciliables, dont la philosophie de l'Identité de Schelling affirme l'alliance en combattant l'erreur conduisant à comprendre l'esprit comme sujet et la nature comme objet. L'œuvre d'art représente alors l'acte fondateur sous une forme concrète, en elle se refait le même geste inaugural d'un Dieu naturant, geste solidaire de l'inspiration, synthèse du conscient et de l'inconscient, de la

---

[1] J. Le Rider, *op.cit.*, p.60
[2] Ch. Hauer, *op.cit.*, p.258
[3] Lettre à Bruno Walter, 1906
[4] H.-L. de La Grange, *GMI*, p.647s
[5] *In* A. Schönberg, *op.cit.*, p.348

réalisation et du don de l'idée initiale. Ce moment durant lequel l'auto-intuition est élevée à une puissance supérieure est chez Schopenhauer l'intellect affranchi de la volonté dont Mahler connaît ce phénomène d'émergence du "second moi", selon ses mots. Comme le redécouvre le narrateur du *Temps retrouvé*, le génie, l'instinct, "dicte le devoir" alors que "l'intelligence fournit des prétextes pour l'éluder"[1]. Cet attribut qui néglige la connaissance des relations reposant sur le principe de raison, *Le Monde comme volonté* l'enseigne à l'écrivain qui en dégagera la matrice de sa composition en tissant ensemble inconscient et mémoire involontaire dont les parcelles unifiées et portées à la conscience inaugurent le génie et son œuvre. L'inspiration devient alors le rare moment où intuition et action sont une, en sus d'être la représentation concentrée du monde en une seule et même conscience. Tel est l'événement qui donne son titre à l'antithèse du temps perdu de la passivité, car ces préceptes sur l'éveil du génie, Proust les commue en interrogations sur l'aliénation de soi qu'accompagne l'engloutissement inéluctable de la vie dans le passé que sauvent ces fragments miraculeux à inscrire dans le style. "Certes, ces moments-là sont rares écrit Proust. Mais ils dominent toute la vie"[2].

Dès lors, de même que la résurrection de quelques souvenirs peut dominer toute une vie, qu'en appréhender l'essence peut laisser "pressentir le moment et la loi d'une inspiration créatrice, il faudra parvenir à ce qu'un fragment de texte organise par rapport à lui toute une masse romanesque"[3]. Là réside l'enjeu de la "madeleine"

---

[1] *RTP* IV, 458
[2] *Carnet de 1908*, établi et présenté par Ph. Kolb, Paris, Gallimard, 1976, *Cahiers Marcel Proust*, nouvelle série, n°8, p.124s
[3] L. Fraisse, *op.cit.*, p.143

au sens où son énigme est "commencement de visitation téléologique, qui permet de libérer la récitation associative"[1] jusqu'au *Temps retrouvé*. Longtemps enclose, la mémoire se redéploie sous l'effet d'une analogie pour faire surgir la multitude du réel et Combray, après l'action oblitérante de l'oubli conjointe à la contractilité du souvenir, réapparaissant sous l'impulsion de cette restauration, s'amplifie selon les termes de sa première apparition pour remplir son ancien cadre.

La réminiscence porte tout l'édifice d'une victoire sur l'oubli, victoire moins réelle que d'apparence d'ailleurs, qui n'est que dans la résurrection de quelques instants, mais cette recollection entraîne à sa suite une intégralité, au contraire des fragments de la mémoire volontaire qui n'est qu'une mémoire "uniforme", sans rapport aux impressions réelles[2] : "que le hasard, sans intervention de notre volonté, ni de notre raison, d'une sensation identique éprouvée réveille en nous une sensation d'autrefois et dégage chimiquement une époque de notre passé, alors celle-ci, traversant en nous des milieux différents sans s'y mêler, sans s'y altérer [...], viendra apporter à la surface de notre conscience sa saveur spécifique et oubliée"[3]. L'intermittence et le cloisonnement liés au souvenir peuvent le condamner à définitivement sombrer dans l'immémorial, mais c'est grâce à leur préservation parcellaire qu'ils sont aussi les gardiens de l'ordre psychique, enseigne Freud.

Proust retient en effet de son époque que la mémoire constitue majoritairement le sujet, que la reconnaissance fait prendre conscience d'un moi dès lors apte à

---

[1] A. Henry, *op.cit.*, p.73
[2] *RTP* IV, 448
[3] Cahier 58, v°16-v°17

devenir l'être dont la manière d'être se reproduit : Moi et durée sont des idées équivalentes, comme le dit Bergson et avant lui Victor Egger, professeur de Proust à la Sorbonne. La conception de l'anamnèse augmentera de fait la part de l'inconscient : "on sait que notre second moi est actif pendant le sommeil, qu'il grandit, évolue et apporte ce que le vrai moi cherchait et désirait en vain. Le créateur en particulier possède d'innombrables preuves de cela"[1] corrobore Mahler. Le génie magnifie ainsi la liaison entre cet inconscient travaillant libéré du temps linéaire et la faculté de la mémoire à rappeler l'objet de son activité : toute conscience a pour base l'inconscience, sait-on depuis Jacob Boehme. Or, l'état du génie omniréminiscent est selon les termes de Bahr la durée de l'extase, un sentiment intégral, "l'intuition de Dieu. Chacun peut pour un instant devenir totalité. Le rester toujours, c'est le génie"[2], porté, en vertu de l'inspiration, dans la suspension même du temps, dans un fragment d'éternité qui institue l'unité entre passé et présent, l'*extratemporel*.

Accéder à la génialité et à l'extase mystique émane d'une même force, apte à réconcilier l'identité souffrante ou aider l'acte créateur à concrètement s'accomplir. "La conception et la création d'une œuvre sont mystiques d'un bout à l'autre ; on est poussé inconsciemment, comme sous l'emprise d'une volonté extérieure, à créer quelque chose dont on reconnaît à peine l'origine par la suite"[3] affirme Mahler. Et la quête d'une résolution à la crise identitaire traversée par Schönberg après 1907 procèdera aussi de la mystique précédent le tournant vers l'Éternel

---

[1] N. Bauer-Lechner, *op.cit.*, p.212

[2] H. Bahr, "Die Décadence", 1891, *Studien zur Kritik der Moderne*, Francfort/Main, 1894, p.69, *in* J. Le Rider, *op.cit.*, p.74

[3] N. Bauer-Lechner, *op.cit.*, p.33

qu'entérine *Die Jakobsleiter* dont le livret, écrit de 1915 à 1917, incarne le processus de l'*Entrückung* : les âmes ayant gravit l'échelle de Jacob menant à la perfection spirituelle reviennent sur terre pour ne faire qu'un avec le Créateur ; il s'agit de résoudre l'émiettement délétère de la personnalité, le constat de l'échec du cosmopolitisme en soustrayant toute force d'attraction, ce que la sortie du langage tonal, la nouvelle définition de l'espace atonal "non centré, ouvert (car sans contrainte préalable aucune), démocratisé (aucun son n'étant *a priori* plus important qu'un autre)"[1] illustre.

L'acte du génie surmontant l'interrogation sur le langage, grâce à la beauté du style et la limpidité des visions analogiques dans *Le Temps retrouvé*, frappe par la relation qui s'établit entre la réminiscence, l'inspiration et la grâce chrétienne, notamment valorisée par l'appel des pavés de la cité des Doges, ce lieu de l'illumination par la magnificence de l'art, l'équivalent (ou le revers) chrétien du *Zohar*. Cette relation entre mystique et inspiration, le psychanalyste Theodor Reik l'explique dans le cas de la *2ème Symphonie* de Mahler par un processus en trois moments : l'enterrement de Bülow, la surprise éprouvée par Mahler à l'écoute du chœur entonnant *Auferstehn !* lors de la cérémonie funèbre, et la maturation de l'œuvre. Si Mahler parle de *surprise* et de *préparation*, c'est qu'il y eut "l'accomplissement d'une attente inconsciente" "sous une forme absolument imprévue et pourtant libératrice" : "n'a-t-il pas eu, dans la Michaeliskirche, avant la *révélation* une réminiscence inconsciente de la scène chez Bülow et de sa condamnation de la *Todtenfeier ?*"[2].

---

[1] Ch. Hauer, *op.cit.*, p.259

[2] H.-L. de La Grange, *GMI*, p.453. Leur rencontre a lieu fin septembre 1891

Ce surgissement qui marque la discontinuité du phénomène mémoriel est dans *La Recherche* souvent introduit par un *tout à coup* démontrant que ces actes involontaires, conçus par l'oubli de réserve, secouent la durée, en brisent la chaîne pour n'en isoler qu'un maillon. *Surprise* et *préparation*, l'épisode décrit par Mahler attire l'attention sur le fait que ces moments privilégiés de l'inspiration reposent sur le contraste entre rareté et intégralité, entre fragment de temps et représentation globale, *vision absolue* qui permet d'augurer : "Moi c'était autre chose que j'avais à écrire"[1], car sont désormais donnés "des yeux qui sachent pénétrer le futur, des yeux qui voient plus loin que la matière"[2], car le génie prépare par son œuvre le public à venir, "un public meilleur dont d'autre génies que lui bénéficieront"[3] écrit Proust, à quoi fait écho Schönberg : "le génie et le présent n'ont rien à voir l'un avec l'autre. Le génie, c'est notre futur"[4], même si le génie schönbergien se veut résolument plus révolutionnaire que celui décrit par Proust, un génie "survolant", doté d'un pouvoir de réfléchir autre chose que la qualité intrinsèque de ce qui est reflété, possédant probablement inconsciemment une machine aux moyens non pas plus puissants, mais plus aptes à l'ascension[5].

Mais l'éveil de l'inconscient dans l'acte génial dissimule un enjeu fondamental que Proust et Schönberg inscriront dans leurs esthétiques.

L'écrivain ayant rencontré la difficulté devant toute œuvre qui, fondée sur des résurrections involontaire

---

[1] *RTP* IV, 620

[2] A. Schönberg, *op.cit.*, p.369

[3] *RTP* I, 522

[4] A. Schönberg, *op.cit.*, p.369

[5] *RTP* I, 544s

de "parcelles de vie dignes d'être vécues", impose d'en varier l'intensité et l'épaisseur du style, *Le Temps retrouvé* ordonne les illuminations passées en méditations, en interpolations variées qui constituaient l'ensemble du roman, avant que la mémoire ainsi sollicitée n'éclaire les différents rapports avec les êtres rencontrés au bal des têtes, ne restitue les lieux – car il est notoire que chaque personnage est attaché à un lieu et réciproquement – ; mais loin de les faire se succéder, la Somme du souvenir enjoint à l'œuvre future d'"user par opposition à la psychologie plane dont on use d'ordinaire, d'une sorte de psychologie dans l'espace"[1]. L'écrivain formule ainsi le projet d'une métamorphose du temps linéaire en *hors temps* littéraire selon les termes de Julia Kristeva, temps suspendu d'après Georges Poulet. "Le souvenir-sensation abolit le temps et ouvre une éternité qui est celle, spatiale, de l'œuvre comparée à une cathédrale"[2], ce monument paradigmatique d'une époque où l'art de la figuration est souvent synoptique, où la représentation déplie le successif dans sa totalité. Ainsi faisaient les mystères où l'"on embrassait d'un coup d'œil toute une suite d'événement"[3], comme le savait Proust, lecteur d'Émile Mâle.

Un art synoptique qui garantisse les modalités de l'expérience temporelle, tel est aussi l'enjeu des spéculations du Schönberg des esquisses de 1914 pour *Die Jakobsleiter*, dont le texte reprend une idée présente dans la nouvelle de Balzac *Séraphîta*, et comportent un thème dans lequel figurent les douze sons déterminant le dodécaphonisme sériel ; car l'espace atonal, chacun peut en user et abuser, aussi le compositeur de génie doit-il au con-

---

[1] *RTP* IV, 608

[2] J. Kristeva, *op.cit.*, p.332

[3] É. Mâle, *L'art religieux au XIIIe siècle*, E. Leroux, 1898, p.325

traire guider, construire le futur sur une méthode puissante et une organisation rigoureuse – transformant en règles constructives un certain nombre d'interdictions – qui reste égalitaire.

> "[…] la légitimité de cette forme de pensée se prouve aussi par la loi de l'unité de l'espace musical […] : *l'unité de l'espace musical exige une perception absolue et unitaire*. Dans cet espace, comme dans le ciel de Swedenborg décrit par Balzac dans *Séraphîta*, il n'y a ni haut ni bas, ni droite ni gauche, ni avant ni arrière absolus. Chaque configuration musicale, chaque mouvement de sons doit être avant tout compris comme une relation mutuelle entre sons, de nature oscillatoire, apparaissant en différents endroits et à différents moments. Pour la faculté imaginative et créatrice, ces relations dans la sphère matérielle sont aussi indépendantes des directions et des plans que peuvent l'être, pour nos facultés perceptives, les objets matériels dans leur propre sphère […]. Celles-ci demeurent une donnée intrinsèque."[1]

La perception qu'exige cet espace est donc celle d'une isolation déchargée de la loi du successif, qui entend que chaque configuration soit comprise comme relation mutuelle entre les objets apparaissant en différents lieux et moments. Les rapports ainsi différemment éclairés, l'œuvre les dessine en un *espace*, un *hors-temps* plutôt qu'un temps *plan* linéaire. Il faudrait alors souligner que cette isolation évoque chez Proust la *perception pure* qui "serait comme un fragment détaché tel quel de la réalité"[2], ou, autrement dit, la fragmentation du réel dans

---

[1] A. Schönberg, *op.cit.*, p.170
[2] H. Bergson, *Matière et mémoire*, p.262

la conscience obéit à ce que Bergson définit comme la loi de sélection des images.

> "Or, voici l'image que j'appelle un objet matériel ; j'en ai la représentation. D'où vient qu'elle ne paraît pas être en soi ce qu'elle est pour moi ? C'est que, solidaire de la totalité des autres images, elle se constitue dans celles qui la suivent comme elle prolongeait celles qui la précèdent. Pour transformer son existence pure et simple en représentation, il suffirait de supprimer tout d'un coup ce qui la suit, ce qui la précède, et aussi ce qui la remplit, de n'en plus conserver que la croûte extérieure, la pellicule superficielle. Ce qui la distingue, elle image présente, elle réalité objective, d'une image représentée, c'est la nécessité où elle est d'agir par chacun de ses points sur tous les points des autres images [...]. Je la convertirais en représentation si je pouvais l'isoler, si surtout je pouvais en isoler l'enveloppe. [...] Ce qu'il faut pour obtenir cette conversion, ce n'est pas éclaircir l'objet, mais au contraire en obscurcir certains côtés, le diminuer de la plus grande partie de lui-même, de manière que le résidu, au lieu de demeurer emboîté dans l'entourage comme une chose, s'en détache comme un *tableau*"[1].

Cette loi est appliquée dans *La Recherche* dans la mesure où la survivance en mémoire de certaines apparitions se fait à l'exclusion du reste de la scène initiale. Proust thématise ainsi la relation de ressemblance entre l'image-souvenir et l'impression première, qui pose la question de savoir "si la problématique de la similitude ne constitue pas un obstacle dirimant à la reconnaissance des traits spécifiques qui distinguent la mémoire de l'ima-

---

[1] *Id.*, p.32s

gination. Le rapport au passé ne peut-il être qu'une variété de *mimèsis* ?"[1]. L'ensemble du roman gravite de fait autour d'une thématique chère au *Théétète*, la possibilité ontologique de l'erreur rencontrée avec l'*εικον* dont la problématique met l'accent sur le phénomène de présence d'une chose absente[2]. Cette erreur, due à l'effacement de l'empreinte ou à la méprise, fait qu'image et mémoire sont susceptibles de tromperie, notion que *Sophiste* distingue en divisant les arts en *art de copier* et *simulacre*[3]. Deux thèmes afférents se dégagent, qui sont liés entre eux. L'un pose qu'image du souvenir et nature observée ne sont pas de l'ordre de l'art : la mer à Balbec est belle, mais sa beauté n'est pas art. Les souvenirs de cette mer sont une survivance du réel certes magnifié, mais ce n'est toujours pas de l'art. L'autre ressort directement du regard rétrospectif porté par le narrateur sur celui du héros, sa difficulté à circonscrire le réel car ne sachant départager *copie* et *simulacre.*

En montrant que passé et maintenant s'excluent par le fait de diviser le regard porté sur le visible entre celui du narrateur et celui du héros, Proust construit la trajectoire censée résoudre la division du moi, les lacunes de réflexivité, notamment parce que la réminiscence proustienne vaut la platonicienne (apprendre ce que l'on n'a jamais cessé de savoir) mais en vue d'en faire œuvre d'art. "Il ne me semblait pas que j'aurais encore la force de maintenir longtemps attaché à moi ce passé qui descendait déjà si loin. Du moins, si elle m'était laissée assez longtemps pour accomplir mon œuvre"[4].

---

[1] P. Ricœur, *La Mémoire, l'histoire, l'oubli*, p.15
[2] Platon, *Théétète*, 191d
[3] Platon, *Sophiste*, 236b
[4] *RTP* IV, 625

Mémoire et imagination partagent un même destin qui, dans l'œuvre de Proust, consiste en l'isolement presque total du souvenir ainsi fragmenté, sa réduction à quelques traits essentiels, faisant que ledit éclat de temps peut se transposer de la mémoire à l'imagination. "L'isolation est d'abord une éclipse, puis conservation du fragment ainsi délimité" suscitant l'analogie parce qu'il est cette infime charnière faisant pivoter deux mondes[1], ce morceau sur lequel s'exercera l'action du génie dont les yeux voient au-delà de la matière, "laquelle n'est qu'une image"[2]. Ce fragment isolé déposé en mémoire par un regard d'artiste, ce cliché qui, avec tant d'autres, resterait inutile si le créateur ne le développait pas pour lui faire déployer tout un monde, pose l'essentielle différence entre le futur écrivain révélé dans *Le Temps retrouvé* et Swann, qui garde confiné dans son regard amoureux un fragment de la fresque, la *Zéphora* apparue dans le visage d'Odette. Le matériau pour le futur travail de l'artiste, cet instantané miraculé mais à fin pratique, Schopenhauer le définit comme l'attribut du génie qui ne cherche dans les choses que leurs Idées, et cette vision dégage l'essence des choses qui existe hors de toutes relations : "l'objet unique qu'il contemple, le présent qu'il conçoit avec une surprenante intensité, lui apparaissent en si pleine lumière, que les autres anneaux de la chaîne dont ils font partie rentrent par là même dans l'ombre"[3]. Ce faisant, le génie de Schönberg sera la révélation de pouvoir "opérer inconsciemment de semblable manière avec une série de sons" ; omniprésente sans être *visible* au commun, arcane dévoilé au génie seul, car il possède la vision absolue.

---

[1] L. Fraisse, *op.cit.*, p.241 et 134
[2] A. Schönberg, *op.cit.*, p.369
[3] A. Schopenhauer, *op.cit.*, p.250

Le visible et l'invisible audible

Sédiment potentiel ou appropriation de culture juive, la dialectique du vu et du caché à laquelle s'ajoute celle du principe de la série est une idée profondément redevable d'une lecture de la cabbale, autre fruit du retour de Schönberg à la mystique et au judaïsme. Quant à la série dodécaphonique, préalable, parfois cryptée, inscrite dans un espace multidirectionnel, elle est plus immédiatement visible et lisible qu'audible, cette dernière prééminence du voir sur l'entendre étant encore marquée par la présence obsessionnelle du regard[1] dans les tableaux de Schönberg peints entre 1908 et 1910, *Autoportrait*, *Regard* ou *Vision*.

Proche parenté dans cette hiérarchie des sens médiateurs de la connaissance que celle faite avec Proust qui compare l'écoute des vers de Racine au plaisir de regarder des œuvres plastiques :

> "J'aurais le même ravissement que le jour où une gondole m'emmènerait au pied du Titien des Frari ou des Carpaccio de San Giorgio dei Schavoni, si jamais j'entendais réciter par la Berma les vers :
>
> *On dit qu'un prompt départ vous éloigne de nous, Seigneur, etc.*[2]
>
> Je les connaissais par la simple reproduction en noir et blanc qu'en donnent les éditions imprimées ; mais mon cœur battait quand je pensais, comme à la réalisation d'un voyage, que je les verrais enfin baigner effectivement dans l'atmosphère et l'ensoleillement de la voix dorée. Un Carpaccio à Venise, la Berma dans

[1] Consulter de J.-M. Chouvel, "Regard sur le Regard : naissance et au-delà de la modernité", *in* J. Caullier (éd.), *op.cit.*, p.155-168

[2] Racine, *Phèdre*, II, 5

Phèdre, chefs-d'œuvre d'art pictural ou dramatique que le prestige qui s'attachait à eux rendait en moi si vivants, c'est-à-dire si indivisibles, que si j'avais été voir des Carpaccio dans une salle du Louvre ou la Berma dans quelque pièce dont je n'aurais jamais entendu parler, je n'aurais plus éprouvé le même étonnement délicieux d'avoir enfin les yeux ouverts devant l'objet inconcevable et unique de tant de milliers de mes rêves."[1]

"Yeux ouverts devant l'objet" visuel de la peinture, mais avant tout devant l'objet sonore dont le narrateur ne connaissait que la reproduction graphique, "ensoleillement de la voix dorée" : la sonorité s'aborde en termes visuels. Cette soustraction du timbre et de la durée est aussi au cœur des nouvelles considérations de Schönberg sur la *sonorité* que les "esprits superficiels, peu soucieux d'approfondir les idées, s'attachent à écouter" avec force longueur, "condition essentielle de la sonorité dans la plupart des compositions"[2]. Le *voir* est bien ce qui semble dominer l'imaginaire jusqu'à définir les termes de la représentation de ce qui se donne à entendre. Ainsi, alors que Sarah Bernhardt possède "la voix d'Or"[3], celle de la Berma se signale par sa coloration et non par le truchement métaphorique d'un matériau, si noble soit-il. La vision du sonore apparaît d'ailleurs en d'autres endroits du roman, non pas pour le théâtre, mais pour la musique lorsque Swann, écoutant la Sonate de Vinteuil, tente de s'en représenter "l'étendue, les groupements symétriques, la graphie, la valeur expressive" parce qu'il a "devant lui cette chose qui n'est plus de la musique pure,

---

[1] *RTP* I, 432s
[2] A. Schönberg, *op.cit.*, p.185
[3] *RTP* I, 198

qui est du dessin, de l'architecture, de la pensée, et qui permet de se rappeler la musique"[1]. Or, la vision du sonore est expressément présente dans l'Ancien Testament, "et le peuple voit des voix"[2]. La *vision de* la voix, "c'est l'écriture dans sa matérialité. [...] La voix qui se voit c'est la *lettre*"[3], commentent Rabbi Akiba et Rav Yéhouda. La lettre, idéogramme d'après sa forme initiale, qui nécessite une initiation, est nombre d'après sa position, elle est un symbole d'après les liens qu'elle entretient avec son idéogramme et les autres lettres, un concept précis contenant les principes essentiels de la Création, la quintessence de l'univers. La lettre est la voix qui se voit. Schönberg et Proust approchent ici un point essentiel : ne pas dissocier la visualité de l'espace configurant de l'écoute. Pour le romancier, le narrateur ne sépare pas la graphie de l'écoute du spectacle, et ceci forme selon son imagination une entité confuse où l'imaginaire le dispute aux sens. L'enthousiasme qui les dévie et les amalgame a pour corrélat de construire une *représentation* du théâtre par la médiation d'une imagination fragmentée en découverte de signes externes du fait théâtral, en premier lieu le texte lu dans l'intimité, faisant du spectacle une inconnue de la perception dont il espère une fusion des sens. Le visuel sollicité est moins celui de la représentation que celui du verbe, qui, chez Mahler, est le révélateur nécessaire d'un contenu plus profond, plus inatteignable qu'est celui indiciblement exfiltré par la musique[4].

---

[1] *Id.*, 206

[2] Exode, 20

[3] M.-A. Ouaknin, *Le Livre brûlé*, Paris, Lieu Commun, 1987, Points Seuil, p.281

[4] Été 1893, N. Bauer-Lechner, *op.cit.*, p.35

Connaître, reconnaître, savoir, par une simple reproduction imprimée ; le héros s'assimile à un spectateur contemplant la graphie sur papier ; et le spectateur, au lecteur de l'écriture scénique, déchiffrant un langage corporel, ces deux actes provenant de l'espace du regard. Ainsi "le narrateur rattache le spectacle de théâtre aux deux autres disciplines artistiques dont il a déjà une idée : la poésie et les arts plastiques"[1]. Le désir de fusion des sens n'est en première instance que le souhait de fusion des arts, mais ce désir fera ressortir une contradiction immanente que partagent littérature et musique lorsque le narrateur se trouvera confronté à l'écoulement temporel durant le spectacle : l'antinomie, selon Adorno, entre le dynamisme "liquide" induit par la continuité d'unités syntaxiques, la succession dans le temps d'éléments qui dépendent les uns des autres, et le statisme "solide" du système graphique, dynamisme fictif de l'œuvre construite[2] cristallisée par l'écrit, apparence de réalité en devenir, *spatialisation* qui convertit la succession en simultanéité[3]. "Une musique d'un statisme rigoureux succombe ainsi à une nouvelle illusion, consistant à croire que ce qui, dans la réalisation sonore, se présente successivement est en fait étranger au temps", trahit l'obligation du devenir, "et cesse de justifier que ce qu'on entend se présente dans tel ordre plutôt que dans n'importe quel autre". "Or rien, en musique, n'a le droit de succéder à autre chose sans être déterminé soi-même par la forme de ce qui précédait, ou, inversement, sans faire apparaître ce

---

[1] P. Kadivar, *op.cit.*, p.235

[2] Th.W. Adorno, *Théorie esthétique*, tr. M. Jimenez, Paris, Klincksieck, 1995, p.308

[3] Th.W. Adorno, *Quasi una fantasia* (*QUF*), tr. J.-L. Leleu et O. Hansen-Love, Paris, Gallimard, 1982, p.315

qui précédait, rétrospectivement, comme sa propre condition."[1]

Adorno défend là une temporalité qui n'admet pas que son aspect synchronique soit isolé de son aspect diachronique, que le temps physique soit exclu de la vision topologique du discours écrit, refusant en somme le ciel de Swedenborg dans *Séraphîta.* Cette problématique ne touche plus les représentations synthétiques d'un Swann soucieux d'apprécier l'étendue de la musique, de saisir les réapparitions dans cette succession qu'il ne nie pas. Elle n'est pas plus le fait du narrateur attendant le ravissement délicieux que son imagination a tant désirée en construisant une représentation intime du spectacle, uniquement due à l'enthousiasme procuré par le statisme du livre : cette problématique se dévoile, dans *La Recherche*, lorsque cette attente s'effondre dès l'instant où le narrateur se retrouve face au temps jusque-là ignoré de lui. La fixité de l'image ou celle du texte jointes à la liberté dans la lecture bannissent toute appréciation de la pure succession : le héros écoute comme il lit.

> "J'aurais voulu – pour pouvoir l'approfondir, pour tâcher de découvrir ce qu'elle avait de beau – arrêter, immobiliser longtemps devant moi chaque intonation de l'artiste, chaque expression de sa physionomie ; du moins, je tâchais, à force d'agilité mentale, en ayant avant un vers mon attention tout installée et mise au point, de ne pas distraire en préparatifs une parcelle de la durée de chaque mot, de chaque geste, et, grâce à l'intensité de mon attention, d'arriver à descendre en eux aussi profondément que j'aurais fait si j'avais eu de longues heures à moi. Mais que cette

[1] *Id.*, p.316s

durée était brève ! À peine un son était-il reçu dans mon oreille qu'il était remplacé par un autre."[1]

En cet instant le héros soulève la problématique de "l'immixtion de la terminologie spatiale" dans la musique, imputable à l'hégémonie de la vue sur l'ouïe que dénonce Vladimir Jankélévitch dont on lit l'ancrage de ses considérations esthétiques dans la pure durée de Bergson, arguant que la musique est faite pour être entendue, "non point pour être lue" ; que le mouvement musical est irréversible, contrairement aux trajets dans l'espace : par contage graphique, "les parties, dans la musique polyphonique, semblent "se superposer". Les *artifices* du papier réglé finissent par déloger les réalités acoustiques"[2] mais n'auraient aucun effet véritable sur ces dernières, rappelle Makis Solomos[3].

Durée brève et pure durée. Proust et Bergson

Que cette durée était brève ! Une succession d'instants perdus pour celui qui ne parvient pas à immobiliser ces parcelles que son attention tente d'isoler. Des *durées*, et non le *temps* dont l'essence est de passer, car "aucune de ses parties n'est encore là quand une autre se présente"[4]. Des durées, et non *la durée* réelle telle que le "cousin" de l'écrivain[5] la définit, durée qui est "le *temps*,

---

[1] *RTP* I, 440s

[2] V. Jankélévitch, *La Musique et l'ineffable*, Paris, Seuil, 1983, p.115s

[3] M. Solomos, "L'espace-son", *L'espace : musique/philosophie*, p.216

[4] H. Bergson, *La pensée et le mouvant*, p.14

[5] La mère de Proust et celle de l'épouse de Bergson étaient cousines. Les rapports des deux hommes sont restés superficiels. De *Matière et mémoire*, les notes de Proust montrent qu'il en a lu moins d'un chapitre, afin de vérifier que les distinctions opérées par Bergson étaient différentes des siennes. Publiquement ou dans sa correspondance, Proust s'est démarqué de Bergson durant la rédaction de

mais le temps perçu comme indivisible" et dont il déplore que la succession se présente "à notre conscience comme la distinction d'un "avant" et d'un "après" juxtaposés"[1]. Non ; pas d'alignement dans une durée composée de mille "vase clos" enfermant chaque acte, même le plus simple geste[2], pas d'immobilisation possible dans ce qui se meut.

Bergson condamne chez les métaphysiciens cette conception née des arguments de Zénon d'Élée, consistant à croire que par les sens et la conscience, "nous apercevions réellement le changement"[3], alors que cette idée n'est qu'une cristallisation du mouvement : "comme la trajectoire est espace et que l'espace est indéfiniment divisible, nous nous figurons que le mouvement lui-même est divisible indéfiniment"[4]. Ainsi, ce qui est pris par Kant pour le temps lui-même est un temps qui ne coule ni ne dure. Toutefois, lorsque Bergson définit la durée, il ne dit pas autre chose que Kant pour qui l'analogie avec la ligne ne vaut que si on la considère dans le tracé l'engendrant et non pas dans sa figuration achevée, car le temps n'appartient ni à une figure, ni à une position, mais détermine le rapport des représentations dans notre état intérieur. Et, précisément parce que cette intuition intérieure ne fournit aucune figure, nous pallions ce défaut par l'analogie[5].

La Recherche, ne cédant au philosophe que sur quelques détails. J. N. Megay, *Bergson et Proust. Essai de mise au point de la question de l'influence de Bergson sur Proust*, Vrin, 1976, tente de montrer que l'apport de Bergson à Proust est inexistant

[1] H. Bergson, *op.cit.*, p.161s

[2] *RTP* IV, 448

[3] H. Bergson, *La pensée et le mouvant*, p.152

[4] *Id.*, p.155

[5] E. Kant, *Critique de la raison pure*, "Esthétique transcendantale", §6, III

Que cette durée était brève ! Dans la ligne segmentée du successif, le héros n'assume pas la perte de ces *durées* dans un *temps* sécable, alors que les différents temps doivent être pensés comme passant pour que l'intervention de la mémoire puisse, en les contractant, donner naissance à la durée. Ce que le héros effleure, c'est que si l'on n'avait vraiment "rien distingué à la première audition, la deuxième, la troisième seraient autant de premières [...]. Probablement ce qui fait défaut, la première fois, ce n'est pas la compréhension, mais la mémoire"[1] qui parvient à saisir une fissure entre l'impression actuelle et le mouvement concomitant pour faire *passer* ses images, écrit Bergson, mais ces impressions multiples, la mémoire du héros n'en peut fournir immédiatement le souvenir. Or, qu'est le moment présent ? Nous le nommons "instant où il s'écoule" écrit le philosophe dans *Matière et mémoire*, et sans doute y a-t-il une limite indivisible qui séparerait le passé de l'avenir. Mais le présent concret de la perception occupe nécessairement une durée[2] qui prend sur le passé et l'avenir, pour autant qu'elle soit vécue comme présent *qui se fait* durant le temps de l'attention dont on ne sait évaluer la durée, mais dans laquelle les états de conscience se fondent les uns dans les autres, car c'est la continuité indivisible de changement de la personnalité "qui constitue la durée vraie"[3].

Il s'agit aussi de distinguer deux tendances du moi: ce moi profond régi par la qualité, moi qui ressent, où les états affectifs sont fondus dans la continuité, et le moi superficiel, masque du premier projeté dans l'espace

---

[1] *RTP* I, 520
[2] H. Bergson, *Matière et mémoire*, p.152
[3] H. Bergson, *La pensée et le mouvant*, p.161

homogène que l'intelligence appréhende en découpant le réel à fins pratiques. Cette impuissance à rendre compte du moi profond vient, dans le temps perdu proustien, de ce que récit et méthode n'autorisent d'application qu'au moi superficiel[1] dont l'un des aspects est rendu par les tentatives de lecture de signes, notamment ceux qu'émettent les personnages évoluant dans ce milieu mondain régi par des conventions aussi complexes qu'arbitraires marquant un effort pour dissimuler ce qui relève déjà du moi superficiel masquant toute identité véritable. Ainsi en est-il du snobisme ou de l'expression d'un désir de faire croire quelque chose qui n'a pas de réalité mais que les codes sociaux exigent. Il ressort donc une distinction entre un moi du narrateur, en échec dans sa découverte des profondeurs, et un moi mondain externe à son objet d'étude.

C'est au travers de cette scission entre le philosophe et l'écrivain que peuvent s'accorder l'étude psychologique du premier reprochant en outre à son parent de "tourner le dos à la durée vraie"[2] et l'approche du second, car c'est la liaison qu'établit la mémoire entre les perceptions qui garantit la permanence du sujet, lequel, par l'opération de *reconnaissance*, prend conscience de ce moi profond et invariant que diffère le temps perdu. La *durée* vraie, notamment celle de la musique, échappe ainsi, insondable, au jeune héros proustien, parce que la mémoire de celui-ci est aussi brève et divisible que celle

[1]*Cf.* J. Moreau, "Un certain égoïsme esthétique. Proust, Bergson et "moi"" *via* parages.ens.fr/n5/519.html

[2] H. Massis, *Le drame de Marcel Proust*, réédité sous le titre *D'André Gide à Marcel Proust*, 1937, 1948, *in* J. Moreau, *op.cit.*

"d'un homme tombé à moitié en enfance, qui ne se rappelle pas la minute d'après ce qu'on vient de lui dire"[1].

L'*Essai sur les données immédiates de la conscience* déplore que l'homme, pensant un temps où les faits de conscience cèdent à l'analogie spatiale, dessine une dissociation de la personne alors que ces états s'interpénètrent même lorsqu'ils sont successifs. "J'ai appris à distinguer ces états qui se succèdent en moi, pendant certaines périodes, et vont jusqu'à se partager chaque journée, l'un revenant chasser l'autre [...], contigus, mais si extérieurs l'un à l'autre, si dépourvus de moyens de communication entre eux, que je ne puis plus comprendre, plus même me représenter dans l'un, ce que j'ai désiré, ou redouté, ou accompli dans l'autre"[2]. Ce constat sur la fragmentation des états de conscience a été le premier objet des analyses sur Proust durant les années 30, puisqu'on étudia surtout la psychologie qui émanait du roman, déplaçant ainsi l'image de l'écrivain sur celle du narrateur dont on a lu dans le temps perdu une personnalité sociale tentant de dégager des lois psychologiques, "la figure d'un perpétuel échec"[3] étudiant plus la souffrance que causent en lui ses désillusions que l'entrée dans les profondeurs du moi, malgré son "observation intérieure"[4]. Or, en se gardant de toute distinction radicale ou d'une trop forte proximité, sur ce point l'on peut dire que Proust suit Bergson, car l'une des souffrances initiales

---

[1] *RTP* I, 520. Schopenhauer avait déjà établi le lien entre perception du temps, mémoire, génialité et démence, laquelle brise l'enchaînement continu de la mémoire, restreint la connaissance au présent

[2] *RTP* I, 181

[3] L. Fraisse, *op.cit.*, p.120

[4] Bergson, s'il reproche à Proust de "tourner le dos à la durée vraie", admire la manière dont il "fait prendre conscience du pouvoir de l'observation intérieure", H. Massis, *op. cit.*

du narrateur vient de cet éparpillement du moi qui achoppe au présent et dont seule la mémoire *affective* peut compléter certaines parties du tableau[1]. Mais ce miracle est intermittent, rare moment, celui-là aussi, et dont l'efficace ne vaut que pour l'instant où il opère, de sorte que la restauration, partielle, réalisée par la mémoire, intermittente, n'a pour effet que de substituer une discontinuité temporelle à la discontinuité spatiale née de la scission provoquée par le fait qu'on ne peut se trouver en tels ou tels lieux qu'en des moments différents.

Les instants retrouvés qui maintiennent leurs durées particulières à travers le temps sans se confondre avec lui sont parallèles à ces lieux eux-mêmes dispersés qui se retrouvent intacts en raison de leur persistance à *être*, isolés, et, de même que les durées particulières des instants rappelés ne se confondent pas avec le temps, ces lieux retrouvés ne se confondent pas avec l'étendue de l'espace contenant auquel ils appartiennent. Décider revient donc à se priver, leçon donnée au héros par les côtés de Guermantes et Méséglise qui lui apprennent que, de quelque manière qu'il décide, son choix sera une exclusion étendue à tout lieu sauf à celui choisi, mais en lequel, par ce choix, il s'est emprisonné.

L'illusion des distances abolies

À l'inverse, la première analogie entre le déplacement et le souvenir est qu'ils rompent l'inertie en transportant un être hors du *τοπoσ* assigné, et mettent en rapport des régions auparavant sans relation. Cependant le

---

[1] Le passé ne survit dans le présent qu'à l'état de fragments, et s'il n'est pas permis au narrateur d'avoir cette intuition de la pure durée, c'est parce qu'il n'obtient que les fruits de la mémoire associative et affective dont les pouvoirs ne s'étendent pas dans la durée au-delà du moment vécu. *Cf.* G. Poulet, *op.cit.*, p.87

voyage, réel ou imaginaire, possède ce supplément qui échappe au souvenir, celui de faire voisiner des choses sans similitude (Baalbek et Balbec). En liant entre eux des lieux qui n'existent qu'isolément, l'idéal est d'abolir toute distance, et, ce faisant, de contrevenir à l'expérience ordinaire du mouvement dans l'espace : le plaisir spécifique du voyage, c'est de rendre la différence entre le départ et l'arrivée "aussi profonde qu'on peut, de la ressentir dans sa totalité, intacte, telle qu'elle était en nous quand notre imagination nous portait du lieu où nous vivions jusqu'au cœur d'un lieu désiré, en un bond qui nous semblait moins miraculeux parce qu'il franchissait une distance que parce qu'il unissait deux individualités distinctes de la terre"[1].

Le voyage, à tout le moins la joie qu'il procure, doit être une jonction dans un temps synchronique de sites jusqu'ici séparés. L'expérience fondatrice de cet idéal est la promenade vers les côtés de Guermantes et Méséglise, entre lesquels est instaurée plus qu'une distance kilométrique : une démarcation absolue obtenue par l'habitude de ces excursions distinctes rend ces lieux "inconnaissables l'un à l'autre, dans les vases clos et sans communication entre eux, d'après-midi différents"[2]. Cet idéal de concentration s'effectuera alors par la médiation de la vision, matrice principale de cette fusion recherchée durant l'épisode des clochers qui exprime cette conjonction, non pas seulement de la part du voyageur vis-à-vis du paysage, mais de la part des différents lieux entre eux. Les deux clochers de Martinville subissent un mouvement procuré par le déplacement des promeneurs en voiture, cependant qu'un troisième, séparé des premiers par le relief, en semble pourtant tout voisin. La mobilité se

[1] *RTP* II, 5
[2] *RTP* I, 133

transmet ainsi aux lieux grâce aux remous prodigués dans la perspective par les variations constantes du point de vue. L'éloignement progressif des lieux distincts où sont situés ces flèches permet à l'œil de les observer se resserrant et, de distants, se fondre en une seule forme avant de "s'effacer dans la nuit" tout en inscrivant là par ces mots l'un des rares textes du héros, car il sont "quelque chose d'analogue à une jolie phrase, puisque c'est sous la forme des mots qu'ils me faisaient plaisir"[1]. Aussi l'évitement des lois du mouvement, l'immobilisation factice et l'unification symbolique exhortent-ils à l'écriture, car il a été donné un instant seulement d'apprécier l'extra-temporel grâce à une parabole : le langage parvient ici à effacer provisoirement la distance à la chose, la chose étant elle-même une union de réalités distinctes. Ce qui est recherché au travers du langage a trouvé son exemplaire réalité par la médiation d'une vision dépendante d'un mouvement : l'art, la vraie vie, fugitivement approchés, avant longtemps…

Le temps de la narration est ici pris par la description d'un mouvement pour aboutir à la fixation d'un instant en un point de l'espace. Avec cet épisode le voyage a momentanément aboutit à sortir des travers du langage mais cette vision de l'analogue, analogique dans son transport vers le texte, sera elle-même perdue, submergée par d'autres voyages où les mouvements et points de vue n'auront pas cette vertu unificatrice, tel le lever de soleil vu du tortillard conduisant à Martinville : même lieu, même sinuosité du trajet, et cependant une sorte d'échec.

---

[1] *Id.*, 179s

> "[...] le train tourna, la scène matinale fut remplacée dans le cadre de la fenêtre par un village nocturne [...]. Je me désolais d'avoir perdu ma bande du ciel rose quand je l'aperçus de nouveau, mais rouge cette fois dans la fenêtre d'en face qu'elle abandonna à un deuxième coude de la voie ferrée ; si bien que je passais mon temps à courir d'une fenêtre à l'autre pour rapprocher, pour rentoiler les fragments intermittents et opposites de mon beau matin écarlate et versatile et en avoir une vue totale et un tableau continu."[1]

Alors qu'il n'est finalement aucun besoin de se mouvoir soi-même pour que ce phénomène ait lieu puisque la lumière du soleil se déplace et induit un "voyage immobile et varié"[2], le héros tente, dans l'écoulement irréversible du temps, de posséder une vision panoramique et unitaire d'un espace qu'il ne peut voir que partiellement, parce que contraint à un morcellement en moments séparés. Rendre une continuité au temps ne serait possible que sous la condition de fractionner définitivement l'*espace* englobant pour n'en apprécier qu'un morceau. Ce voyage montre une fois de plus que chez le héros du temps perdu, il n'y a d'espace absolu qu'inatteignable, et de temps qu'irréversible et discontinu.

Ensuite, aucun voyage dans l'espace et dans le temps, aucun trajet de la vision, aucune transformation de la vue ne permet d'abolir définitivement nos propres distances aux apparences des réalités nous environnant. Enfin, ceci rejette le héros dans une errance fondamentale avant que la décision d'écrire ne transpose ces éclats en œuvre d'art, dans la temporalité du temps retrouvé. Il faudra, dans ce livre futur, faire fructifier ces distances

---

[1] *RTP* II, 15s
[2] *Id.*, 34

incompressibles grâce à la mémoire qui a fait surgir intact le passé dans le présent et, durant la vie, repéré des *τοποι* associés aux personnes : parce que les êtres ont formé des révolutions autour du narrateur, notamment par les positions qu'ils auront successivement occupées par rapport à lui, le livre usera d'une sorte de psychologie dans l'espace qui supprimera "cette grande dimension du Temps suivant laquelle la vie se réalise"[1].

Du plaisir esthétique

Arrêter. Immobiliser mots et gestes, puis descendre dans les profondeurs de la durée. "Mais que cette durée était brève !" C'est la lecture antérieure d'un de ses livres dans lequel l'écrivain Bergotte fait "une invocation célèbre à ces statues archaïques", qui rend lumineuses ses allusions au narrateur. En effet, pour faire éloge de l'art de la Berma, Bergotte s'appuie sur des références plastiques, des images fixes *repérées* dans les geste de l'actrice : "dans la scène où elle reste le bras levé à la hauteur de l'épaule [...] elle avait su évoquer avec un art très noble des chefs-d'œuvre [...] c'est un art bien plus ancien qu'elle ranime[2]. Je parlais des Koraï de l'ancien Erechthéion et je reconnais qu'il n'y a peut-être rien qui soit aussi éloigné de l'art de Racine"[3]. Pour redessiner l'actrice, l'écrivain se rapporte à la célèbre stèle funéraire d'Hégêso du cimetière de Céramique, au quartier de l'ancienne Athènes. Une défunte assise reçoit un coffret des mains de sa servante, *mouvement* que recréerait la Berma dans la scène où Phèdre avoue sa passion à

---

[1] *RTP* IV, 608
[2] Bergotte appelle là le mythe de Pygmalion
[3] *RTP* I, 550

Œnone[1]. Approche du théâtre aussi contradictoire que révélatrice, la source de sa référence étant une image fixe dont ne ressort aucun mouvement, signifiant de la part de Bergotte une capacité à segmenter le temps, tel un peintre, un sculpteur ou, mieux, "il arrête le mouvement de l'actrice pour la contempler à l'intérieur de cet instant où elle accomplit un mouvement, à la manière d'un photographe qui capte l'instant et le *fixe*"[2].

L'aptitude de Bergotte s'éloigne donc encore de la succession d'instantanés, rendue par la chrono photographie et le "proto cinéma", pour capter le "substrat immobile du mouvant", une éternité de la contemplation : la fixation dans l'espace montre un mouvement dont l'infinité est sans résolution. Or, cette immobilisation n'est autre que l'objet de la critique de Bergson envers le septième argument de Zénon d'Élée, lequel prend pour perception immédiate et complète du mouvement une cristallisation de cette perception[3]. Mais l'argument de Zénon évoque aussi l'effet produit lors de l'émotion esthétique : le paradoxe de la flèche immobilisée dans l'espace en évoque le plaisir, ouvert sur un temps infini métaphoriquement spatialisé qu'illustre la fin de l'acte II de *Parsifal*, lorsque la lance jetée par Klingsor sur Parsifal s'arrête au-dessus de ce dernier. Ravissement, confusion du sujet et de l'objet, la contemplation esthétique est le moment d'affranchissement de la volonté par et dans lequel sujet et objet échappent au tourbillon du temps et des autres relations[4].

---

[1] Racine, *Phèdre*, I, 3
[2] P. Kadivar, *op.cit.*, p.236s
[3] H. Bergson, *La Pensée et le mouvant*, p.153
[4] A. Schopenhauer, *op.cit.*, p.253

La contemplation dans l'immobilisation de tout mouvement et dans la cristallisation de tout espace est un salutaire empêchement dirimant aux conséquences de la distance que l'opéra wagnérien tente de combler en ôtant toute référence de date ou de durée, privant le spectateur de repères temporels. Mais le sentiment de la distance peut aussi revêtir l'angoisse de l'interdiction d'atteindre l'objet désiré, car désirer, c'est percevoir "ces affreuses distances intérieures"[1] qui sont chez Proust la démonstration tragique du principe de séparation qui affecte les humains et apparaît dès le début du roman avec le baiser du soir attendu par l'enfant et refusé par la mère.

Faute d'atteindre la *vision* d'une réalité désirée qui ne relève pas de l'écoulement héraclitéen du temps, le héros, lassé de ne pouvoir arrêter les mouvements de la Berma pour mieux en étudier le tableau, avoue à sa grand-mère ne pas bien *voir*, aussi lui tend-elle la lorgnette dont il escompte que ce moyen artificiel abolira la distance pour mieux révéler le réel et renouer avec la jouissance de l'art. Et l'image rendue par l'instrument d'optique d'instiller inversement plus de doute encore sur la réalité de l'objet[2] : il n'est pas de bonne distance, et il n'est de bon organe pour le plaisir esthétique que l'imagination[3]. Lors de cette première représentation théâtrale à laquelle il assiste, le héros use de sa volonté, de son "agilité mentale" et non de son abandon pour atteindre la beauté ; la pure sensation de la durée n'apparaît pas à sa conscience qui ne cherche qu'à la mesurer, à l'arrêter, mais ne parvient aucunement à se prendre elle-même comme objet. Peut-on

---

[1] *RTP* I, 519

[2] "Je pensais que ce n'était plus la Berma que je voyais, mais son image dans le verre grossissant", *RTP* I, 441

[3] *RTP* IV, 450

alors affirmer qu'au contraire Bergotte répond à sa fonction d'artiste par son aptitude à voir et faire voir ce que nous n'apercevons pas naturellement[1], ne percevant plus en vue d'agir, mais pour le plaisir ? Détachée de l'action, sa perception s'élargit-elle à tout ce qui ne frappe pas ordinairement l'imagination ? L'écrivain qu'il est détourne-t-il l'intelligence de sa tâche habituelle pour l'orienter vers la pure saisie contemplative d'elle-même ? Pourtant l'arrivée de la Berma est celle d'une *apparition* qui *s'inscrit* pour le héros "comme dans un cadre"[2]. Cette image du cadre, cette enclave dans le réel qui, faut-il le rappeler, possède seule la vertu de faire vivre le souvenir en vertu de l'isolation, apparaît souvent chez Bergson dans les études touchant à la mémoire involontaire, le *déjà vu*, ces impressions qui s'expliquent par le fait que la réalité se divise à tout instant entre la perception du présent et le souvenir du présent qui, rejeté dans l'inconscience, apparaîtrait parfois à la conscience. On croit alors *reconnaître* le présent au lieu de le découvrir, la reconnaissance du souvenir remplaçant la découverte qu'est toute perception. Autant donc affirmer que ni l'écrivain ni le héros ne parviennent au vœu bergsonien de la pure sensation de la durée apparaissant à une conscience qui "rapprocherait jusqu'à les faire coïncider ensemble l'attention qui se fixe et le temps qui fuit"[3].

La jouissance esthétique éprouvée par Bergotte est une jouissance hors de l'écoulement du temps, se justifiant essentiellement par la reprise de ce qui est déjà connu, reconnu, une référence, une association d'icônes originellement différentes fusionnées dans une contem-

[1] H. Bergson, *La Pensée et le mouvant*, p.146
[2] *RTP* I, 440
[3] H. Bergson, *op.cit.*, p.15s

plation analogique les immobilisant dans l'espace et dans le temps. Il s'ensuit une conception de l'art du temps qui, malgré la reconnaissance, nie pourtant le temps qui fuit en passant outre la spécificité du mouvement. De plus, sa vision scénique ne vaut que comme reflet d'une image : sa Berma, dans les images fixes qu'elle reproduit, est moins l'incarnation vivante d'un texte, le flux de l'écrit voire l'attente puis l'immobilisation du mot, qu'une image fixe ressuscitée, une citation dans toute son ambiguïté, "en ce qu'elle est là ni tout à fait comme elle était dans son contexte d'origine, non tout à fait une chose nouvelle"[1]. Ce qui fascine Bergotte est peut-être de ne reconnaître qu'*imparfaitement* tout en sachant que ce qu'il voit n'est pas l'objet source, c'est aussi probablement "le vide laissé entre la référence, l'image mémorisée, et la vision immédiate, le fossé entre ce qui *était* et ce qui *est* dans le jeu de la reconnaissance"[2]. L'acte mémoriel d'identification, Proust tente de le préciser dans *Le Temps retrouvé* : "En effet, "reconnaître" quelqu'un, et plus encore, après n'avoir pas pu le reconnaître, l'identifier, c'est penser sous une seule dénomination deux choses contradictoires, c'est admettre que ce qui était ici, l'être qu'on se rappelle n'est plus, et que ce qui y est, c'est un être qu'on ne connaissait pas ; c'est avoir à penser un mystère aussi troublant que celui de la mort dont il est, du reste, comme la préface et l'annonciateur."[3] Demeure pour le narrateur que la survivance s'effectue au travers du nom, seul point rachetant, entre l'apparition présente et l'être souvenu, le

[1] P. Kadivar, *op.cit.*, p.238
[2] *Ibid.*
[3] *RTP* IV, 518

contraste bouleversant qui fait reculer ce dernier dans "un passé plus que lointain, presque invraisemblable"[1].

"LÀ OÙ LE TEMPS SE PERD"

Accepter l'irréversibilité. Le temps "cathédrale"

À la suite de sa désillusion, le narrateur acceptera pleinement la fugacité de cet art du temps, ne souhaitera plus faire redire cent fois le même vers, et révoquera la conception d'un plaisir esthétique ordonné à l'arrêt du temps originellement porté par le statisme du texte.

> "Je comprenais que mon désir ancien était plus exigeant que la volonté du poète, de la tragédienne, du grand artiste décorateur qu'était son metteur en scène, et que ce charme répandu au vol sur un vers, ces gestes instables perpétuellement transformés, ces tableaux successifs, c'était le résultat fugitif, le but momentané, le mobile chef-d'œuvre que l'art théâtral se proposait et que détruirait en voulant le fixer l'attention d'un auditeur trop épris."[2]

Le narrateur possède à présent un regard et une écoute qui, se laissant emporter par le mouvement, nonobstant s'épuisent en une vision finalement devenue confuse dont il ne retiendra que très peu. Au reste ne parvient-il, et qui plus est tardivement avec la musique de Vinteuil, qu'à constater un univers fragmenté par les lacunes que laissent entre elles les diverses auditions, univers qu'il recompose par la reconnaissance toujours incertaine de "mêmes éléments" dans des "phrases si dif-

---

[1] *Id.*, 519
[2] *RTP* II, 351s

férentes"[1], acceptant l'irréversibilité du temps et un certain *vague en mémoire* qui lui permet tout au plus de constater la seule généralité qui importe : une identité entre ces fragments disjoints, éclats d'un même monde[2], mais dont la ressemblance nous frappe en dépit des distances, nous offre "la consistance d'un type particulier de plaisir, et presque d'un cadre d'existence"[3].

Le jeune héros persiste donc, loin d'être encore l'artiste qu'il sera, en une écoute où la reconnaissance de similitudes n'est aucunement structurelle, écoute profondément différente de celle d'un Swann qui ne cherche pas *l'essence des choses*, mais la "transcription sommaire et provisoire" d'une architecture que la mémoire lui fournit "séance tenante"[4] par la médiation de la reconnaissance du *déjà entendu* dans une même œuvre. L'audition de Swann approche de ce qu'Adorno entend par *écoute traditionnelle*, où le déploiement de la musique, le rapport entre les événements qui se succèdent, se fait conformément à l'ordre du temps en allant des parties vers le tout[5], implicite problématique structuraliste se référant au mode organique et narratif travaillant *dans* et *par* un réseau de catégories subsumables aux catégories linguistiques, qui se concrétisent au cours du développement de l'œuvre pendant même qu'elles s'organisent, pour apparaître comme catégories de normes constructives, structurant et catégorisant progressivement le temps pour procurer un sentiment d'achèvement en cours d'audition, l'*Einstand*,

---

[1] *RTP* III, 759

[2] Comme celui d'Elstir, n'apparaissant jamais de façon continue mais sous la forme d'une série d'œuvres dispersées dans un atelier, dans des galeries

[3] *RTP* II, 80

[4] *RTP* I, 206

[5] Th.W. Adorno, *QUF*, p.293

"instant où le temps se coagule autour de la catégorie de totalité et s'y fait virtuellement suspendre"[1], c'est-à-dire une aperception simultanée de la structure durant l'audition, nécessairement active et critique.

Et même s'il privilégie désormais de suivre la succession et le mouvement qui conditionnent l'unité de l'œuvre dont il faut saisir l'enchaînement, le narrateur ne parvient pas à une visée qui traverse et englobe à la fois la totalité de l'œuvre dans sa progression temporelle. Ce ne sont que les auditions échelonnées qui l'autorisent à recomposer un univers grâce à la *vague reconnaissance du semblable,* négligeant de fait l'impératif schönbergien d'une culture préalable, mais obéissant tout de même à la nécessité d'écoutes réitérées. Après avoir tenté d'immobiliser le temps, il en accepte l'irréversibilité sans condition mais dans une écoute a-structurée et passive. Son appréhension échoue ainsi à faire apparaître le *temps-durée* qui se donne si l'acte de retenir en mémoire les données pour les catégoriser procède à la fois d'une anticipation et du recueillement en une intuition unique de la multiplicité des données, ce mouvement devant répondre à la préoccupation de ne pas abolir le flux temporel, et offrir le "pouvoir de concevoir "simultanément" la totalité de l'œuvre dans sa succession"[2], ce que Christian Accaoui nomme *temps-fresque,* projet de la cathédrale proustienne qui déplie le successif dans sa totalité, surplombe et relie les époques traversées, fait le récit d'une expérience de leur maintien et de leur union.

Cette conception montre une référence commune entre Bergson et son cousin : Egger, professeur de Proust,

---

[1] S. Zurletti, *op.cit.*

[2] C. Accaoui, *Le Temps musical,* Paris, Desclée de Brouwer, 2001, p.111

qui publie en 1896 un article intitulé *Le Moi des mourants*[1] auquel *Matière et mémoire* se réfère explicitement ainsi qu'à d'autres sources[2], et décrit le surgissement du passé intact chez les mourants. Mais ces autres références vont à l'encontre même du bergsonisme, et seul l'article de Egger rejette la coexistence des parties successives du temps, le redéploiement de celles-ci dans un espace mental décrit par ses prédécesseurs. En effet, il signale la contradiction existant entre le successivisme des psychologues et le simultanéisme filtrant dans leurs exemples car, pour lui, il s'agit de prouver l'accélération des états de conscience et non une vision panoramique instantanée, un "présent perpétuel de la durée"[3]. Comme l'écrit Georges Poulet dans l'étude qu'il a consacré à ce sujet[4], l'hypermnésie aide à concevoir, excepté pour Egger donc, un temps continu non-successif très éloigné de la continuité bergsonienne, le *Totum Simul*.

Temps-espace contre temps-durée

Bergson invite à nous penser dans une durée concrète "où l'idée de détermination nécessaire perd toute espèce de signification, puisque le passé y fait corps avec le présent et crée sans cesse avec lui – ne fût-ce que par le fait de s'y ajouter – quelque chose d'absolument nouveau"[5]. Ajoutons que dans la perspective bergsonienne, la durée musicale de la mélodie, cette unité indivise qui ne se laisse pas réduire, sous la pression de la représentation visuelle, à une succession organisée d'états, est la méta-

---

[1] V. Egger, "Le Moi des mourants", *Revue philosophique*, 1896, t.42
[2] Dont celle de Th. Ribot, *Les maladies de la mémoire*, 1881
[3] M. Derepas, *Les théories de l'inconnaissable et les degrés de la connaissance*, Paris, 1883, p.203
[4] G. Poulet, *op.cit.*, p.165-205
[5] H. Bergson, *La pensée et le mouvant*, p.169

phore devant faire comprendre la nature du moi profond et de la durée, comme écoulement continu sans cesse créateur de nouveauté. Mais, déplore Bergson, la *durée* avec qui nous pénétrons la vie intérieure n'a point intéressé les sciences et les philosophes trop attachés à étudier l'espace en premier, ses fonctions et sa nature, déterminées, étant ensuite transposées au temps.

Or, Bergson est explicitement appelé chez Adorno pour aborder l'œuvre de Mahler qui cherche à "concrétiser le temps mesurable de la physique en durée vivante"[1] dans une musique évoluant de façon intrinsèque, dont le mouvement est une construction immanente de la forme, laquelle ferait de la musique elle-même une durée refusant le statisme du Même car "dans le temps vivant, le Même n'est jamais équivalent"[2].

Mais entre Bergson et Adorno, nombre de commentaires sont venus discuter voire rejeter ce qui, chez le premier, traite avant tout de la nature du moi profond et de la pure durée, et non pas le *temps musical* dont les esthéticiens, tel Charles Koechlin[3], ont mis en évidence la divisibilité incitant à considérer des juxtapositions de durées mesurables, spéculations déjà projetées chez les compositeurs des XIVe et XVe siècles. Vocabulaire douteux et confus que celui usant de représentations spatiales redit Gisèle Brelet qui cherche à circonscrire le temps musical, mais en marge des applications jugées abusives des visées métaphysiques, celles de Bergson et Schopenhauer. L'entreprise se veut dès lors ouverte à l'ensemble des répertoires et l'auteur inclut donc les questions relatives à l'atonalité, non pas que le parti soit pris de considérer la

[1] Th.W. Adorno, *M*, p.112
[2] Th.W. Adorno, *QUF*, p.331
[3] *Le Temps et la musique*, 1926

tonalité comme arbitraire, mais de demander si la privation de finalité tonale provoquerait statisme ou mobilité incessante. Au reste, demande Brelet sans toutefois répondre, le statisme est-il fondamentalement interdit et contraire au temps musical[1]? Le recours à de nouvelles polarités, à une nouvelle organisation, pallie-t-il le statisme ou la mobilité ? Pour Adorno, il n'est pas question de rendre compatibles le *temps-durée* et le *temps-espace* promu par le dodécaphonisme notamment, "le facteur temporel objectif présent dans tous les paramètres" et "l'expérience temporelle vivante du phénomène", car "leur incompatibilité, telle que Bergson l'a mise en lumière, est un fait acquis"[2]. Adorno refuse donc dans la musique nouvelle ce qu'elle aliène du temps subjectif, auquel se substitue un "processus d'adaptation économique que guide l'autorité de l'économie concentrée" qui réifie toute humanité en annulant la durée vivante, en évitant la confrontation dialectique avec le déroulement temporel de la musique, en abandonnant la cohérence du discours obtenue par des éléments distinctifs et non par l'identité, pour produire une temporalité irréversible n'adhérant qu'au temps physique de l'écoute. Le dodécaphonisme écrit-il, "contracte la dimension temporelle "en exprimant un roman par un seul geste" "grâce à un procédé intégral qui apparaît dénué de tout développement parce qu'en dehors de lui-même, ce procédé ne tolère rien sur quoi puisse s'essayer le développement", brise la continuité et entraîne "les auditeurs à oublier le temps de leur expérience vécue pour se livrer au temps-espace"[3].

---

[1] G. Brelet, *Le Temps musical*, Paris, PUF, 1949, p.253

[2] Th.W. Adorno, *QUF*, p.331

[3] Th.W. Adorno, *Philosophie de la nouvelle musique*, tr. H. Hildenbrand et A. Lindenberg, Paris, Gallimard, 1962, p.198s

Cristallisation, rejet du déploiement ; l'escamotage du *temps-durée* débuté par Wagner, selon Adorno, s'est précisé avec Debussy, l'inspirateur de la conception de plans sonores et de la technique des complexes, comme de la constitution des modèles mélodiques atomisés cependant toujours médiatisés. Mais avec Stravinsky, "la spatialisation devient absolue : est écartée l'atmosphère brumeuse dans laquelle toute musique impressionniste retient quelque chose du temps de l'expérience vécue"[1], alors que Gisèle Brelet lit dans cet *éternel présent* de l'œuvre de Stravinsky un retour différent des primitifs : "il n'est plus l'ignorance de la durée psychologique, mais délivrance à son égard ; et, reconquis sur le temps, il n'est plus forme statique et figée, mais forme toujours actuelle [...], en lui s'exprime, non plus l'inconscient refus du temps, mais un conscient consentement au temps"[2], là où Adorno voit une liquidation de l'individu[3]. "Catatonie" et "hébéphrénie" préparent "la fin du bergsonisme musical en jouant le *temps-espace* contre le *temps-durée*"[4], la fragmentation en art contre la succession organique : "On range à la file des bribes de souvenirs, plutôt que l'on ne déploie, à partir de son impulsion naturelle, un matériau musicalement immédiat. La composition ne se réalise pas par développement mais en vertu des fissures qui la sillonnent. Elles assument la fonction qui revenait autrefois à l'expression ; comme à propos du montage des films, Eisenstein déclarait que le "concept général", la signification, la synthèse des éléments partiels de la donnée cinématographique surgit précisément de leur juxtaposition en tant qu'élé-

[1] *Id.*, p.197
[2] G. Brelet, *op.cit.*, p.688
[3] Th.W. Adorno, *op.cit.*, p.195
[4] *Id.*, p.197

ments séparés."[1] Ceci corrobore l'idée de l'antibergsonisme du roman de Proust, car il est vrai que le narrateur du temps perdu conforte l'idée d'une présentation faite de scènes juxtaposées, de vues fragmentaires et strictement focalisées, un temps qui, jusqu'au *Temps retrouvé*, est conçu comme "un tissu qui se granule"[2] où s'affirme le qualitatif et l'hétérogène. Lorsqu'une chose manifeste son essence, elle manifeste sa singularité qui la condamne à exister *insulairement*, séparée des autres par des distances infranchissables, "de sorte que le premier aspect suggéré par l'œuvre de Proust est celui d'un ensemble très incomplet, où le nombre de vestiges subsistants est largement dépassé par celui des lacunes"[3]. Diamétralement contraire à Bergson, la trame perforée du temps perdu est une position dont Proust s'accommode, s'y installe, "et en fait finalement un des principes de son art."[4]

Rien n'interdit donc de penser que ce regard du narrateur possède les qualités de montage et de collage d'une époque marquée par le cubisme, le dada – qui salua Proust –, le futurisme, ces mouvements dont *À l'ombre des jeunes filles en fleurs* témoigne de leur connaissance par l'écrivain. Certes, le cubisme littéraire n'est pas étranger aux inserts proustiens, quoique ces derniers soient plus proches du pastiche, quant à la peinture cubiste, Jacques Rivière est le seul contemporain de Proust à comparer directement les deux univers, encore que Fernand Gregh évoquait le regard à facette de son ami de lycée.

C'est aussi très naturellement que la comparaison cinématographique se justifie si l'on songe à l'évolution

---

[1] Th.W. Adorno, *op.cit.*, p.192
[2] L. Fraisse, *op.cit.*, p.125
[3] G. Poulet, *op.cit.*, p.52
[4] *Id.*, p.10

allant de 1895 à 1914 de ce que l'on n'appelle pas encore le septième art, la pellicule relevant de cette multiplication d'images offrant au regard "une pullulation de points de vue sur le monde, dont la vulgarisation entraîne *de facto* un éparpillement radicalement neuf de la vision, et habitue l'œil à considérer l'univers même, non plus comme un *continuum*, mais comme un kaléidoscope de fragments"[1] ; le cinéma, tel qu'Adorno en dénonce le concept général ; le cinéma, ou bien la chronophotographie de Marey, et non la photographie dont Bergson et Proust font mention afin de mieux distinguer la succession fragmentée des séries d'instantanés photographiques projetés sur un écran, "de manière qu'ils se remplacent très vite les uns les autres"[2]. Il faut d'ailleurs attendre plusieurs dizaines d'années avant que le cinéma soit autre chose qu'une marqueterie de plans fixes plus ou moins biens aboutés, dont au demeurant Proust n'a pas une expérience vive, mais rapportée par l'intermédiaire de conversations qui l'aident à décrire Saint-Loup, son "espèce d'ubiquité" qui le rend "capable d'occuper en si peu de temps tant de positions différentes dans l'espace"[3].

Cette question d'un art de la *pure durée* est posée dans un article de 1941 de Raymond Bayer[4], qui place le propos dans un contexte artistique élargi touchant également-

---

[1] *Cubisme et littérature*, *Europe*, juin-juillet 1982, n°638-639, p.89, *in* L. Fraisse, *op.cit.*, p.197

[2] H. Bergson, *L'Évolution créatrice*, p.304 et 312

[3] *RTP* IV, 389

[4] R. Bayer, "L'esthétique de Bergson". *Études bergsoniennes. Hommage à Henri Bergson*, PUF, 1942. Dans le bergsonisme, l'horizon de l'art comme de la philosophie est de restituer une perception pure du monde, ce qui fait affirmer à Bayer que chez le philosophe," la perception est esthétique de la même manière qu'elle est réelle", *cf.* J. Moreau, *op.cit.*

ment la musique. Bayer, pour qui les termes mêmes consistant à dire qu'il y a perception de la durée sont contradictoires[1], demande à qualifier un art non pas en tant qu'art de la conscience pure ou de la durée, mais en tant qu'art du rythme[2] : "le temps esthétique [où l'immédiat est recouvert par le construit] s'exprime en un système discontinu de valeurs psychiques". Le rythme répétitif lui-même possède un sens "plus cinématique que Bergson n'incline à croire. Lui aussi s'engage moins dans la qualité pure, dans le concret du temps intime, que dans sa dialectique contrastée. La mesure s'insurge contre la durée."[3] Ainsi le temps musical est une temporalité autonome qui possède ses mesures *intérieures* initiées par un geste configurant ignorant la subjectivité de l'interprétant et soumettant, ce faisant, et comme l'indique Schönberg, l'auditeur à quelques difficultés à l'égard de la perception des changements qui se présentent chez le compositeur "dans une succession plus rapide qu'il n'est habituel"[4].

Ceci étant dit, Proust, comme Bergson, dénonce dans le roman la conception d'un défilé cinématographique des choses. Et lorsque le philosophe accorde à l'écrivain d'avoir, malgré ce déni de la durée pure, fait prendre conscience du pouvoir de l'observation intérieure, la fragmentation cinématographique si reprochée à son roman est rachetée par ce qui manque précisément à un cinéma alors muet : la présence incessante et écrasante du

---

[1] La durée s'entend comme durée du sujet percevant

[2] É. Benveniste montre que malgré le sens du radical *rhu-* (couler), *rhuthmos* désigne la configuration assumée à chaque instant déterminé par un *mouvant*, H. Maldiney, *Regard Parole Espace*, Lausanne, L'Âge d'Homme, 1973, p.157

[3] R. Bayer, *op.cit.*, p.65, *in* E. Emery, *op.cit.*, p.498

[4] A. Schönberg, *op.cit.*, p.185

narrateur, ce murmure qui n'est autre que "le bourdonnement ininterrompu de la vie profonde", que nous n'avons aucun intérêt à écouter dit Bergson, rectifiant que "pourtant la durée réelle est bien là. C'est grâce à elle que prennent place dans un seul et même temps les changements plus ou moins longs auxquels nous assistons en nous et dans le monde extérieur"[1]. Mais l'écrivain n'oppose-t-il pas finalement, à l'inverse du philosophe, ce défilé artificiel au temps retrouvé qui reconstitue ces vues successives ?

Accepter l'irréversibilité ? La tentation du néant

En dépit de sa décision de ne plus maintenir arrêté le temps pour y insérer à l'envi le plaisir de la répétition du même, le héros de *La Recherche* voit le discours musical lui échapper cruellement par défaut d'intelligence panoramique, mais il apprendra à ressentir le plaisir esthétique autrefois recherché, celui de la répétition inscrite dans l'œuvre, plaisir qui lui était résolument interdit au théâtre ; car ce qui fait défaut, c'est la mémoire, comme l'exprime dans des termes d'une similarité confondante Schönberg, qui dénonce sans le savoir les incompétences du héros proustien se jugeant, validant par là le projet esthétique du romancier qui, en retour, semble augurer les sociétés de concerts privés du compositeur : apprendre par la répétition même de l'œuvre…[2]

À la même époque, Freud remarque bien que la répétition du mot d'esprit tue le plaisir qu'il procure, alors que l'effet de séduction de la musique résiste à la répétition, laquelle le renforce. Avant Freud, Schopenhauer pose déjà la supériorité et l'indépendance de l'art musical

[1] H. Bergson, *La Pensée et le mouvant*, p.162
[2] A. Schönberg, *op.cit.*, p.85

provenant de ce qu'il est le seul, en définitive, à échapper à la répétition, car la musique signifie la *réapparition* d'un thème originel, adjointe à l'interdit des simples rapports de symétrie travaillés depuis la fin du classicisme. Ce faisant, il l'oppose à l'architecture qui n'existe que dans l'espace et sans rapport avec le temps[1], alors que le narrateur associera son futur roman tant à la construction musicale qu'architecturale[2], puisqu'il y sera bien question d'espace, duquel ressortira le Temps, enjeu d'une œuvre dont le lien entre ces catégories fait de la littérature un art privilégié. Schopenhauer autorise pourtant une seule analogie, toute extérieure, entre musique et architecture, consistant en ce que le rythme est dans la musique comme la symétrie en architecture, cette "musique figée"[3], aussi incite-t-il à réfléchir sur la possible dissymétrie de la musique, "prise d'une sorte d'accès d'indépendance".

Mais en investissant dans un renouveau et une extension du récitatif, en usant de la modulation continue, en évitant la symétrie tonale, l'opéra tardif de Wagner plonge l'œuvre dans un devenir irréversible, une forme d'inconclusion qui tend symboliquement à dissoudre le temps, ce que Schopenhauer ne peut partager, attaché à l'idée de divisions et subdivisions symétriques établissant entre les mouvements une subordination, une coordination, afin d'obtenir un tout cohérent et fermé.

De plus, Wagner tente de retrouver la perception première des choses, l'identité de perception par l'emploi des *Leitmotive* propres à susciter la réminiscence, le cheminement de l'inconscient au conscient[4]. Cette percep-

---

[1] A. Schopenhauer, *op.cit.*, supp.III, p.1195

[2] *RTP* IV, 610, 612, 618

[3] Goethe, *Conversations*, *in* A. Schopenhauer, *op.cit.*, p.1196

[4] *Cf.* R. Wagner, *Beethoven*. Pour Wagner, la musique manifeste un contenu émotionnel non pas rappelé mais actualisé

tion première perdue dans le passé, le compositeur cherche à l'actualiser chez l'auditeur en usant de procédés de réapparition qui visent à donner l'illusion d'effacer l'irréversibilité du temps qui mène à la mort, la "crainte", le "risque", la réminiscence étant l'irruption dans le présent du sujet d'un événement passé revécu avec sa structure propre, qui renforce par là le processus de morcellement du temps si prégnant dans *La Recherche.* Modulation continue, report de tonique, *Abgesang* et *Leitmotiv* sont ces procédés qui, pratiquant la métamorphose continue[1], doivent procurer l'illusion d'échapper au cours inexorable du temps et installer une durée extatique, éternelle et donc hors du temps car "seul peut être éternel ce qui est hors du temps"[2]. Or là où le temps se perd, le sujet s'annule, se dérobe au vouloir dans un plaisir esthétique dont les exigences tendent à l'infini. Dans une lettre à Mathilde Wesendonck, Wagner avoue redouter que par son caractère hypnotique sa musique n'entraîne l'auditoire dans la folie[3], cette *folie romantique* notamment illustrée par la dépossession d'un temps unificateur : l'émiettement du moi, l'unité perdue, devenus temps perdu car la mémoire se dissout dans la présence. Et la réminiscence d'isoler alors les moments de vie du sujet, d'aliéner la perception

---

[1] Nietzsche reproche à Wagner une impuissance à développer une forme organique parce qu'il découpe par petites unités, travail où "sa force s'épuise", *Le Cas Wagner. Nietzsche contre Wagner*, tr. J.-C. Hémery, Paris, Gallimard, 1974, p.34

[2] C. Wagner, *in* F. Gabriel, *op.cit.*, p.119

[3] *In* G. Liébert, *Nietzsche et la musique*, Paris, PUF, 1995, p.195s. Dans *Tristan*, nouvelle de Th. Mann, une pianiste convalescente à qui les médecins ont formellement interdit de jouer du piano car l'émotion pourrait lui être fatale, transgresse l'interdit en jouant la partition de *Tristan.* L'émotion lui est effectivement fatale

du temps en rompant les liens avec la source originaire, ce qu'avait noté Schopenhauer.

Ces moments apparaissent également au narrateur lors de ses ultimes contemplations prodiguées par l'être extra-temporel, contemplations qui, malgré l'acte de reconnaissance, se figent dans ces instants de bonheur immobilisé, de jonction entre passé et présent où le moi est *souvenir total* tenu sous le regard de la conscience mystérieusement condensée, écrit Egger dans *Le Moi des mourants*[1], un phénomène qu'il attribue au raidissement du sujet devant le danger imminent alors que pour Bergson, le facteur originaire de l'hypermnésie relève au contraire d'une détente. Ici s'amorce dans *La Recherche* le thème d'un anéantissement du moi du narrateur : ce moment morbide où la joie entre dans le néant agit, s'il est surmonté, comme la condition d'une nouvelle temporalité, joie qui provient d'un "élargissement" de l'esprit en qui se reforme et s'actualise le passé, et donne au narrateur "hélas ! momentanément, une valeur d'éternité"[2]. Dès lors, le moi s'accroît, mais c'est à la faveur de la solitude de l'œuvre à accomplir, qui doit redonner une dimension au temps grâce au ressouvenir. Pourtant l'esprit du narrateur se délite ; sa mémoire, usée, ne peut recréer les impressions à approfondir[3], et, cependant que l'idée de mort lui est devenue indifférente, plusieurs *moi* entrent à cet instant en conflit. Du reste le lecteur a été tacitement prévenu de cet émiettement car durant la révélation apparaît le visage de Mlle de Saint-Loup en une convergence de côtés opposés, formée des années perdues du

[1] V. Egger, "Le Moi des mourants", p.339
[2] *RTP* IV, 613
[3] *Id.*, 612

narrateur[1] qui, par cette révélation, sera incité à créer un monde de l'ampleur d'une cathédrale, ou d'en ajuster les pièces. Mais pour l'heure, l'un des moi du personnage déplore que la mémoire, se retirant, ait emporté aussi ce moi "plusieurs fois mort depuis l'enfance"[2], recouvert par l'un de ces moi errant et sans mémoire, "qui jadis allait dans ces festins de barbares qu'on appelle dîners en ville"[3]. Et puis il existe aussi "l'autre moi, celui qui avait conçu son œuvre" et par contre se souvenait. À la même époque Freud fait effectivement comprendre que le délire comme l'apparition d'un sujet transitionnel, font partie d'un ensemble de tentatives de restitution, une néo-réalité surgissant au moment où le monde du sujet semble s'effondrer, moment qu'inscrit Mahler dans la page-titre du Scherzo de sa *10ème Symphonie* par la présence, qui a chez lui partie liée au christianisme, d'associations antithétiques imputables à ce dilemme du sujet[4].

Ainsi le champ esthétique auquel appartient le compositeur valoriserait – à l'opposé d'une imagerie triomphaliste du schéma beethovénien – l'irréversibilité, inconclusive, du temps, la victoire du néant sur l'errance, victoire d'un "anti-monde originel, pur, immuable et sans devenir, puisque sans désir et sans vouloir vivre[5]. Deux trajets se profilent donc, entre celui du néant attaché à l'immobilisation du temps, et celui de la dissociation, car c'est lorsque paraît le désir d'anéantissement "que le dédoublement salvateur s'opère, crée sa réplique comme un

---

[1] *Id.*, 608s
[2] *Id.*, 615
[3] *Id.*, 617
[4] "*Der Teufel tanzt es mit mir*", "*Wahnsinn, fass mich an*", "*Vernichte mich, dass ich vergesse dass ich bin dass ich aufhöre*", *cf.* H.-L. De La Grange, *GM*III, p.1238
[5] M. Imberty, *op.cit.*, p.208

remède – fût-il empoisonné – au désespoir"[1], et cette image spéculaire ne réussissant pas invariablement à maintenir la cohésion fragile du moi, elle se multiplie en une infinité de figures qui le prolongent indéfiniment. Sujet privilégié dans la littérature touchant le répertoire fantastique, le jumeau paraphrénique affirme la division entre l'image souhaitée de nous-mêmes "et celle que nous renvoie notre *alter ego* méconnu"[2]. Dans son ouvrage sur les modernes viennois, Jacques Le Rider évoque également cette découverte du vide[3] et le caractère illusoire du concept d'identité, menacé à la fois par l'infini de la fragmentation et la tentation du néant. En effet, l'un des moi du narrateur de *La Recherche* nourrit "l'idée de la mort" qui s'installe en lui "comme fait un amour"[4], alternance qui apparaît également dans une lettre de jeunesse de Mahler, où l'on peut lire que "la joie suprême de vivre et le désir de mort" règnent tour à tour[5], ce dernier aveu du compositeur étant du reste plus proche d'un extrait du *Contre Sainte-Beuve* lorsque sont décrits des moi successifs se taisant à force de souffrance pour n'en laisser qu'un : "Alors, dans ce grand silence de tout, que domine le bruit de mes râles, j'entends tout au fond de moi une petite voix gaie qui dit : il fait beau – il fait beau –, des larmes de souffrance me tombent des yeux"[6] ; ce que l'on peut aussi aisément lire dans ce poème précoce du compositeur :

---

[1] A. Green, *Le double double : ceci et cela*, préface de F. Dostoïevski, *Le Double*, Paris, Gallimard, 1969, 1980, p.23

[2] *Id.*, p.24

[3] J. Le Rider, *op.cit.*, p.60

[4] *RTP* IV, 619

[5] Lettre du 17 juin 1879 à J. Steiner, *in* H.-L. de La Grange, *GMI*, p.85

[6] *CSB*, III. *Journées*, p.67

"L'angoisse m'étreignit, un tressaillement indicible
Une douleur inouïe – je voulus périr.
Mais non ! "Ne pas mourir ! Ne pas périr !"
Ne plus être ? Oh Dieu du ciel ! Vivre, Vivre !..."[1]

Celui qui appelle la mort souhaite vivre et cette intermittence montre le rapport entre suicide et vouloir-vivre notamment décrit par Schopenhauer selon qui, bien loin d'être une négation de Volonté, le suicide est l'une de ses affirmations car en détruisant le corps, on ne renonce qu'à la vie[2]. Ainsi, même consécutive au désarroi, cette négation étant ce que la volonté puisse faire de mieux, il reste le renoncement au terme de l'abolition de la volonté et de la représentation qui lui est corrélative, selon les dernières phrases du *Monde comme volonté*, ceci parce que la souffrance est le fond de toute vie, "et comme on comprend que la souffrance est la meilleure chose que l'on puisse rencontrer dans la vie, on pense sans effroi, presque comme à une délivrance, à la mort"[3], écrit le narrateur à l'aube de son œuvre.

"Je suis prêt"[4]. Il l'est en effet dans ce renoncement qui n'est qu'un apprentissage, un côtoiement incessant de la mort future. Malgré la dégradation est recouvré l'appel à la création par la médiation de la joie de la vision

[1] *Da fasste Angst mich, unaussprechlich Beben*
Im unermessen Leid – wollt ich vergehen'.
Ach nein ! "Nicht sterben ! Nicht vergehn !"
Nicht sein ? (JE) Gott im Himmel ! Leben, Leben !...
Octobre 1884, *in* H.-L. de La Grange, *GMI*, p.1073s

[2] A. Schopenhauer, *op.cit.*, p.499. Structure inconsciente décrite par Freud, le vouloir-vivre conduit une représentation d'un temps homogène, un devenir répétant attentes, frustrations et satisfactions du désir

[3] *RTP* IV, 488

[4] *Id.*, 616

extratemporelle qui possède les traits de la révélation divine, aide l'indifférence à cette mort que le génie ne craint plus, quand bien même l'idée du travail à accomplir serait associée à la souffrance et au retour de cette inquiétude de disparaître avant que l'œuvre ne soit achevée[1].

Il faut que l'herbe pousse et que les enfants meurent[2]. Telle est la loi cruelle de l'art ; mourir "en épuisant toutes les souffrances, pour que pousse l'herbe non de l'oubli mais de la vie éternelle des œuvres fécondes, sur laquelle les générations viendront faire gaiement, sans souci de ceux qui dorment en dessous, leur *déjeuner sur l'herbe*"[3]. Aussi la souffrance n'est-elle pas célébrée comme une muse, mais comme l'un des facteurs de la création, ce que confirme Mahler pour qui il n'y aurait pas création sans cette expérience[4]. Connaître cela ressort d'une stoïque consolation : le principe d'individuation ôté, l'homme ne voit plus sa souffrance propre, aucune ne lui est désormais étrangère et comme il *voit clair*, il peut apercevoir l'essence des choses qui consistent en un "perpétuel écoulement, dans un effort stérile, dans une contradiction intime, et une souffrance continue". Comment dès lors, connaissant ainsi le monde, peut-il "par des actes incessants de volonté, affirmer la vie ?" Cette connaissance de l'essence des choses "est au contraire pour la Volonté un calmant[5] ; la crainte de la mort, à force de se renouveler, se change en un "calme confiant"[6]. Et

[1] *Id.*, 488, 618-621
[2] Proust cite V. Hugo, *Les Contemplations*, "*Pauca meae*", XV, "À Villequier"
[3] *RTP* IV, 615
[4] Ce qui interdit aussi l'amalgame autobiographique, bien que les ouvrages de C. Floros sur Mahler, Berg et Strauss procèdent ainsi
[5] A. Schopenhauer, *op.cit.*, p.476
[6] *RTP* IV, 614

même si les œuvres, comme la chair, finissent par mourir, la question du temps se métamorphose en question d'*état* : Combien de temps encore l'artiste sera-t-il en état ? "La maladie qui, en me faisant, comme un rude directeur de conscience, mourir au monde, m'avait rendu service "car si le grain de froment ne meurt après qu'on l'a semé, il restera seul, mais s'il meurt il portera beaucoup de fruit[1]" ; commentaire – du narrateur et de Proust face à la maladie – sur les affres de la création à venir, porté par un langage éminemment chrétien de la dévotion, dissimulant aussi l'"influence de la volonté, etc. et de la croyance, sur la santé, sur l'âge, sur le bonheur, sur les conditions de travail, sur l'inspiration, sur l'âge du génie"[2].

La négation du vouloir-vivre doit passer, plus que par la simple vertu, par la résignation et la sainteté absolue dont la partition d'orchestre du Purgatorio de la *10ème Symphonie* de Mahler rappelle que le chemin vers cet état n'est pas exempt de souffrance, à quoi le compositeur (de génie) appose, au travers de la référence chrétienne, appel à l'anéantissement et abandon de la Volonté[3]. Celle-ci niée, tous les phénomènes sont supprimés, ainsi que les formes générales du phénomène, le temps et l'espace ; supprimée aussi est la forme fondamentale de la représentation, celle de sujet et objet : "il ne reste plus devant nous que le néant"[4]. Et pour ceux qui ont converti et aboli la Volonté, "c'est notre monde actuel, ce monde si réel avec tous ses soleils et toutes ses voies lactées, qui est le néant", c'est, ajoute Schopenhauer, le *Prajna-Paramita*

---

[1] Jean, XII, 24

[2] Carnet I, 1908, f°6r°

[3] *O Gott ! Warum hast du mich verlassen ?* Ô Dieu ! pourquoi m'as-tu abandonné ? Mathieu, XXVII, 46, suivi de *Dein Wille geschehe !* Que ta Volonté soit faite !

[4] A. Schopenhauer, *op.cit.*, p.515s

des Bouddhistes, le point "au-delà de toute connaissance" où sujet et objet cessent d'être.

Le bouddhisme[1], découvert par l'Occident durant le premier tiers du XIXe siècle, qui effraie les philosophes français et allemands parce qu'ils y lisent une religion nihiliste prônant la destruction de soi et la négation de la vie, suscite de nombreuses études non pas seulement consacrées au bouddhisme seul mais également à l'hindouisme ainsi qu'à des lectures comparatives avec le christianisme[2]. Mahler a certainement eu connaissance de certaines d'entre elles qui suscitent l'intérêt, adoption ou rejet, chez certains penseurs et artiste germaniques, notamment Schlegel[3], Wagner, Nietzsche, et l'un des disciples de Schopenhauer, Eduard von Hartmann, auteur de *L'Autodestruction du christianisme et la Religion de l'avenir*, et dont Mahler, dans ses derniers jours, lit *Philosophie de l'inconscient*[4], un ouvrage important pour la genèse des pensées de Nietzsche et de Freud. Dans le premier, von Hartmann prône une démarche éclectique qui emprunterait à l'Occident comme à l'Orient, à la philosophie, à la religion comme aux sciences afin de transcender toutes les oppositions. Il n'est donc pas étonnant de lire chez le compositeur un éclectisme déjà apparent dans la *2ème Symphonie* : une Apocalypse, une Résurrection, une absence de Jugement divin, de salut, de damnation, de châtiment. Deux ans avant sa conversion, Mahler confie d'ailleurs à Richard Specht une foi composite, ce qui du reste n'étonne point puisque durant le dernier tiers du XIXe siècle les connaissances et

---

[1] *Cf.* R.-P. Droit, *Le Culte du néant. Les philosophes et le Bouddha*, Paris, Seuil, 1997

[2] Celles de Burnouf, Köppen, Taine, Renan, Guyau

[3] *Über die Spräche und Weisheit der Indier*, Heidelberg, 1808

[4] Publié en 1874

interprétations, plus ou moins confuses ou heureuses, relatives aux philosophies et croyances orientales se multiplient.

> "Nous reviendrons tous, et notre vie n'a de sens que si nous sommes pénétrés de cette certitude. Quelle importance, si nous nous souvenons ou ne nous souvenons pas du stade de nos vies antérieures ? Cela ne dépend pas de l'individu, ni de sa mémoire, ni de son bon plaisir, mais de la grande progression vers la perfection, de la purification qui progresse à chaque incarnation. C'est pourquoi je dois vivre selon la morale, afin d'épargner à mon moi futur une partie du chemin"[1]

Tel se définit l'homme qui, le néant devant lui, purifie et sanctifie son être[2] pour approcher l'indestructibilité de l'être en soi qu'exprime également le *Monde comme volonté* en interrogeant la question de l'immortalité de l'âme à laquelle se rattache toujours celle d'un monde meilleur :

> "[…] on a, à coup sûr, soulevé mille fois plus souvent la question de notre état après la mort que celle de notre état avant la naissance. [...] La métaphysique pourrait fournir cette réponse : "J'étais toujours moi, c'est-à-dire que tous ceux qui disaient alors *moi*, tous ceux-là étaient moi. [...] Car l'infinité *a parte post* où je ne serai pas ne peut pas plus m'effrayer que l'infinité *a parte ante* où je n'étais pas ; rien en effet ne les sépare que l'interposition du songe éphémère de la vie.[…]

---

[1] H.-L. de La Grange, *GMI*, p.634
[2] A. Schopenhauer, *op.cit.*, p.477

hindous et bouddhistes l'admettent, conséquents ainsi avec eux-mêmes"[1].

"Il ne reste que le néant". Mais se réduit-il en musique au silence, lequel parsème l'*Abschied* ou la fin de la *9ème Symphonie* ? L'interprétation de cette délitescence de la matière sonore se révèle contradictoire car le silence, selon Vladimir Jankélévitch, est un surgissement positif, nécessaire, une "pause discontinue dans la continuité d'un bruitage incessant ", une "solution de continuité"[2]. Recherché, il est une plénitude qui transmue l'expérience de l'absence et du néant en recueillement, un néant d'une seule catégorie de sensations : le silence n'est pas non-être, il est *autre* chose[3] mais son surgissement, écrit Michel Imberty, a pour corollaire l'anéantissement, qui n'est pas conjoint du temps musical romantique, ce romantisme qui pourtant découvre le vide, le néant, la fragmentation, et tend ainsi vers la perspective d'un temps musical allant à l'encontre du devenir en développant un langage non pour s'approprier le temps, mais pour exprimer l'impossibilité de le dominer. Avec Debussy ensuite, le silence apparaîtra "pour imprimer la marque d'une fêlure irrémédiable au cœur du devenir sonore"[4], et inaugurer un temps allant à l'encontre du vouloir-vivre.

---

[1] *Id.*, p.1207s
[2] W. Jankélévitch, *La Musique et l'ineffable*, p.166
[3] *Id.*, p.171s
[4] M. Imberty, *op.cit.*, p.213s

L'Europe du XIXe siècle montre, avec ses manifestations d'éclectisme religieux, aspects du trajet et du questionnement mystique des artistes, un secours aussi hétérogène que celui des stratégies de sauvetage des identités dont le religieux n'est qu'un versant. Ce faisant, au-delà de ces références et du substrat romantique, absorptions toutes implicites, il faut considérer que ces interprétations individuelles du compositeur, de l'écrivain et du narrateur, appellent à n'être plus considérées que comme telles, non systématisées, recouvertes d'autres savoirs, dépassées même par une interprétation portée conjointement sur les ressources mêmes de l'art et le geste créateur lorsqu'il parfait l'œuvre, sa fin, sa conclusion. La question soulève plusieurs plans dont il faut évaluer ce qui les unit, et ce qui les sépare ; entre le fond philosophique ou spirituel et le projet du créateur ; ce qui est convoqué du premier, qui s'investit dans l'autre, et ce qui ne peut pas l'être ; ce que dit et contredit l'œuvre d'art.

N'ayant achevé que par un retour sur celle-ci au travers de Schopenhauer et le contact du néant, il reste possible d'y revenir pour envisager le passage vers l'art grâce à l'observation du roman de Proust et Proust romancier car, en portant en avant ce qui distingue l'œuvre d'art en tant qu'art, *La Recherche*, roman sur le temps, roman sur l'art – qui est également une spéculation inversant les termes, art du roman, temps du roman –, facilite la mise au jour de cette distinction.

Revenons donc très avant à la négation de la Volonté individuelle apaisée par la connaissance de l'essence des choses. L'être extra-temporel libéré de l'intellect desséchant, lui-même déchargé de toute volonté, cristallise cette essence, rassemble en un instant une éternité qui institue l'identité entre un passé non modifié et un présent dans lequel il est introduit, un *en dehors du temps*[1] de la jouissance de cette essence, là où, comme l'affirme à sa manière Mahler lorsqu'il explique son besoin de s'exprimer musicalement, "les choses ne sont plus détruites par le temps et l'espace", besoin qui débute "là où règnent les sentiments obscurs, aux portes qui mènent à l'autre monde". Mais pour le compositeur ceci n'est envisageable, en 1896, qu'à la faveur d'une exclusion du verbe car il s'agit de rendre dans l'œuvre d'art, considérée non comme une plate intrigue linéaire mais comme une substance nécessaire du geste créateur, une représentation dont l'œuvre elle-même est la métaphore de ce qui est vécu[2]. Ceci ne sous-entend pas l'absence d'une relation entre texte et musique mais juste la nécessité de composer, idée également déclinée durant l'audition du septuor de Vinteuil : que sont les paroles, si extérieures, face à la musique, "l'exemple unique de ce qu'aurait pu être – s'il n'y avait pas eu l'invention du langage, la formation des mots, l'analyse des idées – la communication des âmes"[3] ?

L'être extra-temporel capte cette essence que seul l'art peut atteindre car si une vie se compose d'expériences semblables entre elles, subies à distance les unes des autres, séparées par des pans d'oubli, et si le sujet parvient cependant à reconnaître ces analogies, il peut certes atteindre l'essence de sa vie[4] mais n'aura dépassé qu'une simple faculté sans transmuer cette connaissance

---

[1] *RTP* IV, 450

[2] *MBR* n°178, *in* H.-L. de La Grange, *GM*I, p.548

[3] *RTP* III, 762s

[4] G. Poulet, *op.cit.*, p.144

par une discipline de l'art. L'éveil du génie est certes l'initiateur du temps retrouvé, le fruit de la mémoire involontaire opérant le miracle de la reconnaissance, mais les distances sont maintenues par l'intelligence qui prodigue cette faculté de répéter (le temps *incorporé*), suscite une méditation sur l'origine de la création esthétique en ce moment contemplatif et fécond qui laisse pressentir sa concrétisation en œuvre d'art : ici se clôt l'œuvre proustienne qui laisse augurer de celle du héros. Pour celui-ci, l'annulation de l'oubli de réserve ne relève plus d'une rétrospection qui construit l'intrigue du roman de Proust, mais d'une prospective obéissant aux promesses de félicité faites à celui qui est le sujet de ces sensations jusque-là comprises superficiellement, fragmentairement, renvoyant néanmoins à l'époque ultérieure de leur lumineuse compréhension.

L'avenir *était* la perpétuelle découverte d'un roman en puissance car ces impressions ne se sont pas transformées en expression. En fin restituées en *projet* d'œuvre d'art – parce que le temps perdu retrouvé est perdu au sens de dissipé, révolu –, métamorphosées en pensées, en lois psychologiques, en théorie esthétique, car il est nécessaire d'interpréter les sensations et les signes comme autant de lois et d'idées[1] qu'il faut convertir en équivalent spirituel, elles *seront* Écriture. Grâce à elle seulement "l'adoration perpétuelle" sera fixée et inscrite dans la durée, ce que le narrateur n'avait approché qu'avec son infime récit sur les clochers de Martinville et au travers de la musique et sa capacité à répéter ces impressions. On ne peut ici qu'écarter l'un de l'autre Mahler du narrateur (et Proust), Mahler pour qui exprimer importe plus ; *exprimer*, ou transférer les affects vécus

[1] *RTP* IV, 457

dans une œuvre qui épouse la durée subjective des affects ; *exprimer*, qui revient à la musique, contrairement à *signifier* qui recouvrirait, si l'on suit Mahler, l'expression par la médiation du langage.

Or, le projet du narrateur, dont on peut évaluer sa proximité avec le résultat proustien, est celui d'un livre devant rendre compte des erreurs que les sens insinuent dans l'appréhension du réel. Ce réel, ou ce que l'on nomme réalité, ce rapport entre les sensations et les souvenirs que doit redécouvrir, reconnaître l'écrivain (fictif), l'œuvre du narrateur pourra peut-être le relater, en faire apparaître les déformations de perspective exactement comme le fait un peintre, mais avec pour matrice de ce qui éternisera le temps ressuscité cet équivalent logique de la reconnaissance, la métaphore. Et si le narrateur ne peut inscrire une *vision* de la réalité, une réflexion du réel dans l'intériorité ; s'il ne peut écrire ces multiples changements "dont la nécessité, si on veut peindre le réel, a pu apparaître au cours de ce récit"[1], du moins devra-t-il "décrire l'homme comme ayant une longueur non de son corps mais de ses années". La décision d'écrire transpose dès lors, grâce à cet acte de reconnaissance dont l'égal temporel est la métaphore, l'extra-temporel de la vision originelle dans la temporalité de la résurrection du temps perdu, pour faire jaillir la dimension du Temps.

La métaphore telle que la présente Proust possède donc une première portée. Elle est une façon de rendre compte du biais par lequel le narrateur retrouve en lui cette émotion transcendante : la coïncidence entre deux impressions qui nous rend la réalité, peut-être "parce qu'alors elle ressuscite avec ce qu'elle omet, tandis que si nous raisonnons, si nous cherchons à nous rappeler, nous

---

[1] *Id.*, 622

ajoutons ou nous retirons."[1] Or, la métaphore est un objet. Même esthétique, elle est la matérialisation du rapport de l'écrivain au monde dans sa perception, de sorte que l'on peut affirmer que cette émotion du romancier est ce qui, du monde, peut être exprimé en un objet de langage qui touchera au réel sur des points précis mais ne fera qu'enrichir une perception en laissant voir autour d'un objet de nouveaux rapports. Aussi, jamais ne permettra-t-elle d'atteindre du monde une pure perception dégagée de tout symbole. Cependant, si la littérature, fruit de l'intelligence qui lui permet de tenir ensemble les époques distantes, peut éventuellement, et si oui, en partie prendre pour objet ou pour inspiration un autre art, fruit d'un même détachement d'une perception donnée comme le narrateur le fait au contact de la peinture, il est un art avec lequel ce mouvement se heurte à un écueil : la musique.

Ce que les œuvres de Vinteuil lui font découvrir est l'existence de ce pays inconnu qu'est l'identité profonde au travers de la réelle permanence du compositeur à lui-même ; une identité qui n'est en rien en rapport avec une donnée biographique mais une nécessité, une existence en profondeur d'une personnalité qui est la source même de cette création, alors que pour Swann la révélation de cette identité passe par une identification aux affects passés de ce "frère" avant leur appropriation. Il s'agit de voir dans cette appréhension de l'œuvre par le narrateur ce que Mahler décrit lui-même de l'origine de cette nécessité dans une lettre adressée à Arthur Seidl : "Chez moi il en va toujours ainsi : il n'y a que quand je vis que je compose (*tondichte*) et il n'y a qu'en composant

---

[1] *CSB*, *Conclusion*, p.297

que je vis"[1]. *La Recherche* présente ainsi la compréhension par le narrateur, certes par défaut, de cette nécessité que met en évidence plus que tout art la composition musicale :

> "Cette révélation, la littérature peut en rendre compte, mais pas la reproduire : si le narrateur découvre ce qui rend possible pour lui, malgré la suite de déceptions et de renoncements dont se compose sa vie, d'écrire une œuvre, il doit en rester à la matière de son art, le langage, qui ne peut exprimer de telles émotions que par le biais, bien plus indirect que la musique, de la métaphore."[2]

Originellement expression d'un désir qui fixe la fascination ou l'effroi de l'expérience, suscite une vision poétique, une néo-réalité, et soumet ce qui a été perçu à une métamorphose, précisément un transfert vers une référence artistique, la métaphore matérialisera le rapport de l'écrivain-narrateur à cet autre réel, subjectif, vision analogique sous l'emprise de l'être extra-temporel, en un objet de langage.

> "La vérité ne commencera qu'au moment où l'écrivain prendra deux objets différents, posera leur rapport, analogue dans le monde de l'art à celui qu'est le rapport unique de la loi causale dans le monde de la science, et les enfermera dans les anneaux nécessaires d'un beau style. Même, ainsi que la vie, quand en rapprochant une qualité commune à deux sensations, il dégagera leur essence commune en les réunissant l'une

[1] 17 février 1897, H. Blaukopf éd., *Gustav Mahler. Briefe*, Vienne, P. Zsolnay, 1996, p.223, *in* M. Schneider, *op.cit.*, p.313
[2] J. Moreau, *op.cit.*

et l'autre pour les soustraire aux contingences du temps, dans une métaphore"[1].

Entre voix auctoriale et voix du narrateur, la frontière paraît bien fluide et elle l'est en effet dans ce cœur de la théorie esthétique que le roman rapporte durant cette phase suspensive du *Temps retrouvé*. Et si l'on regarde la métaphore vue depuis Proust romancier telle qu'elle est inscrite dans *La Recherche* puis, ce faisant, dans le mot du narrateur antérieurement à l'œuvre fictive et future, la métaphore donc, procède pour partie d'une façon semblable à celle de Flaubert qui caractérise par ce moyen l'horizon intellectuel de ses personnages. Mme Bovary qui, par exemple, voyant les choses et les événements tels qu'elle les lit dans les romans, initie un raconter impersonnel puisque citationnel, alors que la métaphore proustienne renvoie formellement au moi racontant du narrateur, l'écrivain tentant d'atténuer la distance entre voix narrative et voix auctoriale en liant par son contenu l'image au contexte perceptif du moi raconté. Alors que Flaubert vise à dénoncer les métaphores clichés, ce qui intéresse Proust n'est pas tant de rendre l'objet plus concret par une comparaison, de rendre visible une essence cachée (ce qu'il fait du reste), que de niveler cette hiérarchie au profit d'une caractérisation de la perspective subjective du héros[2], avant que la métaphore ne préside à l'émotion supra-intellectuelle du narrateur retrouvant la fusion de deux sensations distinctes dans le temps (la première portée).

Car elle possède chez Proust cette portée supplémentaire qui est de rendre l'union d'éléments hétérogènes

---

[1] *RTP* IV, 468

[2] R. Warning, *op.cit.*, p.19

de telle manière que le raisonnement soit entravé par la capacité de l'écrivain à unir "des objets différents (c'est-à-dire, en fait, des mots), qu'il doit à la fois juxtaposer et unir"[1], la métaphore, qui irrigue la quête du héros en obstruant le déchiffrage des signes puisqu'elle caractérise sa perception ; la métaphore, principe par lequel le narrateur relie les distances traversées, est enfin la voie d'accès au style.

Juxtaposer et unir. Proust relate ce geste dans *Sainte-Beuve et Balzac*, qui décrit l'écriture balzacienne comme une somme d'idées que l'écrivain ne dissout pas "dans un style où elles s'harmoniseraient et suggéreraient ce qu'il veut dire. Non, il le dit tout simplement, et si hétéroclite et disparate que soit l'image, toujours juste d'ailleurs, il la juxtapose"[2], ceci parce que le style "ne suggère pas, ne reflète pas : il explique" à l'aide d'images saisissantes, "sans se préoccuper de l'harmonie du tout"[3]. Juxtaposition et unification, c'est également le mouvement de la phrase proustienne, le cœur de son style. Mais celui-ci, avertit encore Proust, n'est pas un ornement du discours. En ceci l'écrivain se revendique de Flaubert pour qui le style est une manière indépendante, "absolue de voir les choses"[4], qui s'exprime chez le narrateur par la métaphore de l'instrument d'optique[5] : le style est une question non de technique mais une qualité de la vision, "la révélation de l'univers particulier que chacun de nous

---

[1] J. Moreau, *op.cit.*
[2] *CSB*, *Sainte-Beuve et Balzac*, p.203
[3] *Id.*, p.201
[4] Lettre à Louise Colet, 16 janvier 1852, *in* G. Bollème, *Extraits de la Correspondance ou Préface à la vie d'écrivain*, Paris, Seuil, 1963, p.63
[5] *RTP* IV, 490

voit, et que ne voient pas les autres"[1]. Ainsi l'art ne dévoile pas l'objectivité des choses, qui nous demeure à jamais impénétrable, mais des points de vue sur le réel, l'artiste étant celui qui, détaché de la réalité, n'en voit que "plus de choses", nous enseigne à regarder le monde de manière à faire voir "ce que nous avions perçu sans apercevoir"[2]. Conception bergsonienne s'il en est, et sous condition de ne pas rapporter à l'instant d'autres assertions proustiennes. Partant, et si l'on s'en remet à la perspective du *Temps retrouvé*, ce que font naître les images du souvenir est ce qui remplace ce produit de nature dont les beautés que l'art fera voir auront le style pour médium ; le style, désormais équivalent à la métaphore, au double titre de *vision* et de composition.

Les métaphores expriment donc pour le narrateur la nécessité de fixer l'expérience, elles sont le relais de l'œuvre future. Tout en faisant écho à la visée bergsonienne d'un artiste qui possède une perception aussi esthétique que réelle, elles supposent que le perçu et le souvenu subissent des métamorphoses successives que *La Recherche* relate et segmente, parce que le passé retrouvé est un paradis que l'on a perdu[3] et dont on éprouve avec sensualité les pans et les cassures[4]. Ainsi, contrairement à la pure durée chez Bergson, la durée intérieure est chez Proust découpée par la perception et la conscience, qui dessinent de l'écoulement du temps une succession segmentée, le seul *continuum* étant rendu par l'activité ininterrompue du verbe qui prolonge et constitue le

---

[1] *Id.*, 474, entretien avec Élie-Joseph Bois, *Le Temps*, 13 novembre 1913
[2] H. Bergson, *La Pensée et le mouvant*, p.147s
[3] *RTP* IV, 449
[4] *Id.*, 447

mouvement d'amplification de la pensée, déconcentrant une étendue de vie dans la résurrection d'un instant.

Au-delà de cette prolifération de la voix narrative dont Bergson reconnaît du moins qu'elle correspond à la durée intérieure derrière la critiquable juxtaposition qui laisse percer la durée fragmentée, la mémoire dispersée, la conscience fractionnée, il reste le domaine de la juxtaposition en art, liée à la spatialisation métaphorique du temps que Proust commue en un principe d'écriture, faisant diverger les chemins entre l'artiste et le philosophe, car "prendre le fragment temporel comme instrument de reconquête, c'est d'abord découvrir le prix de la segmentation, c'est dès lors tailler à volonté dans la durée vécue de semblables segments"[1] de cette dimension du temps, sujet explicite du roman, objet d'une méditation sur l'impitoyable fragmentation initiatrice du temps perdu et défi au projet d'écriture. La fragmentation apparaît donc salutaire car elle répond d'un programme artistique où les lois de l'art doivent se modeler sur celles de la vie. Et si le récit se clôt par une théorie esthétique, c'est aussi parce qu'elle dégage les principes premiers d'une écriture du temps[2].

Dans le domaine des *arts du temps* au sens désormais caduc, l'interprétation bergsonienne ne peut se concevoir si l'on considère les efforts des créateurs pour structurer la durée. Il est certes toujours envisageable de repartir de l'idée qu'à la critiquable analogie spatiale s'oppose une "bonne" juxtaposition médiatisée par la configuration de l'œuvre d'art, un "espace final"[3] dont la conception de l'étendue consacrerait le caractère *a*

[1] L. Fraisse, *op.cit.*, p.125s
[2] *Id.*, p.125 et p.140
[3] G. Poulet, *op.cit.*, p.136

posteriori de toute discontinuité à considérer, dès lors, comme une perturbation subséquente d'un premier lieu continu et homogène, conception marquée par l'opposition entre philosophie et art chez Bergson, la première cherchant la durée concrète, la seule où il y ait génération, par-delà ce temps spatialisé où l'on croit apercevoir une composition, des réarrangements continuels entre les parties, simultanément à une continuelle refonte du tout.

Or il est trop aisé de la part de l'artiste de s'affoler par plaisir en divisant l'univers en particules pour se rassurer ensuite en reconstruisant, par leur assemblage tardif, une œuvre organique. Cette démarche, Bergson en dénonce d'ailleurs l'artificialité en stigmatisant "l'illusion de Spencer" : ayant imité le tout par un travail de mosaïque, conçu le développement par ses cellules que l'on fait proliférer à l'envi, s'imaginer ensuite avoir retracé le dessin organique et fait la genèse ; prendre la réalité sous sa forme actuelle, la briser, l'éparpiller, puis intégrer ces fragments en en dissipant le mouvement. Ce principe est justement rejeté par Mahler et Proust à une époque où il fait débat, mais pour autant les deux créateurs n'expriment pas non plus qu'ils manipulent un matériau à des fins spéculatives jusqu'à rendre leur œuvre semblable *a priori* à ce dont ils se défendent, Bruckner ou Rodin ne se reconnaissant pas plus d'une telle visée.

Cette position contradictoire est évaluée par Luc Fraisse comme ayant chez Proust une valeur programmatique, un retournement qualitatif de la fragmentation métaphorique du temps : puisque les différences de plans, la parole divisée par l'usage de la parole d'autrui, sont des contraintes originelles qui asservissent le moi, les efforts ne tendront pas à rejoindre malgré tout la totalité, mais à renverser la valeur de ces contraintes car, en existant, l'individu reçoit, subit une loi qui gouverne la vie, mais –

devrait-on dire *et* – l'artiste se dote d'une loi pour créer, ou, comme l'exprime Adorno : "détail et totalité, fussent-ils ouverts l'un à l'autre, ne peuvent se fondre harmonieusement. Quelle que soit leur genèse, les marques laissées dans la musique de Mahler par l'intention témoignent de l'impossibilité d'une réconciliation du général et du particulier dans une forme libérée de la contrainte du système."[1] Geste compositionnel et style imposent cette même optique de ne pas dissoudre idées et détails en un tout qui les sauverait en refusant leur singularité. Le mode organique et téléologique est inconcevable dans une telle dialectique instaurant la consubstantialité du segment à la forme.

Dans cette perspective, le *temps-espace* rendu par le fragment de temps, qui est avec Proust fragment créateur, *materia prima* du roman et de l'organisation du temps du raconter, n'a que peu de place chez Bergson. Aussi convient-il en conséquence de ne pas considérer Adorno, tel qu'on l'a entrevu auparavant, comme pur bergsonien et *de facto* "passéiste"[2], premièrement parce que la logique de l'œuvre selon lui, répond à l'exigence d'une organisation de la durée : contrairement à Bergson, la durée ne peut être pour Adorno la visée d'une intuition. Dans son *Esthétique de Henri Bergson*, Bayer conteste déjà ce point : l'idée d'une esthétique de la perception pure est une impasse[3]. L'art est une élaboration d'appa-

---

[1] Th.W. Adorno, *M*, p.189

[2] Du reste, l'hostilité d'Adorno à l'égard des avant-gardes n'est que relative puisqu'il admet qu'elles requièrent une écoute différente en raison d'une différence qualitative, relativement au rapport entre les événements musicaux se succédant et l'écoulement même du temps, *QUF*, p.293

[3] R. Bayer, *op.cit.*, p.104

rences et un faire, un labeur et non une vision pure[1], car, précise aussi et implicitement Proust, avec l'artiste romancier, le style est la marque de la transformation que la pensée de l'écrivain fait subir à la réalité[2], la pensée, et non une vision telle celle du narrateur du *Temps retrouvé*, car l'artiste se heurte, dans ce faire, à la résistance d'un matériau. Aussi l'acte d'écrire un roman qui fixe par la métaphore la durée de la contemplation extratemporelle marque-t-il la scission entre le roman de Proust et un ouvrage philosophique, de même que le narrateur se sépare de Proust qui n'a de cesse de travailler les fragments dont il dispose pour composer.

Proust et Mahler sont des créateurs "heureux" (suivant l'expression de Luc Fraisse) de manipuler diverses formes et objets, de les livrer à des lois de leur propre création pour constituer une dialectique créatrice dans laquelle il n'est pas question d'un "sauvetage esthétique du matériau"[3] hors de son rapport à la forme. Quelles que soient les techniques compositionnelles employées, qui dialectisent le tout et les parties, les architectures extensives et complexes qui en surgissent nous montrent que le détail, la section, le segment, ne seront pas *sauvés* en venant enfin se raccorder à un tout cohérent et unitaire : indissociables malgré tout de celui-

---

[1] Si la métaphysique de Bergson est celle de l'intuition, elle se double d'une réflexion où l'artiste et sa représentation du monde invitent à une pure perception, qualitative et neuve. En revanche l'art, toujours selon Bergson, n'est pas *la* dimension qui permet aux perceptions antérieures de rester solidaires des perceptions actuelles et à l'avenir immédiat de se dessiner en partie dans le présent : la philosophie, *La pensée et le mouvant*, p.170

[2] *CSB*, *Sainte-Beuve et Balzac*, p.200

[3] C. Menke, *La souveraineté de l'art*, Paris, Colin, 1993, p.176, *in* A. Boissière, *op.cit.*, p.88

ci, ils renferment en eux-mêmes et à soi seul toutes leurs promesses, car ils constituent des lieux isolés pour l'imagination, un champ restreint d'expérience tant pour le narrateur et son apprentissage que pour les actions du créateur sur le matériau.

Les questionnements précédents ont essentiellement mis en avant les clivages existant entre les conceptions bergsoniennes de la durée et sa construction en art. Or, dans les cas nous intéressant, d'un côté la part de la fragmentation n'a pas démontré son antinomie avec le mouvement dans la mesure où ces œuvres ne se revendiquent pas d'un univers marqueté assemblé en un tout organique, mais inclinent à dévoiler un programme esthétique ; d'un autre côté elles montrent un essentiel dynamisme tiré de l'infléchissement de modèles préexistants, pour l'un *Bildungsroman* orienté qu'infirme la "cathédrale", pour l'autre subversion de ce qui, dans la forme traditionnelle organique et circulaire, tend à abolir le temps en vertu de cette conformation. Partant, rien n'est définitivement absorbé par leur dynamisme, pas plus le détail rendu qualitativement nécessaire à l'unité du style, que le traitement par variation perpétuelle dont la prolifération n'entrave pas, bien au contraire, la valorisation du matériau et le fractionnement en découlant : la forme extensive qui a le pouvoir de dissoudre sa claire appréhension se dote aussi des moyens par lesquels elle s'en garde, en ouvrant des brèches dans la totalité du temps inconnu, car tel est ce qui est recherché, une structure porteuse, porteuse de l'art de la digression et de la particularisation.

Il convient aussi d'avoir à l'esprit l'aspect concrètement professionnel d'une telle dialectique, celui des politiques du concert et de l'édition n'admettant en général qu'une diffusion parcellaire et révisée, que ceci concerne le travail saisonnier de Mahler faisant souvent figurer des morceaux de symphonies lors de concerts, ou la publication par fragment de *La Recherche* dans divers journaux et revues, obligations de ceux qui souhaitent être écoutés et lus. "Il se résigna difficilement [...] à une publication progressive, et conçoit le contact avec le public par la simultanéité d'une œuvre totale et non la succession d'une œuvre fragmentée"[1]. Et Proust de ne jamais perdre de vue qu'un extrait est de toute façon ce "qui n'a ni commencement ni fin"[2].

"Composer pour moi ce n'est rien. Mais rafistoler, reboutir, cela passe mon courage"[3]. Pour Proust comme pour Mahler et tant d'autres rappelons-le, aux antipodes de la composition est le fragmentaire, vocable marquant une insuffisance, une lacune qui enjoint d'insister sur la structuration globale, sur le projet et le devenir prioritairement conçu en vertu de la métamorphose. S'agissant de l'écrivain, Rainer Warning et Gérard Genette insistent sur le principe structurel de l'œuvre proustienne, qui ne cesse de s'élaborer et de croître jusqu'à la mort de l'auteur. Si la métamorphose est une thématique privilégiée du roman, elle résulte également d'un faire spécifique, une écriture qui s'effectue au travers d'avant-textes qui s'interpénètrent, dans lesquels se développent motifs, métaphores, phrases entières à travers des contextes variés, eux-mêmes modifiés, parfois évacués, d'autres fois restitués dans d'autres contextes, jusqu'au moment où le roman devient un monument laissant toujours supposer une autre dimension : potentiellement infinie, "cette

---

[1] L. Fraisse, *op.cit.*, p.110

[2] 26 septembre 1921, *Lettres à la NRF*, Gallimard, 1932, *Cahiers Marcel Proust* n°6, p.170

[3] Printemps 1921, *Lettres à la NRF*, p.154

métamorphose incessante n'est pas seulement une circonstance de son élaboration, qu'on pourrait négliger en considérant le seul "résultat", elle fait corps avec l'œuvre, elle lui appartient comme une de ses dimensions"[1]. Pour Proust, comme pour Flaubert du reste, l'écriture suppose un inachèvement potentiel de l'œuvre, style et métaphore exerçant sur ces auteurs autant de frustration que de fascination, jusqu'à l'épuisement du créateur lui-même : quand et comment peut-on dès lors affirmer que l'on est parvenu à la fin ?

Si l'on considère effectivement la métamorphose comme une dimension pluri-hiérarchique dans *La Recherche*, parce que relevant d'une problématique stylistique et thématique, elle s'oppose par principe à l'autre dimension du roman, inhérente au *Bildungsroman*, à savoir la téléologie du chemin qui mène à la dernière matinée, aboutissement dans l'intrigue des variations prodiguées par les échecs successifs du héros pour atteindre cette essence des choses approchée par la traversée des analogies et les perspectives différenciées. "Car, tant pour Proust que pour Elstir, la métamorphose signifie la dissolution de toute objectivité dans une multiplicité inachevable de visions, de perspectives, et donc une écriture à laquelle est refusée tout achèvement, tout accomplissement"[2].

Dans le domaine musical, si les analyses reconnaissent cette faculté à l'écriture en variation, en variante, comme au développement déductif, ce qui ressort des commentaires relatifs au *Spätstil* mahlérien est l'irrésolution, telle que Bernd Sponheuer ou Adorno le laissent entendre pour la *9ème Symphonie* dont le "temps ne mène nulle part", dont la fin "se perd" dans une musique qui,

---

[1] G. Genette, "Proust palimpseste", p.64s

[2] R. Warning, *op.cit.*, p.23

prenant congé, "ne se résout pas à finir"[1], arrache des résidus d'œuvres passées, *ersterbend* écourte ses basses mises en apesanteur[2], allonge ses valeurs, éteint ses dynamiques, augmente et inverse son *fragment de style*. Or rien n'enjoint *a priori* cette délitescence hormis la décision d'éluder toute clôture définitive que signerait une apothéose, à tout le moins une nette cadence résolutive.

Ce final peut poétiquement, mais insuffisamment se laisser considérer comme illustrant "une espérance désillusionnée qui ne trouve un faible soutien que dans les traces désintégrées du souvenir", comme se référant "à un *plus jamais* et en même temps à un *pas encore* possible"[3], auquel cas il répond au destin de la *petite phrase*, cette parcelle incarnant une individualité qui, toujours attachée à la référence stérile d'Albertine et à la vie, donne à voir le processus même de la création et de la désagrégation en une nébuleuse sonore, parce que la fragmentation elle-même isole en un instantané précieux le devenir de la création[4]. "Quand la petite phrase, avant de disparaître tout à fait, se défit en ses divers éléments où elle flotta encore un instant éparpillée", l'heure du bilan esthétique est venue, et le narrateur de conclure qu'il avait "été surtout sensible à l'élaboration, aux essais, aux reprises, au "devenir" d'une phrase qui se faisait durant la sonate"[5].

Le temps recouvré "n'a plus de but"[6] écrit Adorno ; recouvré car cette fin est signalée par une récurrence,

---

[1] Th.W. Adorno, *M*, p.243

[2] Par rapport à sa situation rythmique, mes.173

[3] K. Von Fischer, "Die Doppelschlagfigur in den zwei letzten Sätzen von G. Mahlers 9. Symphonie", *Archiv für Musikwissenschaft*, Jahr XXXII, 1975, p.104, *in* H.-L. de La Grange, *GM* III, p.1219

[4] Ce que Bergson nomme l'évolution créatrice

[5] *RTP* IV, 140

[6] Th.W. Adorno, *M*, p.243

résurrection qui, comme celles de *La Recherche*, ne peut reconstituer le temps, ni lui donner ce qu'il n'est peut-être pas de sa nature d'avoir, une continuité[1] ; sans but, car la cadence résolutive est impatientée par des reports successifs :

> "La question de savoir conclure, et non pas seulement s'arrêter, torture effectivement toute musique nouvelle après que les formules de cadence, qui sont elles-mêmes quelque chose d'une réexposition – la réexposition ne faisant, si l'on veut, que les reproduire en grand – aient cessé de remplir cette fonction. Mais la réponse de Mahler à cette alternative converge avec les grands romans de sa génération. Lorsqu'il répète le passé selon les règles, ce n'est pas pour chanter sa louange ni celle de la fuite même du temps. Par la variante, sa musique se remémore le passé depuis longtemps écoulé et à demi oublié, elle s'oppose à son absolue inanité et le donne pourtant comme éphémère, comme irrémédiablement perdu. Son idée réside dans cette fidélité rédemptrice."[2]

Les romans qu'Adorno ne cite pas laissent deviner *La Recherche*, mais en premier lieu un ton d'inconclusion convient à une œuvre qui soulève un problème tenu par l'auteur comme insoluble, déclarant en quelque sorte l'irrésolution du problème posé[3] qui, *de facto*, rend le critère de fermeture difficile à administrer. Or ce renverse-

---

[1] G. Poulet, *op.cit.*, p.88

[2] Th.W. Adorno, *M*, p.142

[3] Ou clôture auto-référentielle, l'œuvre se référant à elle-même en tant qu'œuvre par sa manière de conclure ou ne pas conclure ("*self-closural reference*", *in* B. Herrstein Smith, *Poetic Closure, A Study of How Poems End,* Chicago, Londres, University of Chicago Press, 1968, p.172)

ment est caractéristique de la littérature du XXe siècle qui tend à investir l'intrigue de nouveaux principes formels de configuration temporelle. L'abandon du critère de complétude peut ainsi relever d'une décision qui met en relief de manière réflexive le caractère interminable de la thématique de l'œuvre entière. Il se peut en revanche que "celui qui ne peut trouver de fin est soit incapable d'y parvenir, ou alors c'est la chose elle-même qui l'en empêche"[1], ce qui correspond effectivement (mais le cas précédent est également vrai) à la pseudo autoréférentialité du roman proustien qui se clôt par la révélation au narrateur d'un synchronisme entre bilan et projet, entre déploration sur la cécité du passé et promesse d'un avenir fécond. C'est sous cet angle que l'on peut considérer l'irrésolution d'un roman qui ne fait qu'*augurer*, ce qui dirigea ses premiers lecteurs vers une pure autoréférence. Avec cette dernière hypothèse d'un obstacle immanent, mesurée à l'aune du narrateur, il faut convenir qu'elle touche autrement la position de l'auteur. "Ne pouvoir cesser d'écrire, ne pouvoir trouver de fin"[2] : *La Recherche* n'est pas le roman du héros qui n'envisage que très peu la dimension technique du labeur futur.

Comment résoudre l'œuvre lorsque le processus créateur n'est que variantes successives, refontes incessantes ? Cette problématique investit aussi la *9ème Symphonie* dont on lira, dans l'inachèvement et la désagrégation, la représentation d'un affect par référence à l'héritage romantique. On peut également poser le problème en terme de conflit, ne serait-ce qu'en observant les profils différenciés de développement entre les deux derniers mouvements, conflit qui prend racine à la même source,

[1] R. Warning, *op.cit.*, p.15
[2] *Ibid.*

un questionnement reposant sur la dialectique entre forme et matériau : comment varier ? la redondance est aussi créatrice que l'imitation : entre juxtaposition abrupte et montage serré de séquences à faible indice de différence dans le Rondo-Burlesque, et polyphonie serrée désorientant la perception grâce à un nombre limité d'éléments porteurs pour l'Adagio. L'art de la variation et de la déduction montre ici la difficulté à maintenir l'idée d'une forme organique comprise comme trajectoire dotée d'une croissance et d'une résolution circulaire. À ceci, Mahler apporte lui-même une réponse laconique et évocatrice : les lois de la composition relèvent de l'éternel devenir, du développement perpétuel "de même que l'univers ne cesse jamais de se transformer et de se renouveler, même dans un espace délimité"[1]. Ce *même* suggère la primauté du potentiel pouvant se déployer dans un espace illimité et ainsi s'accorder avec l'irrésolution, laquelle est aussi au cœur de l'écriture proustienne et de la composition de *La Recherche* où le style, la métamorphose et la métaphore ne sont pas, comme pour le narrateur, *dans* l'art comme une résolution et une apothéose, plus que position d'amorce de l'art ; non, la métamorphose incessante est cette torture du romancier lui-même. Néanmoins composer selon le principe d'un développement potentiellement infini ne doit pas fausser chez le compositeur ou le romancier la circonscription de l'œuvre, "l'espace délimité", le projet de structure téléologique, quand bien même ceci serait au prix d'une dialectique entre composition et "rafistolage" faisant courir à l'œuvre le risque d'être reçue comme a-dynamique.

La présence de la poétique idéaliste du souvenir involontaire, de l'intermittence qui le caractérise, s'expli-

[1] *NBL*, p.119 et *NBLS*, *in* H.-L. de La Grange, *GMI*, p.798s

querait par la situation de Proust tentant programmatiquement de se démarquer de la décadence qui lui est contemporaine : "Insister sur la structure téléologique, c'est précisément dénoncer la décadence, dont il était lui-même le produit, comme incapable d'une structuration globale"[1]. Certes Proust ne cesse d'écrire, mais il garde le souci d'une structure orientée, une arche dont le cadre devait s'étendre des appels dissimulés jusqu'au devoir d'écrire prescrit par les résurrections. "Devait", insiste Rainer Warning qui rappelle que la conception renvoie à une époque où Proust ne prévoyait pas encore la portée d'une telle conception. "Or, si Proust possédait cette capacité de structuration, et si néanmoins il n'est jamais parvenu à la fin de l'écriture, il faut en conclure à des tensions, à un conflit entre théorie poétique et pratique narrative, entre projet et réalisation scripturale."[2]

Ces motivations incompatibles tendent, chez l'un comme l'autre des créateurs, à commuer ces lois de nature et de vie, la métamorphose infinie, le fragment, l'intermittence et la digression, en principe de configuration temporelle qui doit combattre la décadence que ces principes entraînent grâce au compromis d'une structuration téléologique qui ne peut que difficilement leur extraire un consensuel achèvement.

Derrière ces esthétiques porteuses de conflits internes qui n'atteignent pas encore le statut même de leur art, leurs créateurs soumettent pourtant une question, sinon à l'égard d'une négativité grandissante de l'art qui se noue progressivement autour d'eux, du moins à l'égard de transformations que vivent et qu'ils font vivre à leurs arts

---

[1] A. Compagnon, *Proust entre deux siècles*, Paris, Seuil, 1989, p.38*s*
[2] R. Warning, *op.cit.*, p.16. Rappelons la contemporanéité de *Swann* et du *Temps retrouvé*

respectifs, transformations des matériaux, des techniques et des formes. Peut-être commencent-ils à observer, d'autres arts issus de l'évolution technologique émergeant, une baisse de la considération à l'égard de ceux qu'ils soutiennent – le concert et la lecture[1] –, mais voient également, le panorama social se transformant, une modification de leur fonction, de leur mission.

D'une certaine manière essentialistes, ils regardent, parfois déplorent, participent aussi malgré eux comme initiateurs souterrains à ces *avant-gardes* dont ils ne se revendiquent pas, quelquefois ne comprennent pas, un peu aussi en raison d'une simple absence de fréquentation à l'égard de celles qui, après l'ironie romantique, le désir de bâtir un monde par une diversité qui tutoie la dispersion, la fragmentation, l'inachèvement, le néant reconquis par la volonté de créer, poseront elles aussi la question : que devenir dans un univers fragmenté ? Image même d'une durée que Adorno voit frappée de disgrâce par le mode de production industrielle. Ne cherchant plus à faire croire à une réconciliation qui n'est qu'apparence d'unité ou "à masquer le divorce du sujet et de l'objet" ; sans préconiser ni fuite ni contrepartie, le *Spätstil* mahlérien "préfère s'en aller en morceaux"[2], l'écrivain ériger d'après ceux-ci une théorie sur la vie et sur l'art[3], tandis

[1] Lire à cet effet "L'art et le cinéma" dans *Le Style et l'idée* de Schönberg mais aussi de W. Marx, *L'adieu à la littérature : histoire d'une dévalorisation XVIII-XXe siècle*, Paris, Minuit, 2005

[2] Th.W. Adorno, *M*, p.19. Il rejoindrait selon Adorno, l'idée nietzschéenne que l'unité n'est qu'apparence d'une réconciliation qui échoue chez Mahler par le maniérisme de l'*espressivo* au sein d'un système musical rationnel, qui "ne satisfait déjà plus à l'ex-pression", *M*, p.39

[3] Mallarmé prétend aussi à une telle visée mais chez Proust, la fragmentation résulte d'une dynamique du livre à venir, et non absent

que se découvrent d'autres esthétiques qui se poseront, parfois avec la radicalité d'un système, en face d'elles-mêmes.

Table des matières

Achevé d'imprimer par Corlet Numérique - 14110 Condé-sur-Noireau
N° d'Imprimeur : 784641 - Février 2018 - Imprimé en France